Vernetztes Lernen
mit digitalen Medien

Stefan Uellner · Volker Wulf
Herausgeber

Vernetztes Lernen mit digitalen Medien

Proceedings der ersten Tagung
„Computergestütztes Kooperatives Lernen (D-CSCL 2000)"
am 23. und 24. März 2000 in Darmstadt

Mit 37 Abbildungen
und 9 Tabellen

Physica-Verlag
Ein Unternehmen
des Springer-Verlags

Dr. Stefan Uellner
T-Nova Deutsche Telekom Innovationsgesellschaft mbH
Technologiezentrum
Am Kavalleriesand 3
D-64295 Darmstadt

Dr. Volker Wulf
Universität Bonn
Institut für Informatik III
Projektbereich Software-Ergonomie und CSCW
Römerstraße 164
D-53117 Bonn

Veranstalter:
GI FG 5.14 „CSCW in Organisation"
GI FA 7.3 „Informatische Bildung in Schulen"
T-Nova Deutsche Telekom Innovationsgesellschaft mbH, Technologiezentrum
ProSEC – Projektbereich Software-Ergonomie und CSCW am Institut für
Informatik III der Universität Bonn

ISBN 3-7908-1291-9 Physica-Verlag Heidelberg

Die Deutsche Bibliothek – CIP-Einheitsaufnahme
Vernetztes Lernen mit digitalen Medien / Stefan Uellner; Volker Wulf. – Heidelberg: Physica-Verl.,
2000
  ISBN 3-7908-1291-9

Dieses Werk ist urheberrechtlich geschützt. Die dadurch begründeten Rechte, insbesondere die der Übersetzung, des Nachdrucks, des Vortrags, der Entnahme von Abbildungen und Tabellen, der Funksendung, der Mikroverfilmung oder der Vervielfältigung auf anderen Wegen und der Speicherung in Datenverarbeitungsanlagen, bleiben, auch bei nur auszugsweiser Verwertung, vorbehalten. Eine Vervielfältigung dieses Werkes oder von Teilen dieses Werkes ist auch im Einzelfall nur in den Grenzen der gesetzlichen Bestimmungen des Urheberrechtsgesetzes der Bundesrepublik Deutschland vom 9. September 1965 in der jeweils geltenden Fassung zulässig. Sie ist grundsätzlich vergütungspflichtig. Zuwiderhandlungen unterliegen den Strafbestimmungen des Urheberrechtsgesetzes.

Physica-Verlag ist ein Unternehmen der Fachverlagsgruppe BertelsmannSpringer
© Physica-Verlag Heidelberg 2000
Printed in Germany

Die Wiedergabe von Gebrauchsnamen, Handelsnamen, Warenbezeichnungen usw. in diesem Werk berechtigt auch ohne besondere Kennzeichnung nicht zu der Annahme, daß solche Namen im Sinne der Warenzeichen- und Markenschutz-Gesetzgebung als frei zu betrachten wären und daher von jedermann benutzt werden dürften.

Umschlaggestaltung: Erich Kirchner, Heidelberg
SPIN 10762735   88/2202-5 4 3 2 1 0 – Gedruckt auf säurefreiem Papier

Vorwort

Die aktive Teilnahme an der Informationsgesellschaft erfordert lebenslanges Lernen. Dabei werden Lernen und die praktische Umsetzung des Gelernten immer stärker miteinander verknüpft. Lernprozesse und Lehrmethoden müssen in diesem Zusammenhang neu bestimmt und entworfen werden. Selbstlernen, Lernen in moderierten oder unmoderierten Lerngruppen und andere selbstgesteuerte Lernformen werden hierbei eine zunehmend wichtige Rolle übernehmen. Sie werden didaktische Konzepte ablösen, die die von Lehrern vorstrukturierte Wissensvermittlung betonen. Damit ändern sich die Aufgaben der Institutionen, die Aus- und Weiterbildung organisieren und durchführen, also der Schulen, Hochschulen, Berufsakademien etc., grundsätzlich. Die effektive Gestaltung individueller und kollektiver Lernprozesse trägt entscheidend zur Wettbewerbsfähigkeit ressourcenarmer Wirtschaftsräume bei.

Bei der Realisierung neuer Lernformen kommt vernetzten und multimedialen Anwendungen eine entscheidende Rolle zu. Über räumliche und zeitliche Barrieren hinweg können Lernende und Lehrende miteinander kommunizieren und qualitativ hochwertige Lernmaterialen abrufen bzw. erstellen. Bei der Umsetzung dieser Perspektive kommt es entscheidend auf die adäquate Gestaltung von Lerninhalten und Lehr-/Lernsoftware an, insbesondere hinsichtlich didaktischer Konzepte, die die neuen technischen Möglichkeiten in geeigneter Weise nutzen. Ein weiterer wesentlicher Aspekt sind Werkzeuge und Methoden, die den interdisziplinären Charakter des Entwicklungsvorganges unterstützen, sowie die Pflege entsprechender Anwendungen mit wirtschaftlich vertretbarem Aufwand ermöglichen.

Die Entwicklung neuer computerunterstützter Lehr- und Lernformen erfordert die Kooperation verschiedener Disziplinen: Informatik, Pädagogik, Soziologie, Medienwissenschaft, Organisationswissenschaft etc. Es sind dabei theorieorientierte Konzeptentwicklung, innovatives Design und praxisorientierte Evaluation miteinander zu verbinden.

Vor diesem Hintergrund haben wir die Initiative zu der hier dokumentierten Tagung ergriffen. Um dem interdisziplinären Charakter dieses Forschungsfeldes gerecht zu werden, konnten namhafte Vertreter der oben angeführten Wissenschaftsdisziplinen zur Mitarbeit im Programmkomitee gewonnen werden; darüber hinaus war uns die Einbindung von Praktikern wichtig, die sich mit der betrieblichen Anwendung und kommerziellen Herstellung der entsprechenden Produkte und Dienstleistungen beschäftigen.

Unser Aufruf, Beiträge für die Tagung einzureichen, hat eine überraschend große Resonanz gefunden, so dass das Programmkomitee vor die Aufgabe gestellt war, aus insgesamt 54 eingereichten wissenschaftlichen Beiträgen und Praxisberichten eine Auswahl zu treffen. Für die hier dokumentierten 14 Beiträge hat sich das Programmkomitee nach einem strengen qualitätsorientierten Auswahlverfahren entschieden. Sie geben einen guten Einblick in den augenblicklichen Stand der wissenschaftlichen Diskussion im Bereich computerunterstützten kooperativen Lernens im deutschsprachigen Raum.

Darüber hinaus hat uns eine Vielzahl von Vorschlägen zur Demonstration von Lehr- und Lernsoftware erreicht, die auf der Tagung präsentiert werden, aber im Tagungsband nicht dokumentiert sind. Die große Anzahl an eingereichten Beiträgen zeigt, dass in den letzten Jahren eine Vielzahl von Forschungs- und Entwicklungsaktivitäten entstanden sind. Dies ist insbesondere auf entsprechende Förderinitiativen des Bundes und der verschiedenen Bundesländer sowie auf zunehmendes Interesse betrieblicher Organisationen zurückzuführen. Diese Aktivitäten korrespondieren zur hohen volkswirtschaftlichen Bedeutung, die der effizienten Gestaltung individueller und kollektiver Lernprozesse zukommt.

Die große Anzahl der Beiträge sollte aber nicht über die bestehenden Probleme in diesem rasch wachsenden Bereich hinwegtäuschen. Aus wissenschaftlicher Sicht befindet sich das Forschungsfeld „Computerunterstütztes kooperatives Lernen" noch in der Definitionsphase. Vielen technologischen Entwicklungen, mitunter schon im betrieblichen Einsatz, fehlt eine ausreichende lerntheoretische Fundierung. Überkommene Lernformen werden durch den Einsatz multimedialer Techniken perpetuiert. Pädagogischen Arbeiten fehlt ausreichende technische Umsetzungsfähigkeit. Evaluationen finden nicht oder in methodisch problematischer Weise statt. Diese Liste ließe sich fortsetzen. Diese bewusst provokant formulierte Zustandsbeschreibung weist auf die Notwendigkeit hin, wissenschaftliche Qualitätsmaßstäbe zu etablieren und den Austausch zwischen den beteiligten Disziplinen, sowie zwischen Theorie und Praxis zu fördern. Zu diesem Prozess soll der hier vorliegende Tagungsband beitragen.

Darmstadt und Bonn, im Januar 2000

Stefan Uellner und Volker Wulf

Inhaltsverzeichnis

Teil I
Eingeladene Vorträge

Yasmin B. Kafai
 Different Perspectives of Computer-Supported Collaborative Learning:
 The Case of the Software Design Project...3

Teil II
Didaktische Konzepte

Manfred Schertler, Sascha Uelpenich
 Telemediale Fallstudien in der universitären Aus- und Weiterbildung....................21

Matthias Rötting, Ralph Bruder
 Integral – Methodische Integration multimedialer und interaktiver
 Lernwerkzeuge zur Optimierung der Gestaltungskompetenz
 in der arbeitswissenschaftlichen Lehre..37

Otto K. Ferstl, Karsten Hahn, Klaus Schmitz, Christian Ullrich
 Funktionen und Architektur einer Internet-Lernumgebung für
 individuelles und kooperatives Lernen..53

Teil III
Anwendungsfelder

Berit Ruediger
 Computerunterstützte Gruppenarbeit in der Schule..71

Lea Meyer, Volkmar Pipek, Markus Won, Christine Zimmer
 Interaktive Lehrformen im Hochschulbetrieb: Neue Herausforderungen...............85

Teil IV

Materialien

Jörg Meier, Friedrich-L. Holl
    HyperSkript: Eine multimediale Intranet-Lernumgebung 103

Olaf Neumann, Katrin Borcea, Alexander Schill
    Erstellung interaktiver Lehr-/Lerninhalte unter Verwendung
    von spezifischen Autorenwerkzeugen in vernetzten,
    multimedialen Lehr-/Lernumgebungen 117

Andreas Brennecke, Harald Selke
    Individuell, Arbeitsteilig und Kooperativ – Ein integrierter
    Ansatz zur Erstellung, Pflege und Nutzung multimedialer Lehrmaterialien 129

Teil V

Erfahrungen und Evaluationen

Christine Koppenhöfer, Tilo Böhmann, Helmut Krcmar
    Evaluation der CASTLE Umgebung für kooperatives Lernen 147

Andrea Buchholz
    Von rollenden Schreibtischstühlen und virtuellen Studenten
    – Ethnographie einer Televeranstaltung 163

Folker Caroli, Oliver Zandner
    Seminare im Internet – Ein Werkstattbericht aus dem
    Projektverbund "Virtueller Campus – Hannover
    Hildesheim – Osnabrück 183

Teil VI

Perspektiven

Franz Stuber
    Integration von implizitem und explizitem Kompetenzerwerb
    durch netzbasiertes Lernen 207

Silke Seehusen
    InGeL: Dynamische Informationsgewinnung für Lerneinheiten 221

Matthias O. Will
    An Open Learning Environment for the Virtual University
    Upper-Rhine: How to Avoid Re-Inventing the Wheel 231

Teil VII

Posterbeiträge

Bernd Simon, Rainer Baier
    It is Time to Fly a KITE...253

Pia Karger
    Grundkonzept der IT-Fortbildung im BMI...255

Pamela Tröndle, Heinz Mandl, Frank Fischer, Jürgen Hartmut Koch
Johann Schlichter, Gunnar Teege
    Munics – Eine multimediale Lernumgebung zum kooperativen
    Lernen im Studiengang Informatik..257

Johannes Busse, Detlev Krause
    Workshop-Seminare mit CSCW-Unterstützung...259

Firoz Kaderali, Biljana Cubaleska, Oda Sana, Dagmar Sommer
    Bezahlen in der virtuellen Universität..261

Edeltraud Hanappi-Egger, Sybille Reidl, Arzu Wernhart
    Telelernen: Eine österreichische Bestandsaufnahme..263

Michael Stepping, Thomas Bonse, Firoz Kaderali
    MPEG-4 – der neue Austauschstandard für Autorensysteme in
    der Fernlehre der virtuellen Universität?...265

Khaldoun Ateyeh, Jutta A. Mülle, Peter C. Lockemann
    Modulare Aufbereitung von multimedialen Lerninhalten für
    eine heterogene Lernumgebung...267

Werner Beuschel, Joachim Bickenbach, Birgit Gaiser
    Initialisierung und Unterstützung virtueller Gruppen durch ICQ.......................269

Peter Langkafel, Ulrike Arnold, L. Peppel, B. Eisenreich, S. Ghani
    IMIPPP – International Medical Internet Project of Problem-Based
    Pain Management..271

Teil VIII

Programmkomitee..275

Teil I

Eingeladene Vorträge

Different Perspectives of Computer-Supported Collaborative Learning: The Case of the Software Design Project

Yasmin B. Kafai

UCLA Graduate School of Education & Information Studies

2331 Moore Hall 951521

Los Angeles, CA 90095-1521

Kafai@gseis.ucla.edu

According to Koschmann (1996), the term of computer-supported collaborative learning came into existence about a decade ago reflecting theoretical changes in the field of educational technology. A central factor that triggered the emergence of CSCL was a different view of learning and instruction that put social issues in the center of study. Theoretical approaches such as social constructivism, socio-cultural psychology or situated cognition use different metaphors for the social process but they represent the common ground for the design and study of CSCL. Researchers and practitioners interested in these approaches started the CSCL conference in 1995. In 1999, the third CSCL meeting was held at Stanford University in Palo Alto and brought together educators, psychologists, anthropologists, computer scientists, and practitioners engaged in the development and study of computer-supported collaborative learning environments. While these different communities share a common theme, each of them approaches CSCL from a different perspective: some researchers presented developments of interface features and tools, other focused on classroom implementations and their challenges, and then others again examined patterns of interactions. We can learn from all of these perspectives because they tell an important piece of the CSCL story but it makes for a complex narrative because so many different aspects are under consideration and in need to be integrated—a common issue of any educational situation under investigation.

In this paper, I will try to present a more unified story simply by focusing on one type of learning environment, called the software design project, and illustrate what we have learned during the past ten years about the different aspects of computer-supported collaborative learning in this context. The software design project is a type of project-based learning approach that provides students with „long-term, problem-focused, integrative and meaningful units of instructions" (Blumenfeld et al., 1991, p. 370). Design projects emphasize the construction of meaningful and complex artifacts (physical or virtual) serving as a driving vehicle for students' and teachers' classroom activities. Design project activities have been developed and examined for a variety of subject matters such as mathematics (e.g., Harel, 1991; Kafai, 1995; Williams & Bareiss, 1998), sciences (Brown, 1992; Kafai, Ching, & Marshall, 1998; Penner, Lehrer, & Schauble, 1998), engineering (Kolodner et al., 1998; Roth, 1998) and social sciences (Carver et al., 1992; Lehrer, 1992). Design projects often make use of various forms of collaborative interactions and integrate computational tools for the production of artifacts and planning of learning activities. As such they offer a promising context to investigate the different perspectives of CSCL.

In the sections that follow, I will describe the curricular activities and collaborative structures of the software design project and then focus on different perspectives of CSCL: on-line as well as off-line collaborations, collaborative representations in process as well as in product, and differences in collaborative access as well as use over time. The data compiled for this paper comes from different studies and analyses and has been reported more extensively in various publications (see Ching, Kafai, & Marshall, 2000; Evard, 1997; Kafai & Ching, in press; Kafai, Ching, & Marshall, 1998; Marshall & Kafai, 1998). While the software design projects were implemented in different classrooms over several years, they all share a set of common features such as the same age groups of students (9–11 years), the same teacher, the same curricular structures for the different science topics to be learned, the same collaborative structures for team compositions, and the same integration of computational tools and media.

The Software Design Project as a Context for Studying CSCL

The software design project is based on the pedagogy of 'learning through design' in which students simultaneously learn new information and design a relevant product reflecting their knowledge (Harel, 1991; Harel & Papert, 1990; Kafai, 1995). Over the course of the past 10 years, the research has been conducted in two different locations: at the MIT Media Laboratory's experimental Hennigan school in Boston, MA, and at the UCLA's laboratory school in Los Angeles, CA. In the MIT model, students were working on individual workstations designing their software in LogoWriter™ while in the UCLA model, students were working in teams on their collaborative software products using Microworlds™ Logo. The major part of the reported data refers to the two software design projects conducted at the UCLA site and for that reason the project description provides more detail here.

In the software design project, elementary student teams (composed of fourth and fifth graders) are asked to design educational software to help younger students (third graders) in their school learn about a particular science topic, neuroscience, astronomy or marine life, depending of the subject matter focus in the curriculum. One week before the start of the project, the 30 students are given an introduction into the main features of the Microworlds™ Logo programming environment. The teams spend about ten weeks of learning about software design and programming, developing research questions and creating instructional simulations while science activities are intermixed in daily lessons composed of experiments, field visits or readings. Student design teams plan their software in regular monthly planning meetings in which they discuss their research questions, distribution of work assignments such as research in books and on Internet sites, graphical design, implementation and computer time allocation. Once a month, the prospective users visit the classroom to evaluate software in progress and provide feedback to the student designers. Throughout the project, class members also evaluate other teams' progress in class discussions.

A particular implementation feature of the UCLA software design projects is that the student teams emulate perspectives of software users, designers and consultants (Kafai & Harel, 1991). We distinguish between users (i.e., third grade students who use and evaluate software), newcomers (i.e., fourth grade students who design software for the third graders) and oldtimers (i.e., fifth grade students who had previously been newcomers and now apprentice newcomers into software design practice). This model spans three classroom grade levels and introduces all participants into forms of legitimate software design practice albeit with different, increasing levels of access (Lave & Wenger, 1991). For that reason, each software design team (3 to 5 students) is composed of fourth grade newcomers (some of which have been third grade users) and fifth grade oldtimers. All the teams are mixed gender and in about half of the teams girls are 'oldtimers'. In these forms of digital apprenticeship, students and not adults play a central role in structuring interactions (Brown, Collins, & Duguid, 1989).

In terms of research procedures, classroom and team activities are documented in pre- and post-test assessments and interviews, in logfiles of daily program designs, in video records of daily team interactions and monthly planning sessions, and daily field notes by the researchers. A more detailed description of these research and data coding procedures can be found in the respective publications.

Results

We have conducted extensive evaluations of students' learning and interactions in the software design projects. In some instances we had control classes of students learning science without the benefit of software design activities but taught by the same teacher; in other instances we had comparison classes in which all students were newcomers to the software design activity who were then compared to classes which had teams mixed with oldtimers and newcomers. A summary of the learning benefits would state that in all projects the oldtimers realize the most significant learning benefits of the software design activities. What follows is a more detailed assessment of various collaborative features in the software design project, some involving computer support, others involving other media.

CSCL in access and use of over time. In one of our studies (Ching, Kafai, & Marshall, 2000) we were interested in the distribution and use of computational resources within the teams. Based on our classroom observations, we found that students differentiated between three different types of activities involving none to more sophisticated uses of the computer: „traditional activities" had no computer use and were book corner research, drawing microworlds screen ideas on paper and writing team progress reports; „constancy activities" involved the use of some computational resources such as Grolier's Encyclopedia research, Isaac Asimov CDs research, word processing and watching others program; and finally „enriching activities" involved Microworlds programming, Internet research, leading group demos and teaching others to program.

If we examine the mean number of times boys and girls were engaged in the different categories of technological activities at „Week 3" and „Week 8," we can see some interesting trends (see Table 1). At the first time point, girls' average participation in traditional activities was twice as frequent as boys', and they were performing less fluency-enriching activities than boys; however, boys' and girls' participation in technological constancy activities was fairly equitable. By the eighth week, the differences between boys and girls on traditional and enriching activities appear to even out. Additionally, the frequency of participation in constancy activities decreases across the board for boys and girls. These results seem to suggest that constancy activities somehow became obsolete or less popular for all students as the project progressed. If we consider that three of the constancy activities—word processing, Grolier's research, and Asimov CD research—all have to do with obtaining information about research questions and writing up that information in students' own words in order to design their simulations, these results make sense. Most students conducted their research during the first half of the project and spent the remaining time planning and implementing their designs and/or helping others. The change in participation we see in constancy activities, then, was most likely affected by order of events in the project progression and not gender or other collaborative dynamics.

TABLE 1. Mean participation in project activities by gender

	Enriching Activities	Constancy Activities	Traditional Activities
Week 3			
Boys	2.812	1.437	1.437
Girls	1.200	1.800	2.900
Week 8			
Boys	2.000	0.687	1.500
Girls	1.900	0.200	0.900

As displayed in the differences in mean levels of activity in the table above, girls did appear to move from more traditional activities at week three to activities affording more technological fluency at „Week 8." The sort of changes that took place across the classroom as a whole suggest that gender played an important role in students' initial activity participation, but that these gender differences did not remain constant throughout the ten weeks. There is another story to be told here, however, and that is the story of *how* these changes in participation took place. The transition from a gender-biased distribution of labor to one that was more equitable was neither easy nor spontaneous; it required significant interventions such as creating spaces for negotiation, changes in computer space setup and alternative workspaces by researchers and the classroom teacher. While the absence of a control group in our design does not allow us to argue for a causal relationship between these interventions in various „spaces" within the classroom and subsequent changes in girls' activity patterns, our particular experience with attempting to alter significant design spaces for gender equity purposes provides an interesting chapter to the ongoing efforts to address gender and technology in the classroom.

CSCL in conversation. Another aspect under investigation of CSCL took actually place away from the computer and concerned the monthly planning sessions (T1, T2, and T3) conducted by the individual teams in which they discussed the design and implementation of their software (Kafai & Ching, in press). In this analysis, we were interested how the design of the collaborative computational artifact afforded opportunities to engage in science talk. We distinguished between 'descriptive science talk' in which students mostly mentioned concepts and facts but did not proceed to discuss them in further detail and 'systemic science talk' in which students proceeded to elaborate on a concept and discuss various aspects of it. Furthermore, we identified four contexts that students dealt with which gave rise to talk about neuroscience:

Simulation screens: In this context students discuss the appearance, content, or functioning of an individual screen within their software.

Software functioning: Students talk about the overall layout of their software, navigation between pages, or other topics concerning more than one screen at a time

User consideration: Students consider how to make the software appealing or understandable to their younger users.

Work distribution: Students make plans for who in their groups will be responsible for various tasks in the implementation of their plans.

We used the combination of context and the level of science talk to investigate how students used the design planning session as a forum for problematizing what they were learning about neuroscience. We were interested in the specific conversational contexts themselves that gave rise to particular kinds of talk. We decided to make tallies of the total number of instances of each kind of design context (see Table 2) and sort them according to the quality of science talk each one yielded per session.

TABLE 2: Number of instances of science talk in design contexts

	Descriptive			Systemic		
	T1	T2	T3	T1	T2	T3
Simulation Screens	14	15	3	4	10	14
Software Functioning	5	12	2	3	2	4
User Consideration	2	13	2	1	0	1
Work Distribution	3	17	8	0	2	2

We found that the most total instances of science talk occurred in the context of discussing software screens. While talk incorporating neuroscience vocabulary (descriptive talk) was well distributed over all contexts, more systemic conceptual discussions happened almost exclusively within the context of science screens. Thus it appears that while talk about software screens does not automatically lead to systemic science discussions, the affordances are stronger. Talk within other contexts, however, apparently does not often yield deeper treatment of science concepts. We found that while many discussions situated in other contexts had potential to evolve into fruitful science explorations, students in these groups rarely picked up on the science part of the conversational thread; more often they focused on some other aspect. Take the example of a „work distribution" context from Moira's group. In this segment both Moira and Lynne make reference to brain functionality, but they don't pursue this topic any further. The team could potentially use this brief reference to open up the discussion further and explore what they each mean by „what each part does," but they do not. Once it has been established what each person is working on currently, the conversation moves on.

When student teams focused more on the details of particular simulation screens, specifically on science content and how it would be represented on particular screens in the software, we found that this context often lead to much more fruitful science discussions. In an example from Jamie's group, the students start out discussing how they are going to draw a neuron on one screen, and they end up exploring ideas of neurotransmitters and electricity. Here an initial description of how this group's neuron screen should include something about chemical messages evolved into a more in-depth treatment of what those chemicals are, how they are transmitted, and how they should be represented. In this example we see that students not only incorporate neuroscience terms like „dendrite" and „neurotransmitter" into their talk, but they are also engaged in a discussion of how neurons send messages and the electric potential of neural signals. Note, however, that the students don't actually say „electric potential of neural signals." Rather, their systemic talk is couched in everyday, informal language--talking about „spitting out the stuff" and the necessity of using yellow to symbolize electricity. While this conversation reveals some limited understandings, it certainly constitutes a more in-depth discussion of „science content" situated within the screen design context.

CSCL in software product representation. While considerable research of CSCL focuses on the interaction process or tool development, in another study we examined students' individual contributions to the final collaborative products (Kafai, Ching, & Marshall, 1998). We took each team's final software product and classified the different pages/screens into the following categories (see Table 3):

Content screens represent some piece of knowledge about the field of astronomy. They can take the form of text, pasted pictures, drawings, or any combination of those three design elements. The larger category of content screens was also broken down further to specify content animation screens.

Content animation screens (CA) contain animations or simulations that exemplified dynamic aspects of the solar system such as the lunar eclipse, the life cycle of a star or effects of gravity. Only in one instance was the player given the possibility to set the parameters for a game-like animation (team3).

Quiz/feedback screens to complement their multi-media resource. Quizzes usually asked questions about the content displayed elsewhere in the product but occasionally introduced new material. Most quiz screens contained one or two multiple-choice questions with buttons linking the user to feedback on his or her response. Feedback screens consisted primarily of simple pages exclaiming „right!" or „wrong!" in a very large font. Only in a few instances were users provided with additional information, as in the question „Can Martians Dance: Yes or No?" The answer page in either case replied „There is no right or wrong answer to this question, because we don't know if there are Martians on other planets" (team 6).

Information/ navigational screens that provided information about the designers themselves or displayed the title of the software and subtitles of topic areas, such as, „This is the Planets Section!" Other screens contained buttons or turtles which linked to different topic areas and provided information to the user on how to navigate the software, such as a table of contents. The graphical arrangements on these pages differed considerably. While in a few instances students took advantage of a graphical representation of the solar systems as an entrance to different planets, many others just placed a variety of buttons on the page.

TABLE 3. Distribution of Screen Page Functions

	Content Screens	Animations	Info/Navigation	Quiz/Feedback
Team 1	17	2	4	6
Team 2	15	3	3	11
Team 3	9	2	3	-
Team 4	12	1	6	13
Team 5	14	2	2	12
Team 6	23	1	6	18
Team 7	11	0	2	31

We then asked each student to explain on which screen he or she had worked and gave each student points which resulted in a „design-differentiated score" based on the kind of their contributions: idea, graphical design or programming. From this analysis, a different picture emerged: while some students created many screens, those students who were involved in programming animations created only few. This result is not surprising given that the design and programming of animation screens is more complex and time consuming. But the interesting result is that those students also benefited most in terms of gaining programming competence and those students involved in designing content screens benefited most in terms of science learning.

CSCL planning tools. We also studied the kind of planning tools designed and used by teams for their collaborative projects. In the neuroscience software design projects, each team received a blank planning board constructed from three connected foam board panels, each three feet long by two feet wide (Marshall & Kafai, 1998). Each team also received a tool box with the following contents: pads of square post-it notes, four sheets of 35 self-adhesive colored dots, 50 white index cards, different colored markers, a 3-month project calendar, and a dispenser of two-way, removable tape. With the planning boards, each team created a space that represented their evolving plans for their project. While each team developed unique methods of representing and spatially arranging their plans, they demonstrated the need to use their planning space to manage common planning functions such as software screen designs, programming information, science research, work schedules and timelines and collaboration management.

We observed differences in the ways particular teams arranged their planning board space and used different planning tool elements to help self-scaffold the key planning functions listed above. The planning board space, consisting of five two-sided panels, offered the teams natural separators, which they all used to organize different aspects of their project plans. Teams were systematic about assigning different planning functions to different panels, thus representing a team's categorical thinking about project plans, which varied across teams. In general, teams employed one of two spatial organization models for arranging information on separate planning board panels: 1) organization by planning function, or 2) organization by a combination of individual team member space and planning function space. The planning function model was used by five of the seven teams to assign different project plan functions (described above) to individual panels. Some planning board panels served a single function; others were multipurpose in function. The second combination model, employed by two teams, used team member space as a primary organizing principle and function as a secondary organizer. Each team member had his or her own planning board panel for posting planning artifacts relevant to that individual. Some remaining panels were used to post planning information relevant to the whole team.

Of the various planning tools given to each team, the use of colored dots best illustrates unique ways in which different teams assigned functionality to the tools as they self-scaffolded their project plans. The colored dots were too small to write on, but their size and multiple colors made them suitable for affixing to other tools on the board panels, to categorize them using a team-defined coding scheme. All teams developed a color coding scheme, but the functions and actual codes varied across teams. Two teams developed a color coding scheme for identifying how likely it was they would use a software screen idea, for example: *red = what we are going to do; blue = might use;* and *yellow = need to find out*. Six out of seven teams developed a color scheme for prioritizing project work with examples such as: *red = urgent; blue = for tomorrow; yellow = later;* and *green = maybe*. Other unique uses included using a particular color dot to denote messages that should be read, or to identify the team member who posted information on the board. While most teams generated a four-color coding scheme, one team increased their options with a second coding scheme based on two same-color dots stuck next to each other.

Most of the categorical organization of space for the planning board panels was determined during the first time period T1. With only a few exceptions, the panel functions remained intact through T2 and T3. Additionally, as the project progressed, fewer modifications or item additions were made to the boards. The decreasing changes to the planning board space through time periods T2 and T3 appeared to coincide with the increased development of software screens (an average increase from 6.5 to 14 screens). Our fieldnotes supported the notion that over time, planning functions moved from the physical space of the planning boards to the virtual software space where teams' design ideas took shape. In general, between T2 and T3, the teams' software products became a better representation of their design plans, programming routines, research questions, and place holders for work that remained to be done by different team members. While planning functions moved from a physical to a virtual space over time, we also observed examples of teams assigning new functionality to their planning boards in a social space in the latter half of the project. The board panels, which could easily fold to accommodate different shapes, were used by some teams as identity and territory markers to delineate their team work areas and separate them from other teams.

CSCL online-communication tools. A software design project preceding the UCLA studies was conducted by Evard (1997) at MIT and involved the use of a public online-communication system in which messages could be posted and read. The students participated in a software design project and created instructional software game for younger students to learn about marine life. In contrast to the previously described projects, here students were not designing collaborative software but implementing individual designs. Students used the online-forum to exchange and discuss technical issues and questions they experienced in the design of their software games. All together they wrote 164 messages and each of the 19 game designers wrote at least one message. Of the messages written by the students, 87% were directly about the project, 9% were system tests and errors, and 4% off task. As documented in other studies of message systems, the system was used most extensively in the beginning of the project and then the number of messages decreased in the course of the 12 week project. A similar picture emerges in the observation of gender differences which were most prominent in the beginning and balanced at the end. Evard coined the term of a 'virtual expert' because all the children participated in the forum and contributed to the questions and issues posed; thus the community of software designers became a virtual expert to each other.

Discussion

In this paper, I brought together different perspectives of CSCL by studying various aspects of a learning environment, the software design project. Note that my interpretation of what constitutes CSCL was rather liberal: I included analyses that looked at the collaborative and individual use of computer-related versus non-computer-based materials and activities; I looked at individual contributions in collaborative computer products; I examined the affordances of computational categories such as interface designs, end-user considerations or navigational issues for integrating science in collaborative discussions; we observed gender differences in computational access and on-line contributions and their development over time; and finally, we examined changes from physical to virtual planning spaces. My liberal interpretation of CSCL was intentional as I believe that all these facets (and many more) constitute a computer-supported collaborative learning environment and that collaborations and their support do not stop when they move from the computer screen into planning boards and other spaces. In my discussion, I will use these results to address three themes relevant to CSCL: tool use and development, differential participation over time, and learning affordances.

Use and Development CSCL tools: Students in the software design project used not only more traditional CSCL tools such as Evard's on-line message system but also build their own collaborative tools to support their software designs. What the results from our analyses indicate is that there are some patterns in use and development but also many variations. Developers should keep in mind the possibility that one size does not fit all; our study of children as tool makers points to some universality in conceptions they have about planning functions, as well as idiosyncratic differences in how planning functions are represented to suit team needs and styles. Additionally, in a long-term project, tool developers should consider how tool functions may fade or change over time. Our results also point to a need for flexibility in providing tools in multiple spaces, including physical and virtual. Both have different affordances for representations and learning at different time points in a project. The computer monitor provided limited screen real estate for representing all aspects of project plans. Alternatively, the planning boards offered more flexible use of space, they were easily modified and easily seen by participants in team planning meetings and presentations to the class, they were easily expanded if needed, and they were portable once they were folded up. However, as the software took shape and designers had more fully conceptualized its contents and behaviors, the virtual space afforded a better representation of the product design and the work that still needed to be done. Developers of technology-based collaborative tools continue to consider ways to maximize the use ubiquitous computing tools that allow for greater distribution of resources. This suggests that the physical and virtual planning spaces in this study offered students ubiquitous planing tools to which they assigned functionality as they moved from one to the other. Furthermore, this suggests that not only providing tools supporting collaborative learning but also the activity of developing your own can be part of a CSCL environment.

Differential Participation in CSCL activities: Equity in access and use is a central issue in any collaborative learning situation, computer-based or not. In the case of the software design projects, we found that gender differences were prevalent in many aspects of CSCL interactions. In the study which examined the access patterns to different resources, we saw that students in the classroom had established an implicit hierarchy of values for different resources, with computer-based resources and activities being rated the most desirable. In our analysis of access and usage patterns we saw that in the beginning of the design project, girls were mostly involved with traditional, non computer-based, activities. In a similar vein, girls participated less in the online message system at the start of the project. In both design projects, researchers observed a change of patterns as the project progressed and there was more equity in participation towards the end. These issues are nothing new in classroom situations but often they appear in more forceful ways when technology is involved given the observed digital divides. Some researchers, such as Hsi & Hoadley (1997) have examined different ways to alleviate the gender differences in public discussion forums. They found that providing icons or anonymity for on-line participants could balance contributions. In our case, we found that providing additional spaces for collaborative computer work such as letting girls sit side by side to exchange ideas and that creating additional negotiational spaces allowed team members to address the disparities in access to computational resources. While some of these solutions are technology-based, others are not. For designers of CSCL environments, it might be worthwhile considering how their learning environment extends beyond the virtual screen space into the physical world.

Learning affordances of CSCL features: Another aspect of our investigation focused on how particular features of computer-based activities become deeply engrained in the team and classroom discourse. In our analyses, we identified the learning benefits afforded by working on particular software elements. We found through two different analyses, the examination of final team software products and the software planning conversations, that the focus on science simulation screens provided the most benefits for integrating systemic science talk and developing programming skills. These results are hardly surprising and are in line with the expected benefits of such project-based learning environments. What is important for the CSCL community is how features of the computer-based activities migrated into conversation and became tokens of communication between team members. In this process, CSCL features become part of the whole learning environment. One challenge faced by CSCL researchers is then to investigate which particular features of their environments offer the best learning affordances and for which purposes they do so.

Outlook

I conclude this rather brief discussion with an outlook on what's next; after all our analyses of the software design project do not stop with what I have presented so far. I started out the result section by stating in summary form that the oldtimers, i.e., those students who had participated in more than one design project, reap the most significant learning benefits. For me, this is one of the most intriguing aspects of this learning environment as it indicates that collaborative practices and their support need time to develop. Most of our current analyses focus on the differences between newcomers and oldtimers. In particular Ching's doctoral dissertation (1998) will examine the different forms of apprenticeship found in teams between newcomers and oldtimers. If we think about CSCL not just in terms of technology but also in terms of the social practices between people, spaces and artifacts and their development over time then we are beginning to understand the whole learning environment and not just bits and pieces.

Acknowledgments

This research was supported by an Early CAREER grant from the National Science Foundation (REC-9632695) and a grant from the Urban Education Studies Center at UCLA. Sue Marshall and Cynthia Carter Ching participated as research assistants and conducted their dissertation research in the software design projects. We would like to thank the teacher, Cathleen Galas, and her science students at UCLA's Seeds University Elementary School for their participation Michele Evard conducted her dissertation research at the MIT Media Laboratory and the James. W. Hennigan School in Boston, MA. Numerous undergraduate students assisted in transcribing and coding data. I also would like to thank Cynthia C. Ching, Sherry Hsi and Bill Sandoval for sharing with me their insights about CSCL'99.

References

Barron, B. (199). Learning by doing. *The Journal of the Learning Sciences, 7*(3&4), 301-336.

Blumenfeld, P. C., Soloway, E., Marx, R. W., Krajcik, M. G., & Palinscar, A. (1991). Motivating project-based learning: Sustaining the doing, supporting the learning. *Educational Psychologist, 26*(3&4), 369-398.

Brown, A. L. (1992). Design experiments: Theoretical and methodological challenges in creating complex interventions in classroom settings. *The Journal of the Learning Sciences, 2*(2), 141-178.

Brown, J. S., Collins, A., & Duguid, P. (1989). Situated cognition and the culture of learning. *Educational Researcher*, 33-42.

Carver, S., Lehrer, R., Connell, T., & Erickson, J. (1992). Learning by hpermedia design: Issues of assessments and implementation. *Educational Psychologist, 27*, 385-404.

Ching, C. C. (1998). *„It just feels different this time": A developmental study of children's participation in software design.* Doctoral dissertation proposal, University of California Los Angeles.

Ching, C. C., Kafai, Y. B., & Marshall, S. (2000). Spaces for change: Gender and technology access in collaborative software design projects. *Journal for Science Education and Technology 9*(1), 45–56. Also in N. Yelland & A. Rubin (in press). *Ghosts in the machine: Women study women and technology.* New York: Peter Land Publishers.

Evard, M. (1997). The design of an virtual expert: Unpublished Doctoral Dissertation. The Media Laboratory, Massachusetts Institute of Technology, Cambridge, MA.

Harel, I. (1991). *Children designers.* Norwood, NJ: Ablex

Harel, I. & Papert, S. (1991). Software design as a learning environment. In I. Harel & S. Papert (Eds.), *Constructionism.* Norwood, NJ: Ablex. pp. 42-84.

Hsi, S. & Hoadley, C. (1997). Productive discussion in science: Gender equity through electronic discourse. *Journal of Science Education and Technology, 6*(1), 23-26.

Kafai, Y. (1995). *Minds in play: Computer game design as a context for children's learning.* Hillsdale, NJ: Lawrence Erlbaum Associates.

Kafai, Y. B., Ching, C. C., & Marshall, S. (1998). Children as designers of educational multimedia software. *Computers & Education, 29*(2/3), 117-126.

Kafai, Y. B., & Ching, C. C. (accepted with revisions). Talking science/Talking design: Learning through design as a context for children's scientific discourse. *The Journal of the Learning Sciences.*

Kafai, Y. B., & Harel, I. (1991a). Children's learning through consulting: When mathematical ideas, programming knowledge, instructional design, and playful discourse are intertwined. In I. Harel & S. Papert (Eds.), *Constructionism* (pp. 85–110). Norwood, NJ: Ablex.

Kafai, Y. B., & Harel, I. (1991b). Learning through design and teaching: Exploring social and collaborative aspects of Constructionism. In I. Harel & S. Papert (Eds.), *Constructionism* (pp. 111–140). Norwood, NJ: Ablex.

Kolodner, J. L., Crismond, D., Gray, J., Holbrook, J., & Puntembakar, S. (1998). Learning by design from theory to practice. In A. S. Bruckman, M. Guzdial, J. L Kolodner, & A. Ram (Eds.), *Proceedings of the Third International Conference on the Learning Sciences* (pp. 16-22). Charlottsville, VA: AACE

Koschmann, T. (1996) (Ed.). *CSCL: Theory and practice of an emerging paradigm*. Mawhaw, NJ: Lawrence Erlbaum Associates.

Lave, J. & Wenger, E. (1991). Situated Cognition. London: Cambridge University Press.

Lehrer, R. (1992). Authors of knowledge: patterns of hypermedia design. In S. Lajoie, & S. Derry (Eds.), *Computers as Cognitive Tools* (pp. 197-227). Hillsdale, NJ: Erlbaum.

Marshall, S. & Kafai, Y. B. (1998). Children's development of planning tools for managing complex software design projects. In A. S. Bruckman, M. Guzdial, J. L Kolodner, & A. Ram (Eds.), *Proceedings of the Third International Conference on the Learning Sciences* (pp. 202-208). Charlottsville, VA: AACE.

Penner, D. E., Lehrer, R., & Schauble, L. (1998). From physical models to biomechanics: A design-based modeling approach. *The Journal of the Learning Sciences, 7*(3&4), 429-450.

Roth, W.-M. (1998). *Designing communities*. New York: Kluwer Academic Publishers.

Williams, S. M., & Bareiss, R. (1998, April). *Design tasks: Environments that support active, reflective learning*. Paper presented at the annual meeting of the AERA, San Diego, CA.

Teil II

Didaktische Konzepte

Telemediale Fallstudien in der universitären Aus- und Weiterbildung

Manfred Schertler und Sascha Uelpenich

Friedrich-Alexander-Universität Erlangen-Nürnberg

Lehrstuhl Wirtschaftsinformatik II

Lange Gasse 20

90403 Nürnberg

In der universitären Aus- und Weiterbildung werden häufig Lehrmethoden eingesetzt, die zu einem Transfer des Gelernten nur bedingt beitragen. Die Forderung nach einer Verknüpfung von Lernen und Anwenden kann nicht immer erfüllt werden. Der Einsatz von Fallstudien ist in der Didaktik seit langem als Baustein einer lern- und transferförderlichen Lernumgebung bekannt. Die Verbindung dieser Lehr-Lern-Methode mit den Möglichkeiten der Telekommunikationstechnik führt zu einem modernen Bildungsarrangement, der „telemedialen Fallstudie". In diesem Beitrag werden die fallstudiendidaktischen Grundlagen einer telemedialen Fallstudie beschrieben und die Anforderungen an die technische Kommunikations- und Kooperationsinfrastruktur dieses Bildungsarrangements herausgearbeitet. Die Umsetzung des Bildungsarrangements telemediale Fallstudie erfolgt innerhalb eines vom DFN-Verein und dem BMBF geförderten Forschungsprojekts.

Fallstudiendidaktik, Teleteaching, Kommunikations- /Kooperationsinfrastruktur

1 Einführung: Fallstudien – Innovationspotential für die universitäre Aus- und Weiterbildung?

Für die universitäre Aus- und Weiterbildung ist der Transfer von in verschiedenen Bildungsarrangements gelernten Kenntnissen und Fähigkeiten auf neue, individuelle Situationen von entscheidender Bedeutung. Zu oft können die Bildungsangebote dieser Aufgabe nur ansatzweise gerecht werden. Das erworbene Wissen bleibt in einem trägen Zustand, der eine Anwendung der Inhalte und Methoden erschwert oder verhindert.

Die an den Erfordernissen der Praxis ausgerichtete, situationsbezogene Aus- und Weiterbildung sucht nach Lehr-Lernformen, die den neuen Anforderungen genügen. Eine davon ist die Fallstudie. Fallstudien werden überall dort eingesetzt, wo Probleme analysiert, Informationen gesammelt und ausgewertet, Lösungsvarianten entwickelt und Entscheidungen gefunden werden sollen[1].

Ursprünglich vor allem in der Juristen- und Medizinerausbildung zu finden, können Fallstudien auch bereits auf eine erfolgreiche Anwendung in wirtschaftswissenschaftlichen Bereichen zurückblicken[2]. Dabei ist allerdings meistens ein direkter Einsatz in der Aus- und Weiterbildung nicht geplant. Der Großteil der vorliegenden Fallstudien beschränkt sich auf die Anwendung im wissenschaftlichen Erkenntnisprozess.

Die Einführung von Telemedien in der Aus- und Weiterbildung allgemein und speziell auch in den Unternehmen kann Möglichkeiten für einen verstärkten Einsatz von Fallstudien eröffnen. Das Spektrum der dargebotenen Fälle kann durch die Telekommunikationsnetze prinzipiell beliebig erweitert werden, die Anzahl potentieller Fälle aus der Unternehmenspraxis ist nahezu unbegrenzt. Durch das Einbeziehen authentischen Fallmaterials in die universitäre Aus- und Weiterbildung kann mobiles Wissen aufgebaut und in verschiedenen Kontexten situationsbezogen angewandt werden.

2 Pädagogisch-didaktische Grundlagen telemedialer Fallstudien

Zur theoretischen Fundierung des Bildungsarrangements „Telemediale Fallstudienübung" sollen in den folgenden Abschnitten verschiedene Aspekte der didaktischen Ausgestaltung von Fallstudien beleuchtet werden. Dazu werden zunächst die Prozesse des Lernens und Lehrens sowie des Kommunizierens und Interagierens im Kontext einer Fallstudienübung thematisiert, um in einem weiteren Abschnitt eine lerntheoretische Einordnung vornehmen zu können.

2.1 Didaktische Grundfragen

2.1.1 Lernen und Lehren mit Fallstudien

Das Lernverständnis, das für die Gestaltung und Durchführung telemedialer Fallstudien hinterlegt wird, orientiert sich an einem curriculumtheoretischen Ansatz der Didaktik. Lernen soll als Auseinandersetzung mit Lerninhalten betrachtet werden, die durch die Prinzipien Wissenschaftsorientierung, Situationsorientie-

---

[1] vgl. Kaiser 83, S. 21
[2] vgl. z.B. Lücking 98, Gries 98, Küting 99

rung und Persönlichkeitsorientierung festgelegt werden. Reetz als Vertreter des curriculumtheoretischen Ansatzes der Didaktik organisiert die Entwicklung von Inhalten über die konstituierenden Prinzipien der *situativen Transformation*[3] und des *aktiven Lernens*[4].

Die situative Transformation stellt grob gesprochen die Gewichtung und den Zusammenhang bzw. das Zusammenwirken der curriculumtheoretischen Relevanzprinzipien dar. Die Lerninhalte werden als System von Regeln und Begriffen repräsentiert, das in die kognitive Struktur der Lernenden übergehen soll. Dabei ist von der Seite der Wissenschaftsorientierung darauf zu achten, dass die Lerninhalte wissenschaftssystematisch abgesichert sind. In gewisser Weise *reguliert* die Wissenschaftsorientierung den Aufbau der kognitiven Struktur in Bezug auf den Wahrheitsgehalt der Aussagen. Dominant ist jedoch die Situationsorientierung, die für die Inhalte die Situations- und Handlungsbedeutsamkeit absichert[5]. Ebenfalls von einer Situationskomponente spricht Euler, wenn er sein Konstrukt der Handlungskompetenzen in den Mittelpunkt des Lernens stellt. Lernen ist dabei die intentionale Erweiterung der Handlungskompetenzen, die sich strukturell über die Komponenten Verhalten, Inhalt und Situation beschreiben lassen[6]. Auch eine klassische Definition von Lernen von Hilgard/Bower hebt explizit eine Situationsbezogenheit hervor: „Lernen bezieht sich auf eine Veränderung im Verhalten oder Verhaltenspotential eines Individuums in einer gegebenen Situation, die sich zurückführen lässt auf wiederholte Erfahrungen in dieser Situation"[7]. Wird hier eine Situationsorientierung auf der Erwerbsseite von Handlungskompetenzen ausgewiesen, so hat die Situationsorientierung, die sich in der didaktischen Gestaltung von Fallstudien äußert, zusätzlich einen Platz auf der Anwendungsseite von Handlungskompetenzen.

Als zweites Prinzip nennt Reetz das aktive Lernen. Aktives Lernen bedeutet, dass die oftmals beobachtbare rein rezeptive Lernhaltung z.B. durch den Einsatz von Fallstudien überwunden werden soll. Das aktive Lernen reiht sich in die Konzepte des entdeckenden, des problemlösenden sowie des handlungsorientierten Lernens ein[8]. Aktiv entdeckend Lernen heißt z.B. bei Bruner, dass „die Lernenden [...] ihr Wissen durch eigene Aktivität aufbauen [sollen], Fakten und Zusammenhänge selbständig suchen und ihre Lernvoraussetzungen zur Erweiterung ihrer Kenntnisse produktiv einsetzen [sollen]"[9]. Als Vorteile des entdeckenden Lernens werden die verbesserte Transferfähigkeit, höhere Motivation durch den Übergang zu intrinsischen Motivationsstrukturen, die Aneignung von Methodenkompetenz im

---

[3] vgl. Reetz 84, S. 203 f.
[4] vgl. Reetz 84, S. 205 ff.
[5] vgl. Reetz 84, S. 203
[6] vgl. Euler 94, S. 126
[7] Hilgard/Bower 81, S. 31
[8] vgl. Reetz 84, S. 206
[9] Bruner, zitiert in Reetz 84, S. 206

heuristischen Bereich des Entdeckens sowie die allgemeine Verbesserung der durch die Problemorientierung begünstigten Gedächtnisleistung genannt[10].

Das oben ausgewiesen Verständnis von Lernen bestimmt gleichzeitig die Ausgestaltung der Lehrtätigkeit, die das Lernen in dieser Form unterstützen soll. Lehren soll als „eine lernzielorientierte Gestaltung der Lernsituation"[11] verstanden werden und entfernt sich so von der Vorstellung eines Wissensversorgers, der im Sinne des „Nürnberger Trichters" die Lernenden als aufnehmende Gefäße nur ausreichend füllen muss. In der Umsetzung ist die Fallstudienübung gekennzeichnet durch den Abbau einer dominanten Lehrerzentrierung, die Einführung kooperativer Arbeits- und Lernformen sowie die Veränderung der Lehrerrolle hin zum Lernberater[12].

2.1.2 Kommunikation und Interaktion in Fallstudien

Kommunikation wird betrachtet als Bindeglied zwischen dem Aufbau kognitiver Strukturen und der Unterstützung dieser Lernleistung. Kommuniziert wird während des Ablaufs der Fallstudienübung auf verschiedene Arten. Neben einseitigen Kommunikationsformen während der Präsentationen und reglementierten Formen der mehrseitigen Diskussion wird auch die asynchrone Kommunikation zwischen den Fallstudienteilnehmern unterstützt. Diese Form einer computerunterstützten Kommunikation bietet aufgrund ihrer spezifischen Ausprägungen Ansatzpunkte zur Überwindung kommunikativer Hemmnisse im Lehr-Lernprozeß. Hemmnisse dieser Art können bestehen in Motivationsschwächen, ausgelöst durch Unsicherheit mit den vermittelten Inhalten, sozial-kommunikative Barrieren oder allgemein rezeptive Verhaltensmuster. Die computerunterstützte Kommunikation, die z.B. durch den Einsatz von Groupware-Tools institutionalisiert werden kann, ermöglicht in diesem Zusammenhang den Aufbau einer begrenzt anonymen Kommunikationsstruktur. Durch die scheinbare Distanz zu einer realen, mit einem gegebenen Sozialgefüge ausgestatteten Umwelt werden Meinungsäußerungen und Diskussionsbeiträge produziert, die innerhalb der natürlichen Kommunikationsumgebung möglicherweise nicht zustande kommen würden[13]. Insgesamt ist also mit einem höheren Kommunikationsaufkommen zu rechnen.

Eng mit den Aspekten der Kommunikation verbunden ist die Vorstellung einer interaktiven Lehr-Lernveranstaltung. Die Probleme beim Aufbau derartiger Veranstaltungen liegen häufig in den oben genannten Kommunikationsbarrieren. Prinzipiell bieten Bildungsarrangements mit einer natürlichen, nicht computerunterstützten Kommunikationsstruktur die besten Möglichkeiten zur Interaktion. Allerdings beschränkt sich die Interaktion dennoch häufig auf reine fragenindu-

---

[10] vgl. Bruner, zitiert in Reetz 84, S. 206 f.
[11] Euler 94, S. 160
[12] vgl. Reetz 84, S. 205
[13] vgl. Euler 92, S. 43

zierte Kurzdialoge. Wenn zusätzlich die Fragen relativ eng formuliert sind, kann eine sinnvolle Interaktion kaum noch stattfinden. Hier kann der Übergang zu Mischformen aus natürlicher und computerunterstützter Kommunikation einen Ausweg bieten. Wenn Interaktion definiert wird als „die Art und Weise [...], in der Teilnehmer eines durch sie inhaltlich, zeitlich und in seiner Abfolge kontrollierten Kommunikationsprozesses miteinander Informationen austauschen und dabei prinzipiell ihre Rollen wechseln können"[14], kann durch den Einsatz von Groupware auch die Interaktion verbessert werden. Gerade der Rollenwechsel innerhalb der Kommunikationsprozesse sowie die Gewinnung und Verarbeitung von Informationen als Bestandteile der Fallstudienübung schaffen die Grundlage für eine erfolgreiche Interaktion. Inhaltlich kontrollierbar ist der Kommunikationsprozess zum einen durch die in der Fallstudie aufgeworfene Problematik. Zum anderen kontrollieren die Teilnehmer selbstständig die Inhalte, indem sie, begünstigt durch die erleichterten Kommunikationsstrukturen, eine Fokussierung auf für sie Relevantes durchsetzen. Zeitliche Kontrolle wird durch die mögliche Asynchronität der Kommunikation begünstigt, so dass eine verbesserte Interaktion erreicht werden kann. Kontrolle über den Ablauf des Kommunikationsprozesses wird teilweise durch die Gruppensoftware ausgeübt, kann aber in bestimmten Grenzen auch von den teilnehmenden Studierenden übernommen werden.

2.2 Lerntheoretische Einordnung

2.2.1 Kognitive Ausrichtung

Der Begriff der „Aktivität" ist bereits in Abschnitt 2.1.1 mit Blick auf die Art und Weise, wie in Fallstudien gelernt wird, thematisiert worden. Kognitive Lerntheorien als eine Ausrichtung in der Lehr-Lern-Forschung betrachten den Menschen als „aktives und selbststeuerndes Wesen"[15]. Beginnend mit der Wahrnehmung von Umwelteinflüssen in Form von Impulsen, die durch die Sensorik des kognitiven Apparates aufgenommen werden, über die kognitive Strukturierung der wahrgenommenen Informationen bis hin zur Ausführung von Handlungen bestimmt der Mensch aufgrund seiner bereits bestehenden Potentiale sein eigenes Verhalten. Ob erfolgreich gelernt wird, hängt in der Sichtweise der kognitiven lerntheoretischen Ansätze ab „von der Art der Informationsaufbereitung und -darbietung einerseits und kognitiven Aktivitäten des Lerners andererseits"[16]. Durch die anwendungsnahe Präsentation der Fallstudien soll die Aktivierung des Lerners begünstigt werden.

---

[14] Klimsa 93, S. 54
[15] Euler 92, S. 45
[16] Kerres 98, S. 57

2.2.2 Situierte Ausrichtung

Die Kritik an den kognitiven Ansätzen der Lehr-Lern-Forschung, die zur Entwicklung situativer Lerntheorien geführt hat, stützt sich vor allem auf die Feststellung, dass kognitive Ansätze in ihren Betrachtungen oft sehr verengt bleiben. „Gemeint ist die Reduktion des menschlichen Handelns und Bewusstseins auf kognitive Informationsverarbeitung, bei der das Individuum als Zentrum des Wissens und Handelns überbewertet und die menschliche Emotionalität, Leiblichkeit und Situiertheit in der Lebenswelt ausgeblendet wird"[17].

Lernen wird als aktiv konstruktiver Prozess begriffen, der selbstgesteuert in einem sozialen Umfeld immer situations- und kontextgebunden abläuft[18]. Durch diese Vorstellung von Lernen wird auch die Abgrenzung zu behavioristischen Lerntheorien möglich. Der Behaviorismus, auch heute noch implizite Grundlage für eine Vielzahl von Lernprogrammen, legt ebenfalls ein Hauptaugenmerk auf die Situation sowie die Reize und Reaktionen, durch die gelernt wird. Allerdings gründen sich die Vorstellungen der Behavioristen auf einen passiven Lernvorgang, der nur die Einübung von Verhalten auf bestimmte Impulse zum Inhalt hat. Die Situiertheit der gesamten Lernumgebung, die z.B. auch bei einer Fallstudienübung deutlich akzentuiert ist, führt zu einem erleichterten Transfer des Gelernten auf neue, in Aufbau und Ablauf differierende Anwendungssituationen. Es wird in Situationen für Situationen gelernt.

3 Architektur einer telemedialen Fallstudienübung

3.1 Konstruktionskriterien einer Fallstudie

Wie bereits in Abschnitt 2.1.1 ausgeführt, stützt sich das hier dem didaktischen Handeln unterlegte Lernverständnis auf die curriculumtheoretischen Relevanzprinzipien zur Inhaltsauswahl. Die im Sinne der Fallstudiendidaktik organisierten Prinzipien der Situationsorientierung, der Wissenschaftsorientierung und der Persönlichkeitsorientierung finden sich auch bei der Konstruktion der einzelnen Fallstudien für die universitäre Aus- und Weiterbildung wieder. Der Situationsorientierung entspricht das Konstruktionskriterium *situative Repräsentation*, die Wissenschaftsorientierung bestimmt die *wissenschaftliche Repräsentation* und die Persönlichkeitsorientierung kommt in der *subjektiven Adäquanz* zum Ausdruck. Eine Zwischenstellung nimmt die *subjektive Bedeutsamkeit* ein, die als Bindeglied zwischen der Situations- und der Persönlichkeitsorientierung nochmals die über-

---

[17] Kerres 98, S. 65
[18] vgl. Gräsel/Gruber 96, S. 6

geordnete Schwerpunktverteilung unterstreicht. Während sich die Kriterien situative und wissenschaftliche Repräsentation auf das Lernobjekt beziehen, sind die subjektive Adäquanz und die subjektive Bedeutsamkeit lernsubjektbezogene Kriterien der Fallstudienkonstruktion.

3.1.1 Situative Repräsentation

Die situative Repräsentation stellt den Bezug des Falles zur Realität her. Der Grad an Authentizität, der über dieses Konstruktionskriterium erreicht werden kann, ist mitbestimmend für die didaktische Qualität der Fallstudienübung. Ausgehend von der Komplexität realer Problemsituationen, werden die im Laufe der Fallstudienübung zu bearbeitenden Situationen modelliert.

Der exemplarische Charakter der Fallstudie, der im Sinne der situativen lerntheoretischen Ausrichtung über die Einbettung in einen realen Kontext zum Vorschein kommt, wird durch die situative Repräsentation explizit betont.

3.1.2 Wissenschaftliche Repräsentation

Wie schon bei den didaktischen Grundfragen in Abschnitt 2.1.1 angeschnitten dient die Wissenschaftsorientierung zur Regulierung der Situationsorientierung im Hinblick auf den wissenschaftssystematischen Ort und den Wahrheitsgehalt der Lernziele und Lerninhalte. Im Rahmen der Fallkonstruktion findet dieses Regulativ seinen Ausdruck in der wissenschaftlichen Repräsentation, die in Bezug auf einen Wissenschaftsbereich oder -ausschnitt stellvertretende und verallgemeinerungsfähige Aussagen gewährleisten soll.

3.1.3 Subjektive Adäquanz

Das Konstruktionskriterium subjektive Adäquanz manifestiert sich in einer Reduktion der Komplexität des ausgewählten Realitätsausschnitts. Die in Hinblick auf Übersichtlichkeit, Anschaubarkeit und Fasslichkeit gestalteten Fälle sollen die Lernvoraussetzungen und die individuelle Lerngeschichte des Lernenden in den Konstruktionsprozess mit einbeziehen. Aus motivationalen Erwägungen heraus sollte das Fallmaterial konflikt- oder problemhaltig sein, um so die kognitive Leistungsfähigkeit der Lernenden angemessen zu belasten.

3.1.4 Subjektive Bedeutsamkeit

Neben der objektiven Bedeutsamkeit der Inhalte einer Fallstudie für den gewählten Realitätsausschnitt sollen über das Kriterium der subjektiven Bedeutsamkeit auch Neigungen und soziale Interessen des Lernenden angesprochen werden. Die Identifikation mit der Fallsituation innerhalb der eigenen subjektiven Lebenssituation gelingt dabei über die bereits angesprochenen problemhaltigen Fallelemente.

3.2 IV-Unterstützung des organisatorischen Ablaufs einer telemedialen Fallstudienübung

Nachdem im letzten Abschnitt die Konstruktionsbedingungen der einzelnen Fallstudien Gegenstand der Betrachtung waren, soll im folgenden der idealtypische Ablauf einer telemedialen Fallstudienübung sowie die IV-Unterstützung in den einzelnen Phasen beschrieben werden. Ein Hauptaugenmerk wird dabei auf den Besonderheiten liegen, die sich durch den verteilten Charakter der Veranstaltung ergeben.

3.2.1 Überblick

Vor der eigentlichen Bearbeitung der einzelnen Fallstudien werden die teilnehmenden Studenten zuerst in Teams mit einer begrenzten Mitgliederzahl (ca. 5-7 Personen je Team) aufgeteilt, um so die effektive Gruppenarbeit zu ermöglichen. Jede telemediale Fallstudienübung selbst läuft dann in sechs Phasen ab, die jeweils von unterschiedlichen IV-technischen Werkzeugen unterstützt werden.

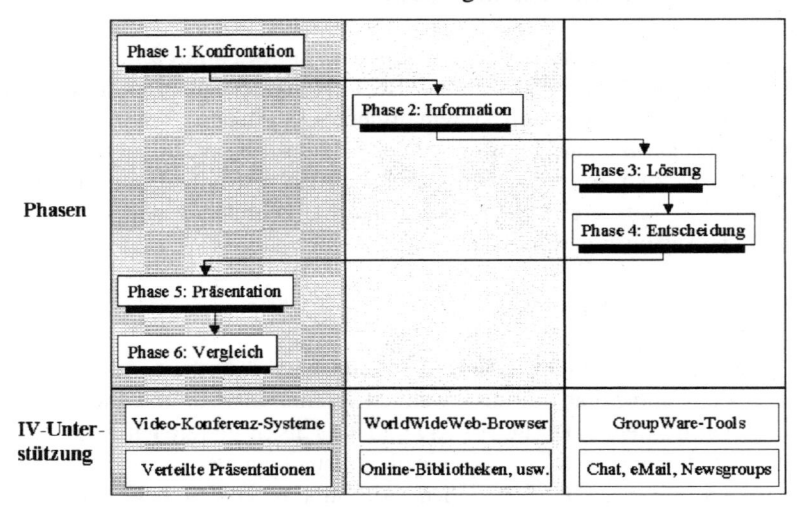

Phasen			
	Phase 1: Konfrontation		
		Phase 2: Information	
			Phase 3: Lösung
			Phase 4: Entscheidung
	Phase 5: Präsentation		
	Phase 6: Vergleich		
IV-Unterstützung	Video-Konferenz-Systeme	WorldWideWeb-Browser	GroupWare-Tools
	Verteilte Präsentationen	Online-Bibliotheken, usw.	Chat, eMail, Newsgroups

Abbildung 1: Phasen und IV-Unterstützung einer telemedialen Fallstudie

Die Phasen eins, fünf und sechs können prinzipiell sowohl synchron als auch asynchron durchgeführt werden können, wobei die synchrone Variante zu Beginn und Ende einer jeden Fallstudie aus sozial-kommunikativen Erwägungen heraus eher zu bevorzugen ist. Während Phase zwei eher von Einzelarbeit geprägt ist, werden verschiedene Formen der Gruppenarbeit in den Phasen drei und vier in den Lernmethoden-Mix einbezogen. Hier können auch verstärkt asynchrone Szenarios Anwendung finden.

Die Phasenunterteilung orientiert sich am Schema eines Entscheidungsprozesses und stellt somit sowohl Weg als auch Ziel der Fallstudienübung dar[19]. Vor der Durchführung der eigentlichen Fallstudienübung ist es daher wichtig, die teilnehmenden Studenten auf die Besonderheiten dieser Lehr-Lernform hinzuweisen und bei ihnen im Sinne eines *Meta-Unterrichts* die „kritische Handlungsfähigkeit und Handlungsbereitschaft systematisch zu fördern und auszubilden"[20].

3.2.2 Konfrontationsphase

Die Konfrontation umfasst eine Problem-, Situations-, Normen- und Zielanalyse, die bei den Teammitgliedern das Bewusstsein schärfen soll, dass die Entscheidung von den verschiedenen Entscheidungsträgern und ihren Wert- und Zielvorstellungen abhängt[21]. Die einzelnen Fälle werden jeweils von einem verantwortlichen Dozenten (Fall-Konstrukteur) präsentiert. Da keine Annahmen über die IV-Infrastruktur der externen Partner getroffen werden können, sollten verschiedene Standards sowohl in Bezug auf Netzwerke (z.B. ISDN, ATM) als auch in Bezug auf die verwendete Konferenz- und Präsentationssoftware (z.B. MBone-Whiteboard, PowerPoint) unterstützt werden.

3.2.3 Informationsphase

In der Informationsphase sollen die Teammitglieder sowohl vorbereitete Informationen als auch von ihnen selbst zu erschließende Informationsquellen nutzen. Dabei kann Methodenkompetenz - im Sinne eines „Zurechtfindens im Informationsüberfluss" der modernen Informationsquellen wie z.B. dem Internet - innerhalb eines komplexen, an der Realität angelehnten Problemzusammenhangs aufgebaut und gefördert werden. Die IV-Unterstützung in der Informationsphase beschränkt sich aus diesem Grund darauf, Arbeitsplatzrechner mit breitbandigem Internetzugang für die Online-Recherche zur Verfügung zu stellen.

3.2.4 Lösungsphase

Die Phase der Ermittlung alternativer Lösungsmöglichkeiten hat prinzipiell die Aufgabe, den Blick des Bearbeiters aus der Eindimensionalität hin zu offenen Handeln zu richten. Die Lösungsalternativen selbst werden in einem iterativen Prozess von Problemanalyse, Problemstrukturierung und Problemlösung gewonnen. Jedes einzelne Teammitglied erarbeitet dabei unter Zuhilfenahme der in Phase zwei erworbenen Informationen einen individuellen Lösungsvorschlag für den problematisierten Fall. Im Falle auftretender Verständnis- oder Methodikprobleme

---

[19] vgl. Kaiser 83, S. 25
[20] Kaiser 83, S. 29
[21] vgl. Kaiser 83, S. 26

können die Studierenden über die Kommunikationskanäle der IV-Infrastruktur mit den Betreuern in Kontakt treten.

3.2.5 Entscheidungsphase

Die Entscheidung für eine der erarbeiteten Lösungsmöglichkeiten fördert die gruppendynamischen Prozesse. Unterschiedliche Meinungen müssen durch Diskussionen und Konfliktgespräche zu einer gemeinschaftlichen Lösung zusammengeführt werden. Dementsprechend stellt diese Phase sehr hohe Anforderungen an die IV-Unterstützung der Gruppenarbeit. Aus diesem Grund sollte Software eingesetzt werden, die gruppendynamische Prozesse unterstützt (Groupware) bzw. die Entscheidungsfindung in Gruppen erleichtert (z.B. Group-Decision-Support-Systeme). Das Kennenlernen und Abwägen verschiedener Standpunkte, die Forderung nach eigener Argumentationsleistung für die präferierte Lösung, die Formulierung konstruktiver Kritik und das Umgehen mit Konflikten sind alles Aspekte aus Zielkatalogen zu Sozialkompetenzen (social skills). Am Ende dieser Phase steht für jedes Team eine von den Teammitgliedern gemeinsam gewählte Lösung.

3.2.6 Präsentationsphase

Die Präsentation der gewählten Alternative jedes Teams wendet die Sichtweise von innen (Intra-Gruppenprozesse) nach außen (Inter-Gruppenprozesse). Häufig als von untergeordneter Bedeutung abgetan wird die Darstellung und Erläuterung der eigenen Problemlösungsleistung mit Blick auf die übergeordnete Situationsorientierung verbunden mit der Persönlichkeitsorientierung zu einer für den Lernerfolg entscheidenden Phase, die bereits wieder im Beisein (real oder virtuell) des Fall-Konstrukteurs durchgeführt wird. Das angemessen durchsetzungsorientierte Vertreten des eigenen Teamstandpunktes sowie ein damit verbundener, sinnvoll dosierter Medieneinsatz sind die hier angestrebten Ziele.

3.2.7 Vergleichsphase

Abschließend stellt der Fall-Konstrukteur die Lösung dar, die in der Praxis tatsächlich gewählt und durchgeführt wurde. Diese Lösung mit ihren Konvergenzen und Divergenzen zu den Gruppenlösungen wird analysiert und diskutiert.

Auf diese Art und Weise „läßt sich das Bewußtsein schärfen, daß Entscheidungen von Menschen getroffen werden, die allesamt fehlbar sein können und eine Entscheidung, die gegenwärtig zufriedenstellend ist, sich eines Tages als überholt und falsch erweisen kann"[22].

Die Anforderungen an die IV-Unterstützung in der Präsentations- und Vergleichsphase können nur gemeinsam betrachtet werden, da die Phasen zeitlich direkt

---

[22] Kaiser 83, S. 28

aufeinander folgen. Die Anforderungen der Präsentationsphase sind vergleichbar mit denen der Konfrontationsphase (vgl. Kapitel 3.2.2). Für die Unterstützung der Vergleichsphase ist beim Aufbau der IV-Infrastruktur jedoch zu berücksichtigen, dass mit verstärkter Interaktion zu rechnen ist und daher einzelne Sprecher im Auditorium in Bild und Ton erfasst werden müssen.

3.3 Kommunikations- und Kooperationsinfrastruktur einer telemedialen Fallstudienübung

Die Anforderungen an die Kommunikations- und Kooperationsinfrastruktur zur Durchführung einer telemedialen Fallstudienübung sollen am Beispiel der am Lehrstuhl für Wirtschaftsinformatik II der Universität Erlangen-Nürnberg vorhandenen Infrastruktur verdeutlicht werden. Die Einrichtung für multimediales Teleteaching und Telelearning wurde in einem Zeitraum von fünf Jahren im Verlauf zweier vom DFN-Verein und dem BMBF geförderter Projekte aufgebaut[23].

Wie in Abschnitt 3.2.1 dargelegt wurde, lassen sich die einzelnen Phasen einer verteilten Fallstudienübung synchron, asynchron oder hybrid (synchron und asynchron) durchführen. Dies impliziert, dass auch die Netzwerk- und Hardwareinfrastruktur sowie die Software auf synchrone und asynchrone Szenarios ausgelegt sein müssen.

3.3.1 Netzwerkinfrastruktur

Die Flexibilität der vorhandenen Netzwerkinfrastruktur bestimmt, welche Unternehmen als Partner für eine Fallstudienveranstaltung telemedial einbezogen werden können. Es ist zu berücksichtigen, welche Infrastruktur und insbesondere welche Bandbreiten in den Unternehmen zur Verfügung stehen. Am Lehrstuhl Wirtschaftsinformatik II können Bandbreiten von 64 KBps über einen ISDN-B-Kanal bis hin zu mehreren MBps über ATM-Codecs genutzt werden.

- Externe Fall-Konstrukteure, die keinen Anschluss an das Breitbandnetz des DFN-Vereins haben, können über einen ISDN-Anschluss Videokonferenzen aufbauen, die qualitativ aufgrund der geringen Bandbreite von 64 KBps gerade noch akzeptabel sind.

- Bei einem direkten Zugang der externen Fall-Konstrukteure an das Breitbandnetz des DFN-Vereins können qualitativ höherwertige Konferenzen z. B. mit den MBone-Tools aufgebaut werden.

- Die qualitativ besten Übertragungen sind mit ATM-Codecs möglich, die eingehende Audio-/Videosignale in einen ATM-Datenstrom - und wieder zurück - wandeln. Das darunter liegende ATM-Netzwerk kann durch die Reservierung

---

[23] vgl. RTB96 und MMTT98

der benötigten Bandbreiten eine gesicherte Übertragung der Echtzeitdaten garantieren. Übertragungen per ATM haben sich im Routinebetrieb als äußerst robust und zuverlässig erwiesen.

3.3.2 Hardwareinfrastruktur

Zur Durchführung telemedialer Fallstudienveranstaltungen stehen an der Wirtschafts- und Sozialwissenschaftlichen Fakultät der Universität Erlangen-Nürnberg u. a. ein Multimedia-Hörsaal und ein Multimedia-Labor zur Verfügung.

Der Hörsaal besitzt ein Fassungsvermögen von ca. 150 Personen und eignet sich insbesondere für die synchrone Durchführung von Konfrontations-, Präsentations- und Vergleichsphase.

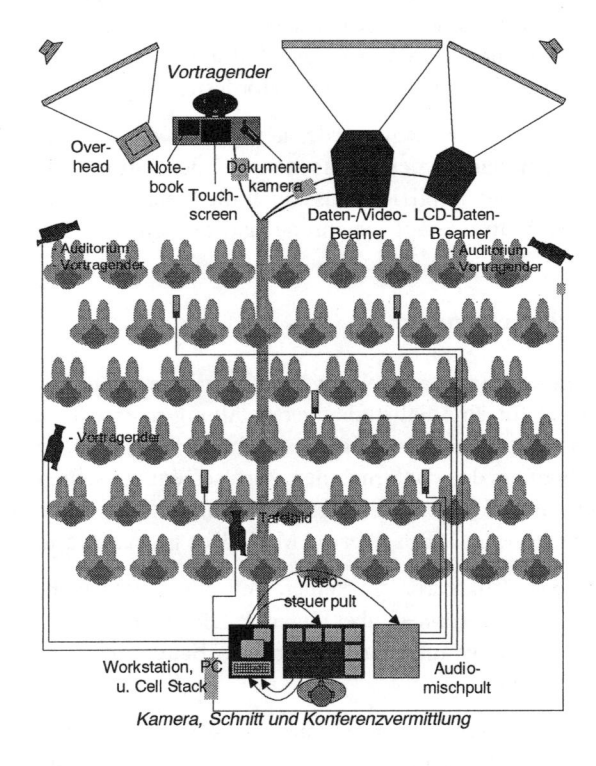

Abbildung 2: Teleteaching-Hörsaal

Im Hörsaal sind zwei Daten-/Videobeamer zur Projektion des entfernten Fall-Konstrukteurs oder von lokalen Computerpräsentationen z. B. in der Präsentationsphase installiert. Die vortragenden Studenten sowie das lokale Auditorium werden durch vier verteilt positionierte Kameras erfasst, die ferngesteuert werden können. Der Ton der Vortragenden wird von einem drahtlosen Mikrofon, die

Beiträge des Auditoriums werden durch fünf an der Decke des Hörsaals angebrachte Mikrofone abgegriffen. Alle Audio- und Videosignale werden in einem zentralen Steuerpult aufbereitet und verteilt, in dem auch die Audio- und Videosignale des externen Dozenten auf die Lautsprecheranlage und die Videobeamer geschaltet werden. Das Steuerpult ist zu diesem Zweck u. a. mit einem Audiomischpult, einem Videomischpult, einem S-VHS-Videorecorder, mehreren Videoumschaltern und Videoverteilern, ATM-Codecs und einem Übertragungsrechner, in den eine ISDN-Karte eingebaut ist, ausgestattet worden.

Zur Unterstützung der Vortragenden bei multimedialen Präsentationen insbesondere in der Präsentationsphase steht ein Teleteaching-Terminal zur Verfügung, das u. a. einen Präsentationsrechner, einen Touchscreen-Monitor und Kontrollmonitore umfasst.

Da der Hörsaal eher für die Durchführung synchroner Szenarios geeignet ist, steht für die Lernenden in der Informations-, der Lösungs- und der Entscheidungsphase ein Multimedia-Labor zur Verfügung. Es bietet zwölf Multimedia-Einzelarbeitsplätze, die sich auf sechs Workstation- und sechs PC-Arbeitsplätze aufteilen.

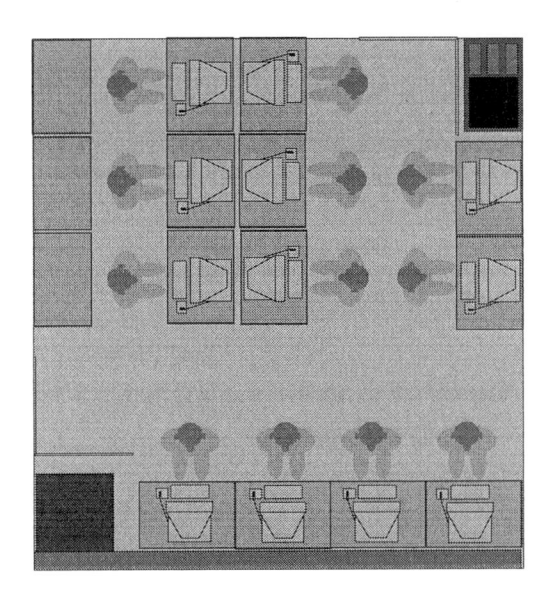

Abbildung 3: Multimedia-Labor

3.3.3 Software

Auf der Basis der vorhandenen Netzwerk- und Hardwareinfrastruktur werden verschiedene Software-Anwendungen eingesetzt, die eine durchgängige Unterstützung der Phasen der Fallstudie mit den Mitteln der Informations- und Kommunikationstechnologie gewährleisten.

Für die plattformunabhängige Übertragung von Audio- und Videoströmen haben sich hauptsächlich die MBone-Tools VIC und VAT als tragfähige Lösung erwiesen. Sie können sowohl bei einer Anbindung an das Breitbandnetz des DFN-Vereins, als auch bei einer schmalbandigen Anbindung über ISDN zum Einsatz kommen. Ausschlaggebend für den Einsatz dieser Software sind Merkmale wie z. B. das gute Verhalten bei sehr schlechten Netzen sowie die plattformübergreifende Verfügbarkeit. Weiterhin wichtig war die hohe Flexibilität in der Anpassung an den jeweiligen Einsatz. In diesem Bereich können kommerzielle Pakete wie ShowMe oder RealVideo keine Vorteile bieten.

Die MBone-Tools werden stets dann eingesetzt, wenn Teilnehmerstellen ohne spezielle Hardware-Ausstattung an Übertragungen beteiligt sind. Im produktiven Einsatz zeichnet sich diese Software-Sammlung durch gute Stabilität und Flexibilität aus. Auch bei Einsatz von höherqualitativen Übertragungsverfahren (z. B. über ATM-Codecs) werden mehrere Videoströme zusätzlich per VIC übertragen, um z. B. dem entfernten Dozenten Eindrücke aus dem Auditorium zu vermitteln. Weiterhin werden VIC-Videoströme als Rückkanal von den entfernten Fall-Konstrukteuren in den Hörsaal verwendet.

Für verteilte Präsentationen kommt das *wb*-Tool, das ebenfalls zu den Mbone-Tools gehört, zum Einsatz, da es auf verschiedenen Plattformen verfügbar ist und sich in der Praxis robuster als z. B. MS PowerPoint erwiesen hat. Allerdings ist es mit dem *wb*-Tool z. Zt. lediglich möglich, im Postscript-Format vorliegende Dokumente für die Präsentation zu verwenden, die zusätzlich einer Größenbeschränkung unterliegen. Ein großer Vorteil des Systems liegt in der Möglichkeit, dargestellte Dokumente spontan um zusätzliche Anmerkungen zu ergänzen bzw. Veränderungen an den Dokumenten vorzunehmen.

Für die Unterstützung der asynchronen Kooperation der Studierenden insbesondere in der Lösungs- und Entscheidungsphase werden fallstudienspezifische Internet-Newsgroups eingerichtet.

4 Zusammenfassung und Ausblick

Das in diesem Artikel vorgestellt Konzept der telemedialen Fallstudien transferiert die Lehr-Lernform der klassischen Fallstudienübung in eine verteilte, multimediale Lernumgebung. Der Einsatz moderner IV-Technologie ermöglicht neben den Vorteilen eines ort- und teilweise auch zeitunabhängigen Zugangs zu den Lehrveranstaltungen auch die Unterstützung von gruppendynamischen Lernprozessen. Durch den flexiblen Aufbau der IV-Infrastruktur kann das Spektrum an möglichen externen Partnern erweitert werden.

Das Konzept der telemedialen Fallstudie wird im Rahmen des DFN-geförderten Projekts „Teleteaching/Telelearning Referenzsysteme und Service Center im Breitband-Wissenschaftsnetz" im Wintersemester 1999/2000 erstmals eingesetzt und evaluiert. Die mit der telemedialen Fallstudie angestrebte Integration von technischen Unterstützungsmöglichkeiten ist eines der Hauptziele dieses Projekts.

Literatur

Euler, Dieter (1992): Didaktik des computerunterstützten Lernens: praktische Beispiele und theoretische Grundlagen. Nürnberg: BW, Bildung und Wiss. Verlag und Software.

Euler, Dieter (1994): Didaktik einer sozio-informationstechnischen Bildung. Köln: Botermann & Botermann.

Gräsel, Cornelia/Gruber, Hans (1996): Lernen mit Computernetzen aus konstruktivistischer Perspektive: Forschungsbericht des Insituts für Pädagogische Psychologie und Empirische Pädagogik. München: Ludwig-Maximilians-Universität.

Gries, Thomas (1998): Internationales Wettbewerbsfähigkeit: eine Fallstudie für Deutschland; Rahmenbedingungen – Standortfaktoren – Lösungen. Wiesbaden: Gabler.

Hilgard, Ernest R./Bower, Gordon H. (1981): Theorien des Lernens. Stuttgart: Klett-Cotta.

Kaiser, Franz-Josef (1983): Die Fallstudie: Theorie und Praxis der Fallstudiendidaktik. Bad Heilbrunn: Obb Klinkhardt.

Kerres, Michael (1998): Multimediale und telemediale Lernumgebungen: Konzeption und Entwicklung. München; Wien: Oldenburg.

Klimsa, Paul (1993): Neue Medien und Weiterbildung: Anwendung und Nutzung in Lernprozessen der Weiterbildung. Weinheim: Dt. Studien-Verlag.

Küting, Karlheinz (1999): Der Konzernabschluß: Lehrbuch und Fallstudie zur Praxis der Konzernrechnungslegung. Stuttgart: Schäffer-Poeschel.

Lücking, Joachim (1998): FallstudieTucher Bräu AG. Nürnberg: Lehrstuhl für Marketing, Universität Erlangen-Nürnberg (Nürnberger Materialien für interaktive Lehre; Bd. 1).

MMTT (1998): Multimedialen Teleteaching und Telelearning als Baustein der Vorlesungsbetriebs an Hochschulen: Abschlußbericht. Nürnberg: Lehrstuhl für Wirtschaftsinformatik II, Universität Erlangen-Nürnberg.

Reetz, Lothar (1984): Wirtschaftsdidaktik: Eine Einführung in Theorie und Praxis wirtschaftswissenschaftlicher Curriculumentwicklung und Unterrichtsgestaltung. Bad Heilbrunn: Obb Klinkhardt.

RTB (1996): Multimedia-unterstützte Dezentralisierung interdisziplinärer Lehre: Abschlußbericht zum RTB-Teilprojekt 3.12. Nürnberg: Lehrstuhl für Wirtschaftsinformatik II, Universität Erlangen-Nürnberg.

Integral - Methodische Integration multimedialer und interaktiver Lernwerkzeuge zur Optimierung der Gestaltungskompetenz in der arbeitswissenschaftlichen Lehre

Matthias Rötting[1] und Ralph Bruder[2]

[1] RWTH Aachen, Institut für Arbeitswissenschaft, Bergdriesch 27, 52062 Aachen, Tel.: (0241) 40 90 176, Fax: (0241) 8888-131, Email: m.roetting@iaw.rwth-aachen.de

[2] Universität-GH Essen, FB04 Industrial Design Fachgebiet Ergonomie, Universitätsstraße, 45117 Essen, Tel.: (0201) 183-3450, Fax: (0201) 183-2787, Email: ralph.bruder@uni-essen.de

In dem vorliegenden Beitrag wird ein Lernwerkzeug zur Unterstützung der Hochschullehre im Bereich Arbeitswissenschaft/Ergonomie vorgestellt. Bei dem beschriebenen Integral-System handelt es sich um eine interaktive, multimediale, plattform- und standortübergreifende Lernumgebung im Internet zur Unterstützung von Vorlesungen und Übungen. Die interdisziplinäre und hochschulübergreifende Zusammenarbeit von Studierenden bspw. in Projektgruppen ist ein wichtiger Aspekt des Integral-Systems. In dem Lernsystem Integral werden diverse Angebote gesammelt (z.B. multimedial aufbereitete Lehrmaterialien, Fallbeispiele, Studienprojekte, Kommunikationsforen). Durch gezielte Auswahl der Angebote können Lehrende das Integral-System an das jeweils eigene didaktische Konzept anpassen. Das Layout berücksichtigt sowohl ergonomische, als auch spezielle Kriterien des Interface- und Screen-Designs. Voruntersuchungen zeigten den Bedarf für ein solches Lernsystem auf. Nach der Fertigstellung eines Prototyps wurde die Akzeptanz des Systems insbesondere unter dem Gesichtspunkt der hochschulübergreifenden Zusammenarbeit mit Studierenden in Aachen und Essen untersucht. Dabei zeigte sich, dass die Studierenden durch das Integral-System gut motiviert werden, sich mit arbeitswissenschaftlichen Inhalten zu beschäftigen. Allerdings zeigte sich auch, dass die klassische Kommunikation (z.B. begleitende Angebot durch Seminare) sichergestellt sein sollte, sowie die Teamarbeit und Teambildung im Internet gezielt unterstützt und gefördert werden muss.

Schlüsselwörter: Ergonomie, didaktisches Konzept, teamorientiertes Lernen, graphisches Layout

1 Ausgangssituation

Die Lehrsituation im Bereich Arbeitswissenschaft/Ergonomie ist durch eine vielschichtige Studentenstruktur und durch die pluridisziplinäre Natur des Stoffgebietes gekennzeichnet. Die Verankerung als Pflicht- und Wahlpflichtfach für verschiedene Studienrichtungen trägt der Wesensbedeutung und der Querschnittsfunktion der Arbeitswissenschaft zwar Rechnung, stellt jedoch aufgrund der großen und heterogenen Hörerschaft Anforderungen an die Lehre, die über Frontalveranstaltungen nur eingeschränkt zu bewältigen sind.

Dies betrifft insbesondere die Anwendung des vielschichtigen Lehrwissens zur Lösung praktischer Gestaltungsaufgaben.

Zentraler Ansatzpunkt des Projektes „Integral" ist es, die Problemlösefähigkeit der Studierenden auf dem Gebiet der ergonomischen Arbeitsplatz- und Produktgestaltung mit Hilfe geeigneter multimedialer Software zu verbessern. Dabei steht neben der Möglichkeit audio-visueller Darbietung vor allem die Interaktivität zur selbständigen Erarbeitung und Bewertung von Gestaltungslösungen im Vordergrund.

Sekundärziel ist die methodische Gestaltung des Lern- und Übungssystems hinsichtlich dessen effizienter Handhabbarkeit als wesentliche Voraussetzung für die dauerhafte Akzeptanz.

Die Zusammensetzung der Projektgruppe aus vier umfassend mit arbeitswissenschaftlicher Lehre und ergonomischer Gestaltung befassten Instituten aus Aachen, Dortmund, Essen und Siegen trägt zur breiten Anwendbarkeit der Ergebnisse sowie zu einer effektiven Arbeitsteilung bei.

2 Vor-Befragung der Studierenden

Um die Interessen der Studierenden bezüglich der Gestaltung der Veranstaltungen im Fach Arbeitswissenschaft bzw. Ergonomie zu erheben, wurde ein Fragebogen entwickelt und an Studierende in Aachen und Essen verteilt.

Der Fragebogen umfasst Fragen zu den folgenden Themenbereichen:

- Fragen zur PC- / Internet-Nutzung: Fragen zur Bedeutung Neuer Medien allgemein und im Rahmen der Hochschullehre sowie Fragen zum Zugang der Studierenden zu PC und Internet jetzt und in Zukunft.

- Fragen zur Arbeitswissenschaft- bzw. Ergonomie-Vorlesung: Fragen zur Erarbeitung der fachspezifischen Inhalte, Fragen zu Verwendung des Internets im Rahmen der arbeitswissenschaftlichen Lehre und zur Kommunikation mit

anderen Studierenden sowie Fragen zur Einschätzung des notwendigen Aufwandes.
- Persönliche Daten: Fragen zu Alter, Geschlecht, Studienrichtung und Semesterzahl sowie zur Bedeutung des Faches Arbeitswissenschaft/Ergonomie.

Insgesamt haben 61 Studierende der Fächer Maschinenbau, Maschinentechnik, Industrial Design, Betriebswirtschaftslehre u. a. an der RWTH Aachen und der Universität-GH Essen den Fragebogen ausgefüllt zurückgegeben.

2.1 Einstellung zu Neuen Medien

Generell ist die Einstellung gegenüber Neuen Medien und ihrer Verwendung in der Lehre positiv. 97 % der befragten Studierenden halten es für wichtig, den Umgang mit Neuen Medien zu lernen und 72 % fordern, Neue Medien sollten häufiger in der Lehre eingesetzt werden. Nur 18 % der Studierenden haben Vorbehalte gegen Neue Medien in der Aus- und Weiterbildung. 62 % halten das Internet für eines der wichtigsten Informationsmedien der Zukunft.

2.2 Benutzung von PC und Internet

Rund 92 % der Studierenden nutzen zu Hause einen PC, 56 % mehr als fünf Stunden pro Woche. Sie verwenden ihn vor allem für Textverarbeitung und Präsentationen bzw. Grafiken, wie Abbildung 1 zeigt.

Bisher nutzen 72 % der Studierenden das Internet, immerhin 61 % von zu Hause. Der Rest nutzt das Internet bei Freunden oder in der Universität. Für die kommenden zwei Jahre sehen die meisten Befragten besonders für Beruf (89 %) und Studium (74 %) vorher, dass sie für mehr als 5 Stunden pro Woche einen PC benutzen werden; im Freizeitbereich erwarten dies hingegen nur 38 %.

2.3 Einsatzmöglichkeiten Neuer Medien in der Lehre im Fach Arbeitswissenschaft bzw. Ergonomie

Gut 55 % der Studierenden halten das selbständige Erarbeiten von fachspezifischen Inhalten der Arbeitswissenschaft bzw. Ergonomie für wichtig oder sehr wichtig. Rund 87 % legen Wert auf die Möglichkeit des individuellen Vertiefens von persönlichen Interessen innerhalb des Fachgebietes. Besondere Bedeutung hat die Möglichkeit zur freien Zeiteinteilung, die von 67 % der Studierenden für wichtig oder sehr wichtig erachtet wird. Fallbeispiele sind für 77 % der Studierenden wichtig oder sehr wichtig.

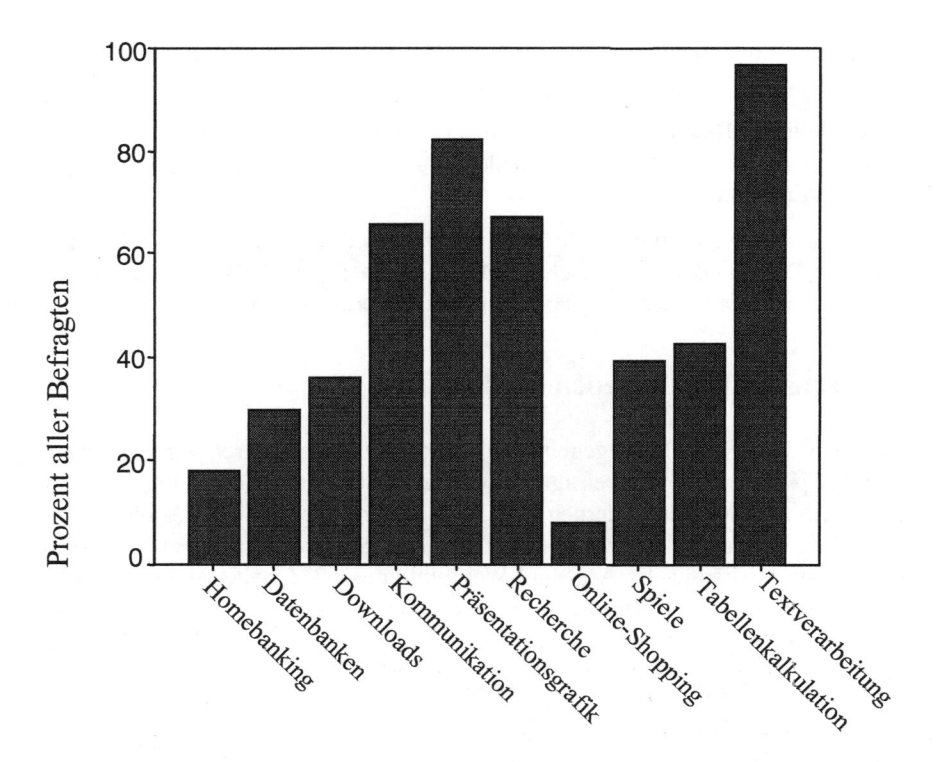

Abb. 1: „Wofür benutzen Sie den PC / das Internet?"

Die meisten Befragten stehen der Verfügbarkeit von ergänzenden Materialien (79 %) oder von Vorlesungsinhalten (67 %) im Internet positiv gegenüber. Auch eine interaktive Gestaltung der Lehre mittels Internet, wie z. B. die Behandlung von Fragen zu den Lehrinhalten oder die Bearbeitung von Übungen und Studienarbeiten im WWW, findet noch bei 54 % bzw. 53 % der Studierenden Zustimmung. Einer teilweisen Verlagerung der Lehrveranstaltungen selbst oder sogar der Prüfungen und Leistungsnachweise in das Internet stehen jedoch 60 % bzw. 85 % der Studierenden kritisch oder unentschlossen gegenüber. Im Falle der Erarbeitung von Vorlesungsinhalten mit Hilfe des Internets erwarten 50 % der Studierenden, dass die zur Bearbeitung nötige Zeit höher wäre als bei konventionellen Lehre. Dass mehr Eigeninitiative notwendig wäre, erwarten 48 %.

82 % der Studierenden können es sich vorstellen, im Rahmen der Bearbeitung von Fallbeispielen mit Studierenden anderer Fachrichtungen und Universitäten zusammenzuarbeiten.

2.4 Fazit

Zu den Einsatzmöglichkeiten Neuer Medien in der Lehre im Fach Arbeitswissenschaft bzw. Ergonomie decken sich die Einschätzungen der Mehrheit der Studierenden mit den Intentionen des Projektes Integral. Die Bereiche, die von der Mehrheit der Studierenden skeptisch gesehen werden, wie z. B. die Verlagerung der Lehrveranstaltungen selbst ins Internet oder die Abnahme von Prüfungen via Internet ist auch nicht das Ziel von Integral. Erfreulich ist die hohe Bereitschaft der Studierenden, über die Grenzen des eigenen Faches und der Hochschule hinaus mit anderen Studierenden zusammenzuarbeiten. Hier bestätigen sie den Ansatz von Integral.

Ein realistisches Bild haben die Studierenden bei ihrer Einschätzung, dass die zur Bearbeitung notwendige Zeit und Eigeninitiative bei der internetgestützten Lehre höher sein wird. Diese Einstellung der Studierenden deckt sich mit den Ergebnissen von Scheuermann (1998, S. 45), der darauf hinweist, dass eine Grundkompetenz zur Nutzung des Internets notwendig ist, dass höhere Anforderungen an die Selbstdisziplin bestehen und dass das Arbeiten in der Gruppe erlernt werden muss. Inwiefern der zusätzliche Aufwand durch den Erwerb zusätzlicher Kompetenzen (z. B. Medienkompetenz und Kommunikationskompetenz) gerechtfertigt ist, wird die Evaluation des Einsatzes von Integral zeigen.

3 Systembeschreibung

3.1 Didaktisches Konzept

Ausgangspunkt des Lernens mit Neuen Medien muss ein didaktisches Gesamtkonzept sein, um die Vorteile der einzelnen Medien optimal nutzen zu können. Aus den didaktischen Empfehlungen zur Gestaltung multimedialer Lernsysteme nach Beitinger & Mandl (1992), Harms (1998) und Unz (1998) lässt sich unter Berücksichtigung der Ziele im Projekt Integral folgendes didaktisches Konzept aufstellen (vgl. Abbildung 2).

Multimediale Lernsysteme müssen in umfassende Lernumgebungen eingebettet werden, um die didaktischen Vorteile der verschiedenen Medien zu nutzen. Das bedeutet, sie erfordern flankierende Maßnahmen in allen Phasen eines didaktischen Konzeptes, da neue Informations- und Kommunikationsmedien klassische Aus- und Weiterbildungskonzepte nicht ersetzen können. Sie können sie jedoch ergänzen und ihre Effizienz steigern. (vgl. Schwuchow, 1997, S. 556).

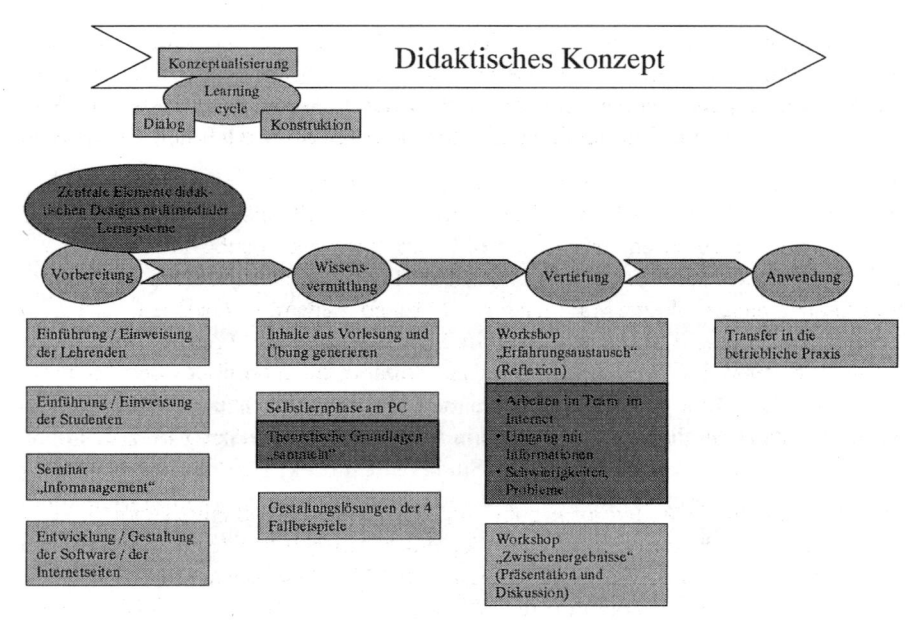

Abb. 2: Didaktisches Konzept Integral

Solche flankierenden Maßnahmen in Form von Workshops oder Seminaren können die Vorteile des Präsenzunterrichtes (höhere Motivation, besserer Umgang mit Verständnisschwierigkeiten, soziale Kontakte etc.) mit den Vorteilen des Fernunterrichtes (Orts-, Zeitunabhängigkeit etc.) verbinden (vgl. Geyer et al., 1998, S. 172).

Zur prozessorientierten Betrachtung eines solchen didaktischen Konzeptes, das ein multimediales Lernsystem und flankierende Maßnahmen integriert, empfiehlt Schwuchow (1997, S. 556) ein Vorgehen in vier Phasen, das sich an einem Modell von Stockfisch & Sigel (1997) orientiert.

- **Phase Vorbereitung:** Diese Phase umfasst vorbereitende Maßnahmen, die die eigentliche Wissensvermittlung, deren Vertiefung und Anwendung ermöglichen und unterstützen sollen. Im Projekt Integral zählen dazu verschiedene Seminare (zur Einweisung und Einführung der Lehrenden, zur Einführung und Einweisung der Studierenden, und ein Workshop zum Thema Informationsmanagement im Internet), die Gestaltung und Entwicklung der Lernsoftware und der Internetseiten zur Bearbeitung der Fallbeispiele.

- **Phase Wissensvermittlung:** Die Phase der Wissensvermittlung ist im Projekt Integral in zwei Bereiche unterteilt. Dies ist zum einen das Beschaffen, Bewerten und Sichaneignen theoretischen Grundlagenwissens. Dazu müssen Inhalte aus Vorlesungen und Übungen reflektiert werden und auf ihre Relevanz hinsichtlich der zu lösenden Fallbeispiele überprüft werden. Zudem sollen die Studierenden sich notwendige zusätzliche Informationen im Internet beschaffen und diese zur Lösung der Fallbeispiele heranziehen. Damit werden die theoretischen Inhalte in praktischen Gestaltungsaufgaben angewendet. Das Lösen von Fallbeispielen erfordert das Zusammenschließen von Aufgabenteams und deren Arbeiten im Internet. Damit sollen mögliche spätere Tätigkeitsfelder simuliert werden, bei denen es um das vernetzte und problemorientierte Arbeiten von Projektteams geht.

- **Phase Vertiefung:** In der Phase der Vertiefung der vermittelten Lerninhalte sind Workshops geplant, bei denen ein Erfahrungsaustausch und eine Reflexion der Arbeitsweise der Aufgabenteams erfolgen soll. Dies soll die Studierenden noch einmal für die Gruppen- und Lernprozesse sensibilisieren. Ein Erfahrungsaustausch über die Arbeit der Teams im Internet und dabei aufgetretene Probleme und Schwierigkeiten soll den gegenseitigen Lernprozess vertiefen. In einem weiteren Workshop werden Zwischenergebnisse von den Teams präsentiert. Diese können dann diskutiert werden und sollen zu einer gegenseitigen Bereicherung und Motivation beitragen.

- **Phase Anwendung:** Das Ziel des Projektes Integral ist die Vermittlung von Medien- und Methodenkompetenz zur Verbesserung der Problemlösefähigkeit der Studierenden und zur Optimierung des Theorie-Praxis-Transfers.

Durch die Verwendung von Computernetzen in der universitären Lehre wird nicht nur der Umgang mit diesen technischen Medien erlernt. Informations- und Kommunikationssysteme sind Gegenstand der Analyse und gleichzeitig Werkzeuge zum Erwerb von Wissen über diese Systeme. Die Integration der Computer-vermittelten Kommunikation in die Lehre schafft demnach einen authentischen Kontext des Wissenserwerbs (konstruktivistischer Ansatz).

Die Studierenden erlernen den Umgang mit der Technologie (technische Kompetenz) und erhalten Zugang zu einem vielfältigen Informationsangebot. Das macht die Entwicklung von Recherchestrategien notwendig, erfordert den Kontakt mit Experten, Lehrenden und Kommilitonen und die Beteiligung an elektronischen Diskussionsgruppen (vgl. auch Döring, 1997). Der Akzent wird also auf Eigentätigkeit und soziale und kommunikative Kompetenz gesetzt (vgl. auch Fischer & Hägebarth, 1999). Es ist ein kooperatives Arbeiten über die Diskussion mit anderen möglich. Die Konfrontation mit anderen Meinungen in solchen Diskussionsgruppen stellt situiertes Lernen dar. Es erfordert eine Reflexion der persönlichen Perspektive und fördert die Kompetenz der individuellen Orientierung. Beim gemeinsamen Aushandeln der Inhalte und der Vorgehensweise kommt es zu einer Konfrontation unterschiedlicher Perspektiven und damit auch zu einer Darlegung der Grundlagen der jeweiligen individuellen Sichtweisen. Dies vermittelt multiple Perspektiven eines Problems im Sinne von verschiedenen Aspekten und Standpunkten und unterstützt die Übertragung der Problematik auf verschiedene Kontexte (multiple Kontexte).

Eine intensive Auseinandersetzung mit den Lerninhalten wird durch die Asynchronität der Technologie unterstützt, da diese keinen Zeitdruck impliziert (vgl. Harms, 1998, S. 258f).

Die Maßnahmen der Phasen Vorbereitung, Wissensvermittlung, Vertiefung und Anwendung sind nicht in einer chronologischen Abfolge zu verstehen. Vielmehr folgen sie einem Kreislauf, den man auch als den idealen Lernprozess oder *Learning Cycle* bezeichnet (Mayes et al., nach Geyer et al., 1998, S. 179f).

Die vorangegangenen Ausführungen haben die Anforderungen an multimediale Lernsysteme aufgezeigt und das didaktische Konzept des Projektes Integral daran gespiegelt. Durch die Integration von multimedialen und traditionellen Lehr- und Lernmethoden wird in Integral der konstruktivistische Lernprozess unterstützt und der Theorie-Praxis-Transfer arbeitswissenschaftlichen Wissens für die Studierenden erleichtert. Nicht nur die Studierenden, auch die Lehrenden, sind in die Maßnahmen einbezogen, die über den eigentlichen Prozess der Wissensvermittlung hinausgehen. Es kann demnach von einem ganzheitlichen Konzept gesprochen werden.

3.2 Technik

Im Zusammenhang mit der Entwicklung eines multimedialen Lernsystems ist u. a. die Frage nach der Einbindung des Systems in arbeitswissenschaftlichen / ergonomischen Lehrveranstaltungen zu klären. In Abbildung 3 sind vier Grundmodelle der Unterstützung von Vorlesungen, Übungen, Studienarbeiten o. ä. durch ein internet-basiertes Lernsystem dargestellt. Zu beachten ist weiterhin, dass der Aufbau der Lehre an den vier beteiligten Universitäten recht unterschiedlich ist. Daher ist ein einheitliches Konzept als „Ersatz" für die bestehenden Veranstaltungen nicht sinnvoll.

Das Lernwerkzeug Integral wird auf der Grundlage von Modell 4 entwickelt, d. h. mittels Integral sollen Vorlesungen und Übungen multimedial unterstützt werden. Weiterhin sollen Studierende das Lernwerkzeug nutzen, um in möglichst interdisziplinären und hochschulübergreifenden Gruppen Projekte zu bearbeiten und dabei ergonomische Erkenntnisse und Erfahrungen auf konkrete Problemstellungen zu übertragen. Hierzu wird ein Baustein-Konzept verfolgt, bei dem die einzelnen Bausteine in unterschiedlichen Zusammenhängen verwendet werden und im Laufe der Zeit durch weitere Bausteine ergänzt werden können.

Durch die Einbindung des Lernwerkzeuges Integral in das Internet ist die hochschulübergreifende Zusammenarbeit von Studierenden gut zu realisieren. Zusätzlich werden Studierende, die über keine bzw. wenig Erfahrungen mit Netzwerken verfügen, an die Nutzung des Internets herangeführt.

Für das Lernwerkzeug Integral wurde eine Form der Informationsstrukturierung gewählt, die unterschiedlichen Lehrenden die Möglichkeit der Anpassung des

Werkzeuges an eigene didaktische Konzepte ermöglicht, aber gleichzeitig ausreichend Handlungsspielräume für die Benutzung des Systems lässt. Das gewählte Konzept der anwendungsbezogenen Informationsauswahl ist in der Abbildung 4 dargestellt.

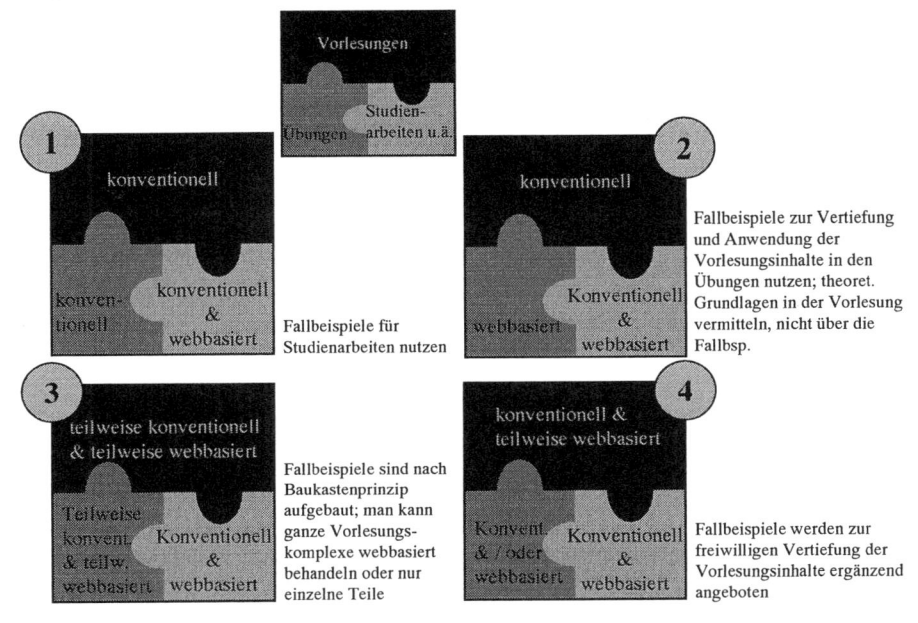

Abb. 3: Vier Grundmodelle der Integration internetbasierter Lehre in das Gefüge bestehender Lehrformen

Arbeitswissenschaftliche Erkenntnisse, Vorlesungen, Abbildungen, etc. werden in einem Pool gesammelt und einem Anwender von Integral persönlich gefiltert zur Verfügung gestellt. Diese Filter werden von Lehrenden des Fachgebietes Arbeitswissenschaft / Ergonomie definiert und leiten den Anwender durch die Fülle von Informationen.

Der Zugang zu den definierten Informationsangeboten erfolgt über die Eingabe von Nutzernamen und Passworten. Nutzernamen und Passworte werden persönlich für einzelne Studierende vergeben. Es ist möglich, Informationsangebote für Gruppen von Studierenden zu definieren, z. B. für die Hörer einer bestimmten Veranstaltung. Einzelne Studierende werden dann der entsprechenden Gruppe zugeordnet und erhalten so Zugang zu den ausgewählten Informationen. Die Studierenden können auch Mitglied in mehreren Gruppen sein und haben dann Zugriff auf die Vereinigungsmenge der Informationen. Diese Gruppenrechte können bei Bedarf noch durch zusätzliche individuelle Rechte erweitert werden.

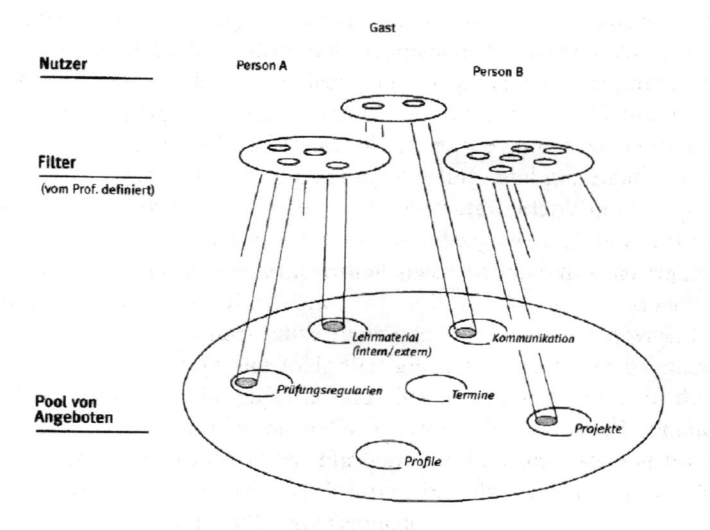

Abb. 4: Nutzerbezogene Angebotsauswahl als Grundkonzept des Lernwerkzeuges Integral

3.3 Layout

Die Realisierung von Integral erfolgt WWW-basiert. So ist der Zugriff von unterschiedlichen Rechnerplattformen aus möglich, solange auf diesen ein grafikfähiger Browser verfügbar ist.

Kern des für Integral entwickelten Systems ist eine SQL-Datenbank, die sowohl die Nutzer- als auch die Dokumentenverwaltung umfasst. Als Metapher dienen Nachrichten, die in einer hierarchischen Struktur, ggf. auch mehrfach, abgelegt werden. Je nach den zugestandenen Benutzerrechten können die Nutzer (in Teilbereichen) bestehende Nachrichten beantworten, neue Nachrichten generieren oder auch Ergänzungen an der Struktur des Systems vornehmen.

Innerhalb der Nachrichten kann auf beliebige andere Dateien im Integral-System und im Internet verwiesen werden, z. B. auf statische WWW-Seiten, Grafiken, Sound- oder Videodateien oder MS-Office Dateien. Als „intern" werden die Dateien bezeichnet, die innerhalb des Integral Systems abgelegt und in der Verantwortung der Systemadministratoren sind. Als „extern" werden alle sonstigen Dateien bezeichnet. Der Zugriff auf interne Dateien ist nur den Integral Nutzern mit den entsprechenden Zugriffsrechten möglich.

In der folgenden Abbildungen 5 ist ein *Screenshot* des Integral Systems zu sehen.

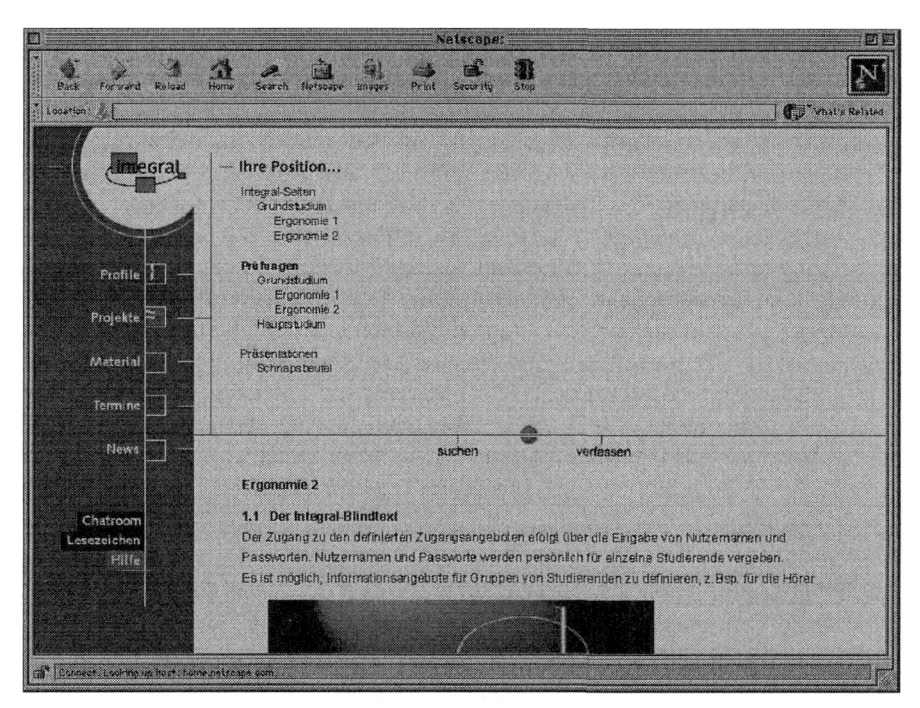

Abb. 5: Layout des Integral-Systems

Das graphische Layout des Integral-Systems basiert auf der Anwendung von *Frames*. So wurde im linken Bereich des Bildschirmaufbaus ein feststehendes Frame definiert, das die Elemente der Basisnavigation enthält (Profile, Projekte, Material etc.). Die unter den Hauptpunkten subsummierten Gliederungspunkte werden nach der Auswahl des entsprechenden Navigationselementes in einem Gliederungsframe in dem rechten Bildschirmbereich dargestellt ("Ihre Position..."). In der unteren Hälfte sind in einem sogenannten Inhaltsframe die Inhalte der Gliederungspunkte enthalten. Das Inhaltsframe wurde verschiebbar gestaltet, so dass es bei Bedarf nach oben gezogen und somit vergrößert werden kann. Allerdings bleibt immer ein Ausschnitt der Positionsbeschreibung sichtbar, wodurch eine Orientierung erleichtert wird.

Durch das Auswählen der Elemente „*Chatroom*" und „*Lesezeichen*" werden eigene *Frames* geöffnet, die sich über die Gliederungs- und Inhaltsframes legen (ohne sie jedoch vollständig zu überdecken). In dem Bereich *Chatroom* haben Studierende die Möglichkeit, sich an verschiedenen bestehenden *Chatforen* zu beteiligen bzw. eigene Foren zu gründen. Das Lesezeichen kennzeichnet die Möglichkeit des persönlichen Ablegens von kurzen Notizen (z.B. interessante Adressen von Websites mit kurzem Kommentar).

Die Verwaltung der Notizen erfolgt in Anlehnung an die für Internetbenutzer gewohnte Verwaltung von sogenannten Bookmarks in diversen Browsern.

4 Vorversuch

Im Verlauf des Sommersemesters 1999 wurde ein Vorversuch mit Studierenden aus Aachen und Essen als Zusatz zur Vorlesung bzw. im Rahmen eines Workshops durchgeführt. Die Studierenden haben gemeinsame eine Problemstellung (Sammlung von Informationen zum Themenbereich „*Web-based training*") bearbeitet. Ziel des Versuches war die Sammlung von Erfahrungen mit dem System insbesondere unter dem Aspekt der hochschulübergreifenden Zusammenarbeit. Im Rahmen der Versuche wurden unterschiedliche Gestaltungsvarianten für das Interface evaluiert, die Akzeptanz des Systems als zukünftiger Bestandteil der Lehre erfragt, sowie das Benutzerverhalten analysiert. Mittels Beobachtung der Studierenden beim Lösen der gestellten Aufgaben, aber auch durch Befragungen (persönliche Interviews, standardisierter Fragebogen) konnten Hinweise für die weiteren Entwicklungsphasen des Integral-Systems gesammelt werden.

Die Evaluation des Interface ergab, dass die Navigation nachvollziehbar und verständlich ist. Sehr positiv wurde die Möglichkeit beurteilt, individuelle Verweise auf wichtige Informationen innerhalb und außerhalb des Integral Systems zu sammeln und mit Kommentaren zu versehen (Funktion „Lesezeichen"). Zahlreiche Hinweise auf Elemente des graphischen Layouts (z.B. bezüglich Bezeichnungen, Symbolen) konnten gewonnen werden. Ebenso wurde deutlich, dass das System mit unterschiedlichen Browsern und mit verschiedenen Betriebssystemen funktionieren muss.

Die Befragung der Studierenden nach Abschluss des Vorversuches umfasste Fragen zu den folgenden Themenbereichen:

- **Personen:** Fragen zu den Studierenden (Lernerfolg, Motivation, Teamwork), zu den Dozenten und zu der Betreuung durch Dozenten (Präsenz, Informationsqualität, Lehrveranstaltungen, Mediennutzung).

- **Systemnutzung:** Fragen zur Navigation, zur Benutzerführung, zur Verständlichkeit der Informationen, zum Umgang mit eigenen Informationen und zu den benutzten Kommunikationsmitteln.

- **Zeitvolumen:** Insgesamt und anteilig für verschiedene Schritte aufgewandte Zeit.

Die Resonanz der Studierenden zur Motivation war sehr erfreulich. Die Bearbeitung von Aufgaben im Internet war interessant, nicht langweilig und hat Spaß gemacht. Auch die Bearbeitung von Aufgaben im Team ist gegenüber der Bearbeitung alleine spaßiger, vielfältiger und interessanter.

Ein deutlicher Bedarf nach Veränderung bzw. weitergehender Unterstützung zeigte sich im Bereich der Teamarbeit. Die Definition und Verteilung von Aufgaben innerhalb der Teams wurde als schlecht beurteilt. Auch die Beurteilung der Pünktlichkeit der Aufgabenerledigung, das Treffen von Absprachen, und die Einhaltung von Terminen und Absprachen wurde nur als mittelmäßig angesehen. Die Weitergabe und Bereitstellung von Informationen wurde hingegen als gut eingeschätzt.

Die Tabelle 1 gibt eine Übersicht über die benutzten Medien in der Kommunikation der Teams untereinander und mit den Dozenten. Innerhalb der Teams wird 54% der Kommunikation mit Hilfe der Neuen Medien bewerkstelligt. Im Kontakt mit den Dozenten sind dies nur 38%. Das keine Bevorzugung der Neuen Medien vorliegt zeigt sich an diesen Prozentsätzen und auch bei der Bewertung der Informationsqualität der entsprechenden Medien. Hier liegt die Persönliche Kommunikation deutlich vor allen anderen Medien.

Tab. 1: Rangreihe der benutzten Medien innerhalb des Teams und mit den Dozenten. In der ganz rechten Spalte ist die Bewertung der Informationsqualität der verschiedenen Medien angegeben.

Rang	im Team	mit Dozent	Informationsqualität
1	Email (29%)	Email (32%)	Persönliches Treffen (51%)
2	Chat (21%)	Persönliches Treffen des gesamten Teams mit dem Dozenten (32%)	Email (21%)
3	Persönliches Treffen des gesamten Teams (13%)	Telefon (8%)	Kopien (10%)
4	Telefon (12%)	Chat (6%)	Telefon (5%)
5	Persönliches Treffen von zwei Teammitgliedern (9%)	Persönliches Treffen eines Teammitgliedes mit dem Dozenten (5%)	News (4%)
6	News (4%)		Chat (4%)

Als Fazit kann aus diesem Vorversuch geschlossen werden, dass der Ansatz von Integral die Studierenden gut motivieren kann. Allerdings ist die Teamarbeit noch stärker zu fördern und die Teambildung sollte gezielt unterstützt werden. Hier helfen sicherlich die in der Konzeption für den regulären Einsatz geplanten Seminarangebote. Hilfreich ist wahrscheinlich auch eine stärkere Einflussnahme durch die Betreuer, indem z.B. erste Termine für einen gemeinsamen *Chat* zu Beginn festgelegt werden oder stärker auf die Wahl eines „Teamsprechers" hingewirkt wird.

Die wichtigste Erkenntnis ergibt sich aber aus der Nutzug der Medien: Die klassische Kommunikation muss mit berücksichtigt werden. Dies ist auch bei der Konzeption von Integral durch das begleitende Angebot von Seminaren sowohl für die Betreuer als auch für die Studierenden sichergestellt. Auf den Punkt gebracht heißt dies aber, dass Integral mehr ist als das Internetangebot.

5 Perspektiven

Zur Zeit werden weitere Inhalte für das Integral System erarbeitet. Hier steht die Ausgestaltung der von den Studierenden zu bearbeitenden Gestaltungsaufgaben im Vordergrund. Themen sind die Gestaltung von Wartenarbeitsplätzen, Software-Ergonomie, die Gestaltung eines muskelkraftbetriebenen Fahrzeuges unter anthropometrischen und physiologischen Aspekten sowie die sicherheitstechnische Arbeitsgestaltung in Büro und Produktion.

Eine besondere Rolle kann Integral bei der Differenzierung der Lehre für spezifische Hörergruppen (sowohl was die Vorkenntnisse, die Fachrichtung oder auch Unterschiede in der Prüfungsordnung betrifft) einnehmen. Hier sind Modelle denkbar, wo gerade in der Kombination mit „klassischen" Formen der Lehre ein sehr individuelles Lehrangebot geschaffen werden kann.

Der Kreis der beteiligten arbeitswissenschaftlichen Institute soll erweitert werden, um so u.a. auch das Angebot der Inhalte zu verbreitern.

Das Projekt „Methodische Integration multimedialer und interaktiver Lernwerkzeuge zur Optimierung der Gestaltungskompetenz in der arbeitswissenschaftlichen Lehre" wird vom Universitätsverbund MultiMedia (UVM) im Rahmen der zweiten Ausschreibung „Multimedia in der Hochschullehre" gefördert.

Neben dem Institut für Arbeitswissenschaft der RWTH Aachen (Dipl.-Ing. Dagmar Gude, Prof. Dr.-Ing. Holger Luczak, Dipl.-Ing. Matthias Rötting, Dr. Stefanie Schneider) und dem Fachgebiet Ergonomie der Universität-GH Essen (Prof. Dr.-Ing. Ralph Bruder, Andreas Kallweit, Gisa Meister, Andreas Pankonin, Meike Töpfer) sind noch das Institut für Fertigungstechnik, Arbeitswissenschaft / Ergonomie der Universität-GH Siegen (Dr.-Ing. Hartmut Irle, Dr.-Ing. Erwin Keller, Prof. Dr.-Ing. Helmut Strasser) und – als assoziierter Partner ohne Projektförderung – das Institut für Arbeitsphysiologie an der Universität Dortmund (Dr. Dietmar Gude, Prof. Dr.-Ing. Wolfgang Laurig) an dem Projekt beteiligt.

Informationen zu dem Projekt Integral sind im WWW unter http://www.iaw.rwth-aachen.de/integral/ abrufbar.

Literatur

Beitinger, G. & Mandl, H. (1992). Entwicklung und Konzeption eines Medienbausteins zur Förderung des selbstgesteuerten Lernens im Rahmen der betrieblichen Weiterbildung. In Deutsches Institut für Fernstudienforschung an der Universität Tübingen (Hrsg.). Fernstudien und Weiterbildung (S. 92-126). Tübingen: Deutsches Institut für Fernstudien.

Döring, N. (1997). Lernen mit dem Internet. In L.J. Issing & P. Klimsa (Hrsg.). Information und Lernen mit Multimedia. (S. 305-336) Weinheim: Psychologie Verlags Union.

Fischer, M. & Hägebarth, F. (1999). Die technologischen Voraussetzungen zum Lernen und Lehren in der Informationsgesellschaft. In U. Beck & W. Sommer (Hrsg.). LearnTec 99 – 7. Europäischer Kongreß und Fachmesse für Bildungs- und Informationstechnologie. Tagungsband (S. 597-605). Karlsruhe: Karlsruher Kongreß- und Ausstellungs-GmbH.

Geyer, W., Eckert, A. & Effelsberg, W. (1998). Multimedia in der Hochschullehre – Tele-Teaching an den Universitäten Mannheim und Heidelberg. In F. Scheuermann, F. Schwab & H. Augenstein (Hrsg.). Studieren und Weiterbilden mit Multimedia (S. 170-196). Nürnberg: BW Bildung und Wissen Verlag und Software GmbH.

Harms, I. (1998). Computer-vermittelte Kommunikation im pädagogischen Kontext. In F. Scheuermann, F. Schwab & H. Augenstein (Hrsg.). Studieren und Weiterbilden mit Multimedia (S. 252-278). Nürnberg: BW Bildung und Wissen Verlag und Software GmbH.

Scheuermann, F. (1998). Informations- und Kommunikationstechnologien in der Hochschullehre – Stand und Problematik des Einsatzes computergestützter Lernumgebungen. In F. Scheuermann, F. Schwab & H. Augenstein (Hrsg.). Studieren und Weiterbilden mit Multimedia (S. 18-53). Nürnberg: BW Bildung und Wissen Verlag und Software GmbH

Schwuchow, K. (1997). Wissenstransfer mit neuen Informations- und Kommunikationsmedien. Personal 11/1997, S. 552-557

Stockfisch, J. & Sigel, U. (1997). Interaktives Lernen in der betrieblichen Praxis. In: K. Schwuchow & J. Gutmann (Hrsg.). Jahrbuch Weiterbildung 1997 (S. 90-93). Düsseldorf.

Unz, D. (1998). Didaktisches Design für Lernprogramme in der Wissenschaftlichen Weiterbildung. In F. Scheuermann, F. Schwab & H. Augenstein (Hrsg.). Studieren und Weiterbilden mit Multimedia (S. 308-334). Nürnberg: BW Bildung und Wissen Verlag und Software GmbH

Funktionen und Architektur einer Internet-Lernumgebung für individuelles und kooperatives Lernen

O. K. Ferstl, K. Hahn, K. Schmitz, C. Ullrich

Prof. Dr. Otto K. Ferstl, Dipl.-Wirtsch.Inf. {Karsten Hahn | Klaus Schmitz | Christian Ullrich}: Lehrstuhl für Wirtschaftsinformatik, insbes. Industrielle Anwendungs-systeme, Otto-Friedrich Universität Bamberg, Feldkirchenstr. 21, 96045 Bamberg. {otto.ferstl | karsten.hahn | klaus.schmitz | christian.ullrich}@sowi.uni-bamberg.de.

Virtuelle Lehrangebote werden im Angebotsspektrum der Hochschulen einen hohen Anteil erreichen. Um die Vielfalt der zu erwartenden Angebote sinnvoll nutzen zu können, sind standardisierte Entwicklungs- und Nutzungsplattformen für Lernumgebungen notwendig, die vor allem den Anforderungen für Selbstlern- und für Gruppenlernumgebungen sowie den technischen Anforderungen Nutzung im Internet, Betriebssystemunabhängigkeit und Skalierbarkeit genügen. Im Beitrag wird eine Plattform beschrieben, die auf diese Anforderungen hin konzipiert und realisiert wurde.

Schlüsselworte: Virtuelle Hochschule, Lernumgebung, Selbstlernen, Kooperatives Lernen, Internet, Tele-Lernen.

1 Einführung

Virtuelle Lehrangebote gewinnen im Angebotsspektrum der Hochschulen zunehmend an Bedeutung. Ihre Vorteile sind offensichtlich. Virtuelle Lehrangebote entkoppeln Lernprozesse bezüglich der Merkmale Ort und Zeit von den dazugehörigen Lehrprozessen und erweitern so den Gestaltungsraum für beide Prozesse. Dozenten erstellen virtuelle Lehrangebote unter Nutzung wesentlich verbesserter Instrumente und Arbeitsumgebungen. Lerner nutzen die virtuellen Lehrangebote in Situationen, die sie weitgehend selbst bestimmen. Sie erhalten erheblich mehr Einfluss auf den Ablauf des Lernprozesses, denn sie können ihre individuelle Lerngeschwindigkeit unabhängig von der des Lehrprozesses wählen. Die Qualität der Lernprozesse kann sowohl aufgrund des subjektiven Befindens der Lerner als auch wegen objektiver Verbesserungen der Lehr-/Lernsituationen gesteigert werden.

Die traditionellen Lehr-/Lernformen werden in die Welt der virtuellen Lehrangebote zunächst weitgehend übernommen. Vorlesungen, Seminare, Übungen werden virtualisiert und in Lernumgebungen bereitgestellt. Sie stehen synchron, aber ortsunabhängig in Form von Videoübertragungen bzw. Videokonferenzen oder asynchron über Rechnernetzwerke zur Verfügung. Lehrbücher werden zu Selbstlernumgebungen weiterentwickelt, in denen multimediale Präsentationen sowie computergestützte oder durch Lehrpersonen betreute Übungen möglich sind. Die damit erreichbaren Lernziele sind jedoch beschränkt. Herkömmliche Lernformen sind auf die Lernphasen *Erwerben von Wissen* und *Vertiefen durch Üben* ausgerichtet. Die dritte Phase *Anwenden von Wissen* in realen oder realitätsnahen Situationen ist in den herkömmlichen Lernsituationen an Hochschulen noch wenig realisiert. Für den Erfolg eines Lernprozesses sind allerdings alle drei Lernphasen bestimmend. Virtuelle Lehrangebote eröffnen für diese dritte Phase neue Lösungen, in denen Lerner ihr Wissen in virtuellen Welten anwenden.

Die virtuellen Lehrangebote nutzen verschiedene Wege der Kommunikation zwischen Lehrenden und Lernenden. Bislang dominieren Offline-Angebote in Form von CD-ROMs und ähnlichen Datenträgern. Sie werden zunehmend durch Online-Angebote vorzugsweise unter Nutzung des Internet abgelöst. Die Online-Alternativen ermöglichen weit bessere Formen der Kommunikation zwischen Lehrenden und Lernern. Lehrinhalte können rascher aktualisiert werden. Die Betreuung der Lernenden kann durch Tutoren über asynchrone Kommunikationswege wie E-Mail, News oder synchrone Formen wie Videokonferenz und Telefon ergänzt werden. Die Gesamtkosten eines Lernprozesses können durch die Online-Varianten deutlich reduziert werden.

Lerner benötigen beim Übergang zu virtualisierten Formen des Lernens Lernumgebungen, denen zwei wesentliche Anforderungen zugrunde liegen: (1) Die Lernumgebungen unterstützen sowohl die drei aufeinanderfolgenden Lernphasen *Erwerben, Üben, Anwenden von Wissen* in Verbindung mit unterschiedlichen Lernformen als auch die Lenkung des Lernprozesses durch den Lerner. (2) Die Lernprozesse können als individuelles Selbstlernen oder als kooperatives Lernen in Gruppen gestaltet werden.

Der folgende Projektbericht beschreibt eine Internet-Lernumgebung, die im Zeitraum seit 1997 auf diese Anforderungen hin konzipiert wurde (vgl. [FHS99]). Sie besteht aus mehreren Teilsystemen (Bild 1)[1]. Das erste Teilsystem, die Studierumgebung, bildet die genannten herkömmlichen Lernformen nach. Hier stehen virtuelle Vorlesungen, Virtuelle Übungen und virtuelle Seminare sowie Selbstlernumgebungen zur Verfügung. Es liegt das Bild eines Studierenden zugrunde, der

---

[1] [KaRi98] unterscheiden in der "Virtual University/FernUniversität Online" zwischen einer Course Area, einer Administration Area und einer Communication Area.

die Lernziele Wissenserwerb und Üben in tendenziell geführten Lernprozessen verfolgt. In einem zweiten Teilsystem, der Recherchierumgebung, werden die gleichen Lernziele auf anderen Wegen verfolgt. Hier werden Bibliotheken nachgebildet bzw. genutzt. Der Lerner wird hier nicht geführt, sondern steuert seinen Lernprozess selbst (vgl. [FeSc97]).

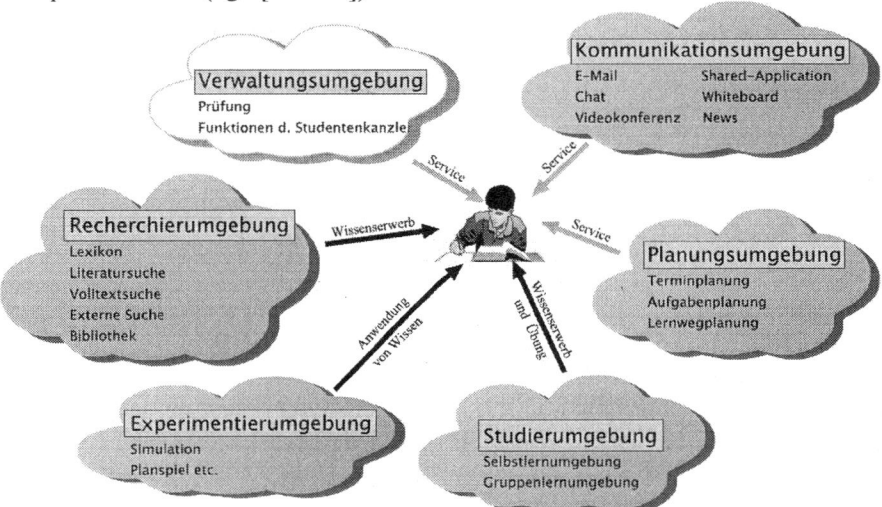

Bild 1: Teilsysteme einer Internet-Lernumgebung

Die dritte Lernphase, das Anwenden von Wissen (Learning by doing), wird im Rahmen des Studiums noch wenig berücksichtigt. Sie wird eher auf die Phase der beruflichen Tätigkeit verschoben. Für diese Lernphase ist das Teilsystem Experimentierumgebung vorgesehen. In realitätsnaher Umgebung sollen von einem einzelnen Lerner oder einer Lernergruppe Probleme gelöst werden. Bisher dienten Planspiele und ähnliche Lernsituationen diesen Lernzielen. Virtuelle Experimentierumgebungen bieten darüber hinaus die Möglichkeit, den Übergang von Spielsituationen hin zu realen Aufgabenstellungen fließend zu gestalten, indem reale Welten zu Bestandteilen einer Experimentierumgebung werden.

Weitere Teilsysteme der Internet-Lernumgebung unterstützen die Lenkung und Durchführung der Lernprozesse. Eine allgemein verfügbare Kommunikationsumgebung stellt Verbindungen zwischen Lehrenden und Lernenden sowie zwischen den Lernenden untereinander her. Hier sind alle zur Zeit bekannten Kommunikationsformen wie E-Mail, News, Chat, Videokonferenzen usw. vorgesehen. Diese Instrumente sollen bei Lernergruppen, deren Mitglieder räumlich getrennt sind, auch der sozialen Interaktion dienen. Eine Planungsumgebung als weiteres Teilsystem dient der Steuerung des Ablaufs von Lern- und Koordinationsprozessen. Sie soll sowohl individuelle Lerner als auch Gruppen unterstützen. Der Zugang zur Internet-Lernumgebung erfolgt über ein Zugangssystem, das die Berechtigung und Profile der Lerner erfasst.

Über den hier genannten Mindestfunktionsumfang einer Lernumgebung hinaus sind für unterschiedliche Lerninhalte und unterschiedliche lernmethodische Vorgehensweisen zusätzliche spezifische Anforderungen zu berücksichtigen. Der Mindestfunktionsumfang als invariante Grundmenge an Funktionalität für nahezu alle Bedarfsspektren könnte dagegen schrittweise standardisiert werden, um die Virtualisierung von Lehrangeboten voranzutreiben. Das Projekt der Internet-Lernumgebung dient daher auch dem Ziel, allgemein verfügbare Plattformen für virtuelle Lehrangebote zu entwickeln. Die hier beschriebene Plattform entstand aus der Entwicklung von Lernumgebungen für wirtschaftswissenschaftliche Lerninhalte. Entwicklungsprojekte mit ähnlichen Zielsetzungen, aber unterschiedlichen Lösungsansätzen sind in der Literatur dargestellt (vgl. z.B. [Gü++99], [Haak99], [Le++98], [MaGr98], [Meye94], [NRS98], [Voß97]).

2 Funktionen der Internet-Lernumgebung

Ausgehend von der Strukturierung der Internet-Lernumgebung in die genannten Teilsysteme wird im folgenden der Funktionsumfang der Teilsysteme beschrieben, wobei aus Platzgründen nur die Studierumgebung vertieft wird. Begrifflich wird zwischen den eigentlichen Lehr-/Lerninhalten und dem dafür verwendeten Verwaltungssystem einschließlich den Funktionen für die Handhabung der Inhalte während der Entwicklungs- und Laufzeitphase differenziert. Das Verwaltungssystem und die Handhabungsfunktionen werden zur Unterscheidung von der Internet-Lernumgebung, welche die Lehr-/Lerninhalte mit einschließt, als Lernumgebungs-Management System bezeichnet.

2.1 Studierumgebung

In der Studierumgebung erwerben Lerner Wissen in einem expositorischen Lernprozess, dessen Lernweg in der Regel von der Lernumgebung vorgeschlagen wird. Sie dient den Lernphasen *Erwerben und Üben von Wissen*. Die Lerninhalte bestehen aus einem Netzwerk von *Wissenseinheiten*, denen jeweils Lernziele einschließlich Prüfverfahren für die Ermittlung des Lernerfolgs zugeordnet sind. Die Strukturierung des Netzwerks ist von der gewählten thematischen Gliederung des Inhalts sowie von den möglichen Nutzungszielen der Lerner unter Beachtung didaktischer Erwägungen abzuleiten (vgl. [FeSc97, 26-28]). Die Kanten des Netzwerks beschreiben inhaltliche sowie Lernzielbeziehungen zwischen den Wissenseinheiten.

Wissenseinheiten bestehen ihrerseits aus einem Netzwerk von *Seiten*, die diese thematisch und lernzielbezogen strukturieren. Eine Seite besteht wiederum aus einem Netzwerk von *Blöcken*, die den Seiteninhalt in geeigneten Teilschritten präsentieren. Blöcke haben die Darstellungsformen Text, Vektor- oder Pixelgrafik, Audio- oder Videosequenz. Auf den Strukturen Wissenseinheit, Seite und Block sind folgende Dienste verfügbar.

Präsentationsdienste

Die elementaren Präsentationsdienste der Studierumgebung stellen die Blockinhalte in einem der genannten Formate (Text, Grafik, Audio, Video) dar. Blöcke werden sequenziell oder parallel über die verfügbaren Ausgabekanäle präsentiert (vgl. [Hoep91, 455]). Ein Textblock kann z.B. parallel mit einem Audio- oder Videoblock ausgegeben werden. Die Präsentationsreihenfolge der Blöcke einer Seite kann ein Lerner partiell selbst steuern. Zum Beispiel können zu einem bereits sichtbaren Text- oder Grafikblock dazugehörige parallele Audio-, Video- oder Grafiksequenzen wiederholt werden. Der Grafikdienst zeigt dazu Visualisierungen in statischer oder dynamischer Form für Animationen an.

Die blockweise, sukzessive Präsentation einer Seite dient der Verdeutlichung von inhaltlichen Argumentationsketten. Geeignete Blockkombinationen steigern den Lernerfolg. Die gleichzeitige Präsentation von Texten und Grafiken verbessert die Bildung mentaler Modelle (vgl. [Hase95, 144-147]). Die individuelle Aufnahmefähigkeit eines Lerners wird berücksichtigt, da er den Ablauf der Blockpräsentation selbst steuert. Die animierte Darstellung von Blöcken mit Hilfe von Ein- und Ausblendeffekten hilft gleichzeitig, die Aufmerksamkeit eines Lerners auf ausgewählte Inhalte zu lenken.

Die Präsentationsdienste nutzen als Plattform die WEB-Browser Netscape Communicator und MS Internet Explorer am Arbeitsplatz des Lerners.

Navigationsdienste

Die Navigationsdienste der Studierumgebung unterstützen den Lerner bei der Auswahl der Lerninhalte. Entsprechend der Strukturierung des Inhalts wird auf den Ebenen Wissenseinheit oder Seite navigiert. Zusätzlich sind Hyperlinks zur Recherchierumgebung möglich, um ausgewählte Begriffe in Lexika, Literaturdatenbanken oder Volltext-Datenbeständen nachzuschlagen.

Übungsdienste

Die Vertiefung von erworbenem Wissen durch Üben ist die zweite wesentliche Aufgabe der Studierumgebung. Eine Studierumgebung besitzt in dieser zweiten Lernphase aufgrund ihrer unbegrenzten Geduld einen hohen Vorteil im Vergleich zu einem personellen Tutor. Die Qualität von Übungen hängt maßgeblich ab von der Vielfalt der Übungsarten zur Vermeidung von Monotonieeffekten und von der Spezifität, mit der ein Tutor auf die Antwort eines Lerners eingeht. Die Studierumgebung bietet hierfür die allgemeinen Übungsarten Multiple-Choice, Zu- und Anordnungsaufgaben, Freitextaufgaben sowie eine Reihe spezieller Aufgabentypen für spezielle Lerninhalte, wie z. B. Buchungssatzaufgaben oder Kalkulationsaufgaben in den Themengebieten Buchführung bzw. Kostenrechnung. Die Reaktion der Studierumgebung auf Antworten d.h. auf Übungsergebnisse eines Lerners wird vom Tutor bzw. Aufgabensteller deklarativ spezifiziert (vgl. [Schm94]). Deklarative Spezifikationen ermöglichen kurze Erstellungszeiten bei hohem Qualitätsniveau, sowie hohe Spezifität und Vielfalt der Antworten. Systematische Fehler des Lerners können erkannt und erläutert werden. Einfache Reaktionen der Art „Ergebnis ok bzw. nicht ok" sind bekanntlich didaktisch wertlos (vgl. z.b. [Schu96, 274-275], [Kers98, 62]).

Kommunikationsdienste

Kommunikationsdienste bilden die Schnittstelle zur Kommunikationsumgebung. Innerhalb der Studierumgebung kommuniziert ein Lerner mit Tutoren, Experten und Mitlernern. Ein Tutor erfährt bei Fragen die Position des Lerners in der Lernumgebung und kennt daher den Kontext einer Frage. Der Kontakt zu Mitlernenden wird ebenso ermöglicht wie die Erörterung von Problemen in Diskussionsforen.

2.2 Recherchierumgebung

Die Recherchierumgebung vermittelt dem Lernenden Wissen aus Enzyklopädien, das redundanzarm in Begriffsnetze zerlegt ist. Das Wissen ist anhand von Aggregations- und Klassifikationsbeziehungen zwischen den Begriffen sowie anhand inhaltlicher Querverweise strukturiert (vgl. [FeSc97, 24-26]). Der Zugriff auf ein Begriffsnetz erfolgt über Begriffsindizes, Deskriptoren oder über Taxonomieverzeichnisse unter Nutzung von Hyperlinks.

Lernumgebungsinterne Enzyklopädien können in der angegebenen Weise gestaltet und sowohl im direkten Zugang als auch über den Recherchierdienst der Studierumgebung genutzt werden. Schwieriger ist die Einbindung lernumgebungsexterner Wissensspeicher wie Bibliotheken. Hier sind gegenwärtig nur lose Kopplungen zu deren Recherchierdiensten (z.B. OPAC) vorgesehen.

2.3 Experimentierumgebung

Die Experimentierumgebung unterstützt die Lernphase *Anwenden von Wissen* bei der Lösung realitätsnaher Aufgabenstellungen. Grundlage hierfür sind Sach- und Handlungswissen sowie die Fähigkeit zur Anwendung dieses Wissens. Benötigt wird u.a. (1) die Fähigkeit zur Planung und Kontrolle des Problemlöseprozesses, (2) die Fähigkeit, Modelle realer Situationen zu bilden, zu validieren und zu analysieren (Modellierungsverständnis), (3) Einsicht in die Struktur und das Verhalten realer Systeme u.a. auf dem Weg der Modellbildung zu gewinnen (Systemverständnis) sowie (4) Schlussfolgerungen und Entscheidungen zur Gestaltung und Beeinflussung realer Systeme zu treffen (Entscheidungskompetenz).

In der Experimentierumgebung lösen Lerner entweder einzeln oder in kooperierenden bzw. konkurrierenden Gruppen Konstruktions-, Analyse- sowie Black-Box-Probleme. Die Problemstellung und zugehörige Untersuchungsobjekte können „realer" Natur sein oder vereinfachte Modelle einer realen Situation (Spiel- bzw. Lernsituation) darstellen. Z.B. ermöglicht ein reales Anwendungssystem zur Produktionsplanung und -steuerung eines Modellunternehmens Lernen in einem relativ realistischen Experimentierfeld. Ein Planspiel dagegen wird i.d.R. mittels eines stark vereinfachten Simulationsmodells des realen Untersuchungsobjekts durchgeführt.

Die Aufgabenstellung der Lerner in der Experimentierumgebung beinhaltet die Abgrenzung eines Untersuchungsobjektes von seiner Umwelt, die Festlegung von Untersuchungszielen sowie die Gestaltung und Durchführung des Lösungsverfahrens einschließlich der Interpretation der Ergebnisse. Die Lerner führen diese Teilaufgaben selbstständig durch und erhalten dabei Beratung durch virtuelle oder personelle Experten. Die Lösung einzelner Teilaufgaben wie z.B. die Festlegung des Untersuchungsverfahrens oder des Untersuchungsziels können von einem Dozenten bereits vorgegeben sein. Die verbleibenden Teilaufgaben definieren das Experimentierfeld der Lernenden. Ein stark eingeschränktes Experimentierfeld bilden z.B. Fallstudien, bei denen Lerner den Problemlöseprozess eines Experten nur noch nachvollziehen.

In der Experimentierumgebung stehen Lernern abhängig von der Art der Domäne, der Untersuchungsziele sowie der Untersuchungsverfahren eine Reihe von Werkzeugen zur Verfügung, mit deren Hilfe das Experimentierfeld bearbeitet werden kann. Ein Dozent stellt eine Experimentierumgebung aus konfigurierbaren Komponenten wie Simulations- und Entscheidungsunterstützungs-, Experten- oder Data Warehouse-Systemen sowie Beschreibungen der Aufgabenstellungen zusammen.

2.4 Kommunikations-, Planungs- und Verwaltungsumgebung

Die Kommunikation zwischen Lerner und Tutor sowie zu Mitlernern und weiteren Gruppen wird in der Kommunikationsumgebung mittels aller z.Z. verfügbaren Kanäle unterstützt. Es sind E-Mail-, News- und Chat-Systeme sowie Videokonferenzsysteme für asynchrone bzw. synchrone Kommunikationsformen eingebunden[2].

---

[2] Hier sind verschiedene marktgängige Systeme einsetzbar (vgl. z. B. [Ka++98]. Als Videokonferenzsysteme sind MS NetMeeting oder die MBONE-Tools verfügbar.

Die Planungsumgebung hilft einzelnen Lernern und Lernergruppen bei der Terminplanung für Arbeitssitzungen sowie bei der Arbeitsplanung. Auch hier werden marktgängige Systeme eingebunden. Eine weitere Unterstützung bietet diese Umgebung während der Planung geeigneter Lernwege. Dabei wird in Form eines Beratungsdialogs ein lernerspezifischer Lernweg entwickelt.

Die Einbindung der Internet-Lernumgebung in das Lehrsystem einer Hochschule erfordert deren Integration in das Zugangs- und Verwaltungssystem der Hochschule, dessen Aufgaben herkömmlich von Studentenkanzlei und Prüfungsamt erbracht werden. In einer virtuellen Hochschule wird hierfür ein computergestütztes Zugangs- und Verwaltungssystem verwendet. Die Internet-Lernumgebung führt diese Aufgaben nicht selbst durch, sondern bietet Schnittstellen zu einem derartigen System. Gegenwärtig wird für die Virtuellen Hochschule Bayern ein computergestütztes Zugangs- und Verwaltungssystem erstellt. Die Internet-Lernumgebung wird mit diesem System kompatible Schnittstellen bereitstellen.[3]

3 Nutzungsszenarien

Die Virtualisierung der herkömmlichen Lehr-/Lernformen Vorlesung, Seminar, Übung sowie die Weiterentwicklung von Lehrbüchern zu Selbstlernumgebungen erfolgt unter Nutzung unterschiedlicher Funktionsbereiche der Internet-Lernumgebung. Alle genannten Formen benötigen vorzugsweise Funktionen der Studierumgebung, ergänzt um die Leistungen der Recherchierumgebung sowie der Experimentierumgebung. Die unterschiedlichen Vorgehensweisen bei der Gestaltung und beim Ablauf dieser Lehr-/Lernformen führen zu einer weiteren Differenzierung der Studierumgebung in eine Selbstlernumgebung sowie eine Gruppenlernumgebung.

Bild 2: Selbstlern- und Gruppenlernumgebung

Eine Selbstlernumgebung als Weiterentwicklung eines Lehrbuchs wird durch die Autoren vor ihrer Nutzung erstellt. Erstellungs- und Nutzungsphase sind zeitlich getrennt. Ein Lerner steht während der Nutzung ausschließlich mit dieser Umgebung im Kontakt oder wird zusätzlich von einem Tutor über die Kommunikationsumgebung betreut.

---

[3] Informationen zur Virtuellen Hochschule Bayern sind im Web unter http://www.vhb.uni-erlangen.de verfügbar.

Die weiteren Formen Vorlesung, Übung und Seminar trennen nicht scharf zwischen der Erstellungs- und Nutzungsphase. Ein Dozent erstellt Lehrunterlagen (Vorlesungsskript, Vorlesungsmitschnitt, Übungsaufgaben usw.) und stellt diese in der Studierumgebung einer Lernergruppe zur Verfügung[4]. Er steht jedoch hier mit der Lernergruppe in ständigem Kontakt und aktualisiert / modifiziert seine Lehrunterlagen. Die Gruppenarbeit wird unter Nutzung der Studier- und der Kommunikationsumgebung durchgeführt, wobei die Möglichkeiten der Unabhängigkeit von Zeit und Ort genutzt werden. Der für die Nutzungsformen Vorlesung, Übung und Seminar verwendete Teilbereich der Studierumgebung wird als Gruppenlernumgebung bezeichnet.

Die Gruppenlernumgebung als Teil der Internet-Lernumgebung enthält die Funktionen der zur Zeit verfügbaren Course Management-Systeme als Teilmenge (vgl. z.B. [Madd99], [Time99], [WCT99]). Aufgrund der Integration mit der Selbstlernumgebung können darüber hinaus ausgefeilte Übungsaufgaben auch in der Gruppenlernumgebung bereitgestellt werden und umgekehrt stehen einem Tutor bei der Betreuung eines Selbstlerners die Kommunikationsmöglichkeiten der Gruppenlernumgebung zur Verfügung. Die am Markt beobachtbare Trennung von Selbstlern- und Gruppenlernumgebung ist nicht sinnvoll.

Die Differenzierung in Selbstlernvorgänge durch individuelle Lerner und Gruppenlernvorgänge ist auch für die Experimentierumgebung von wesentlicher Bedeutung. Bei Selbstlernvorgängen ist die unter Abschnitt 2.3 beschriebene Funktionalität ausreichend. Gruppenlernvorgänge benötigen zusätzlich die Funktionalität der Kommunikationsumgebung, um Lernziele, Vorgehensweisen, experimentelle Ergebnisse usw. innerhalb der Gruppe abzustimmen.

Die Autorenrolle kann in der Internet-Lernumgebung von Dozenten und Lernern übernommen werden. Dozenten generieren, konfigurieren und verwalten eine spezifische Lernumgebung ihrer Wahl. Lerner fügen Diskussionsbeiträge, Annotationen und Lösungsvorschläge zu Übungen hinzu.

Autoren erstellen und verwalten mit Hilfe des Entwicklungssystems die vernetzten Wissenseinheiten der Recherchier- und der Studierumgebung. Das Entwicklungssystem erzeugt u.a. Inhaltsverzeichnisse, Stichwortverzeichnisse sowie Links zwischen den Wissenseinheiten. Die Autoren montieren die Wissenseinheiten aus Komponenten, die mit Entwicklungssystem-internen oder -externen Werkzeugen erstellt wurden. Extern erstellte Komponenten wie z.B. Office- oder HTML-Dokumente können importiert werden. Intern erstellte Komponenten wie z.B. Übungen werden bevorzugt durch Konfiguration vorgefertigter Basiskomponenten erstellt.

---

[4] In der Internet-Lernumgebung wird die synchrone Übermittlung von Vorlesungen aus Gründen des dafür erforderlichen Aufwands für die technische Infrastruktur z.Z. nicht berücksichtigt.

4 Architektur der Internet-Lernumgebung

Die Internet-Lernumgebung ist als verteiltes Client-Server-System unter Nutzung des Internet bzw. eines Intranet konzipiert. Ihre Architektur folgt dem ADK-Strukturmodell, das Softwaresysteme in die Teilsysteme Anwendungsfunktionen (A), Datenhaltung (D) und Kommunikation (K) zerlegt (vgl. [FeSi98, 285-287]). Zusätzlich wird dem System ein objektorientierter Entwurf unter weitgehender Nutzung standardisierte Plattformen zugrunde gelegt.

Auf der Grundlage des ADK-Strukturmodells unterscheidet die Anwendungsarchitektur zwischen (1) *konzeptuellen* Objekten, im folgenden *Domänenobjekte* genannt, die Lerninhalte speichern und bearbeiten, (2) *Vorgangsobjekten*, die den Ablauf des Systems steuern, sowie (3) *Dialogobjekten*, die Inhalte präsentieren und Interaktionen mit dem Lerner behandeln (vgl. [FeSi98, 198-209 u. 285-287]). Domänenobjekte speichern Blöcke, Seiten und Wissenseinheiten. Ein Domänenobjekt beinhaltet z.B. eine Videosequenz oder eine Übung. Die multimediale Präsentation von Instanzen der Domänenobjektklassen übernehmen die entsprechenden Dienste der Dialogobjekte. So präsentiert z.B. das Dialogobjekt „Video-Player" Instanzen der Domänenobjektklasse „Videosequenz".

Der Anwendungsteil der Internet-Lernumgebung (ILU) besteht aus einem Application Server mit dem ILU-Object Server und einem Web Server als Teilsysteme. Die Aufgabe des ILU-Object Servers ist die Verwaltung der Domänenobjekte sowie ein Teil der Vorgangssteuerung beim Ausführen der Lernumgebung. Er stellt einen CORBA[5]-Dienst dar, welcher von Dialogobjekten dazu genutzt wird, die entsprechenden Domänenobjekte zu laden. Der Web Server liefert die Inhalte der Domänenobjekte auf Basis von HTML. Kann ein Domänenobjekt nicht adäquat in HTML dargestellt werden, so wird es innerhalb des Browsers mit Hilfe eines Applets angezeigt. Dies gilt vor allem für Domänenobjekte mit hoher Funktionalität wie z.B. Übungen.

Die Datenhaltung der Internet-Lernumgebung besteht aus einem Object Store, der ebenfalls als CORBA-Dienst implementiert ist. Er dient dazu, beliebige Java-Objekte zu speichern und sie auf Anfrage wieder zurück an den ILU-Object Server zu liefern. Er unterstützt die Durchführung von Transaktionen und bietet einen Directory-Service sowie eine Nutzer- und Rechteverwaltung. Auf diese Weise lassen sich alle Domänenobjekte der Internet-Lernumgebung sowie alle Daten zur Vorgangssteuerung und Nutzerverwaltung persistent speichern. Der Object Store stützt sich hierbei auf die JDBC[6]-Schnittstelle, wodurch alle dazu kompatiblen relationalen Datenbankverwaltungssysteme (RDBMS) verwendet werden können.

---

[5] Abkürzung für Common Object Request Broker Architecture. Standard der OMG, der Basis für ein verteiltes Objektmodell ist (vgl. z.B.[Pope98, insbesondere 101 ff]).

[6] Java-Bibliothek von Sun, die den Zugriff von Java-Objekten auf dazu kompatible relationale Datenbankverwaltungssysteme ermöglicht.

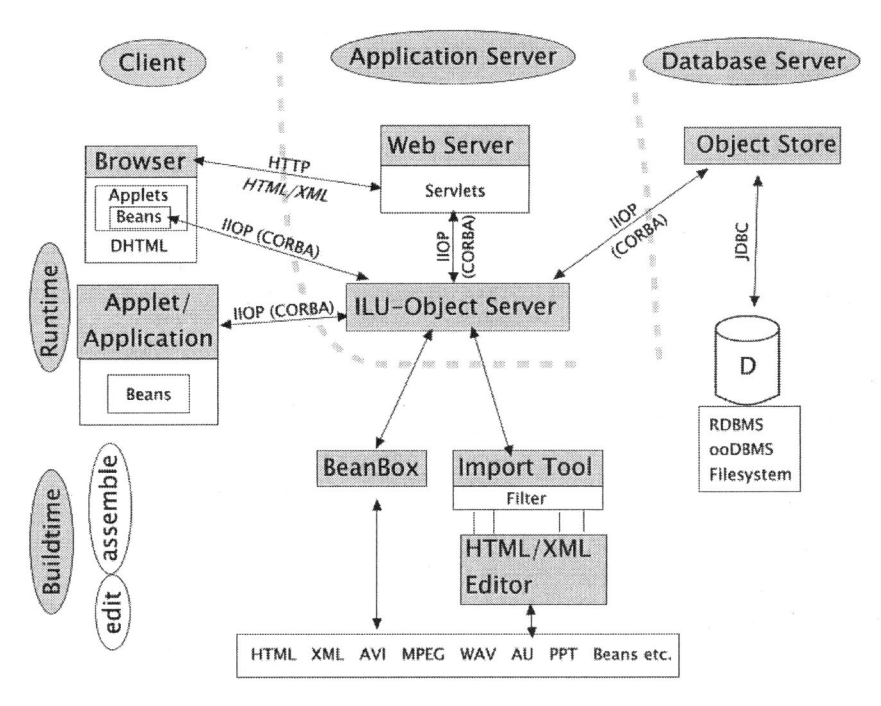

Bild 3: Architektur der Internet-Lernumgebung

Der Kommunikationsteil eines Anwendungssystems unterscheidet zwischen einer Mensch-Computer- und einer Computer-Computer-Kommunikation. In der Internet-Lernumgebung wird erstere durch die genannten Dialogobjekte realisiert. Dialogobjekte sind als Java Beans oder HTML-Elemente implementiert und werden auf dem Client innerhalb von Applets ausgeführt. Ihre Aufgaben sind neben der Präsentation von Blöcken und der Verarbeitung von Lernereingaben auch die Generierung der Rückantworten. Bei freien Texteingaben kann zusätzlich eine Texttoleranzfunktion genutzt werden, welche auch nicht korrekt geschriebene Begriffe erkennt. Der erforderliche Input für die Ausführung der Dialogobjekte wird vom ILU-Object Server in Form von Domänenobjekten geliefert. Nach Beenden des Dialoges speichert dieser das durch Lernereingaben veränderte Domänenobjekt wieder im Object Store. Die hierbei erforderliche Computer-Computer-Kommunikation zwischen den Komponenten der ILU erfolgt mittels IIOP[7]. Dadurch ist es möglich, die Komponenten transparent auf verschiedenen Rechnern zu verteilen. Die Kommunikation zwischen dem Web Server und dem Web Browser des Lerners basiert auf dem üblichen HTT[8]-Protokoll.

---

[7] Abkürzung für Internet-Inter-ORB-Protocol. Von der OMG spezifiziertes Protokoll zur Kommunikation zwischen ORBs (vgl. z.B. [Pope98]).

[8] Abkürzung von Hypertext Transfer Protocol. Standard des W3C zur Kommunikation zwischen WEB-Browsern und WEB-Servern.

Ein E-Mail- bzw. News Server realisiert die Kommunikation zwischen Lerner und Dozenten / Tutor sowie zwischen den Lernern untereinander. Hierfür enthalten die HTML-Dokumente entsprechende Links, welche auf die angebotenen Kommunikationsdienste verweisen.

Die Entwicklungsumgebung der Internet-Lernumgebung besteht im wesentlichen aus einer Bean Box und einem Import-Werkzeug. Mit Hilfe des Import-Werkzeugs werden aus HTML- bzw. XML[9]-Dokumenten Domänenobjekte generiert und an den ILU-Object Server zur Verwaltung übergeben. Die Bean Box bildet eine weitere Alternative zur Erstellung von Domänenobjekten. Autoren erstellen oder ändern in ihr interaktiv Domänenobjekte. Sie erlaubt zudem, Video- und Audiosequenzen sowie Blöcke mit anderen Formaten in entsprechenden Objekten zu kapseln. Für die Erstellung und Aufbereitung von HTML-Dokumenten werden gängige HTML-Editoren und Office-Pakete gemäß einem Workflow integriert. Dies erleichtert die Verwaltung und Einbindung der erstellten Dokumente in die bestehende Struktur der Lerninhalte.

Die vorgestellte Architekturform ermöglicht mehrere Arten der Verteilung der Anwendungsfunktionalität auf Client und Server. Aus Gründen der einfachen Installation und Handhabung des Systems auf den Computern der Lerner wird jedoch ein Großteil der Anwendungsfunktionalität auf dem Server ausgeführt. Daher wird auf dem Client-Computer nur ein aktueller Browser für die Darstellung der Dialogobjekte benötigt. Diese standardisierte Plattform ist sehr leicht zu installieren und auf nahezu allen Betriebsystemen verfügbar. Die Internet-Lernumgebung ist daher weitgehend vom Betriebssystem des Clients unabhängig. Die Internet-Technologie bietet zudem die Möglichkeit, die Lernumgebung ohne zeitliche und räumliche Begrenzungen verfügbar zu machen. Voraussetzung hierfür ist ausschließlich ein Internetzugang mit einer Mindestübertragungsrate wie sie etwa ISDN bietet.

Des weiteren bietet die gewählte Architektur den Vorteil, dass die Komponenten serverseitig weitgehend voneinander unabhängig sind. Dadurch können alle Komponenten sowohl auf einem einzigen als auch auf verschiedenen Computern verteilt ausgeführt werden. Das System ist auf diese Weise skalierbar und schnell an unterschiedliche Belastungen anzupassen. Ein PC mit aktuellem Leistungsstand, der alle Server-Komponenten der Internet-Lernumgebung (einschließlich RDBMS) ausführt, kann etwa 50 gleichzeitige Anfragen in akzeptabler Zeit beantworten.[10]

---

[9] Abkürzung für Extensible Markup Language. Internet-Standard des W3C für die Beschreibung strukturierter Dokumente und Daten.

[10] Eine Reihe am Markt verfügbarer Course Management Systeme (vgl. z.B. [Madd99], [WCT99]) verwenden im Vergleich dazu eine sehr einfache Architektur mit entsprechenden Einschränkungen. Sie basieren auf einem Web Server unter Verwendung des Datei-Management Systems sowie einem Browser System auf der Client-Seite. Die Funktionen der Systeme werden überwiegend mit Hilfe von Perl-Skripten realisiert, welche mittels

5 Realisierungsstand

Die Internet-Lernumgebung wird in drei Entwicklungslinien erstellt. Linie 1 beinhaltet einen Prototyp der Lernumgebung mit dem Ziel, die Gesamtfunktionalität zu implementieren. Er ist nicht für den Einsatz in der Praxis vorgesehen und entsprechend Gegenstand von Forschung und Entwicklung.

Linie 2 der Internet-Lernumgebung ist auf die Nutzung bestehender Selbstlernumgebungen im Internet ausgerichtet und für den Einsatz in der Praxis konzipiert. Bereits verfügbar ist eine Internet-Lernumgebung zum Thema Buchführung (Bild 4). Sie umfasst als Selbstlernumgebung die Teilsysteme Studier- und Recherchierumgebung sowie Grundversionen der Kommunikations- und Planungsumgebung. Die Architektur dieses Systems folgt der Darstellung in Bild 3. Es wird ein Web Server sowie ein relationales Datenbanksystem als Systemplattform verwendet. Die Umgebung verwendet dynamische HTML-Seiten einschließlich Flash-Animationen, Pixelgrafiken und Java-Applets auf der Basis von konfigurierbaren Beans (Java-Komponenten). Der Einsatz dieser Selbstlernumgebung ist für den Start der Virtuellen Hochschule Bayern im Mai 2000 vorgesehen.

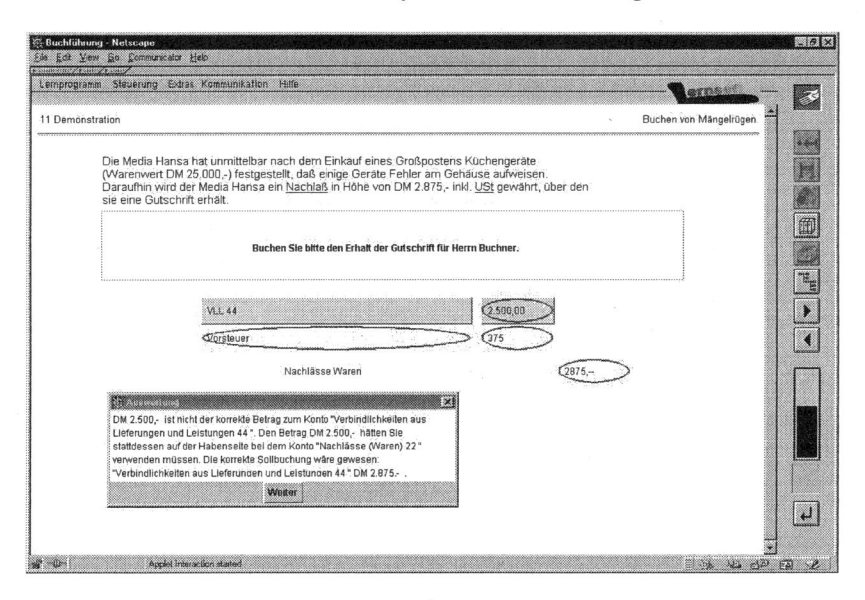

Bild 4: Internet-Lernumgebung Buchführung

---

der herkömmlichen CGI-Schnittstelle dynamische HTML-Dokumente erzeugen. Diese Skripte werden innerhalb des Web-Servers ausgeführt. Dadurch ist es nicht möglich, eine Lastverteilung der Serverprozesse auf unterschiedliche Computer durchzuführen. Systeme dieser Art sind relativ schwer skalierbar.

In der Linie 3 des Projekts wird ein Lernumgebungs-Management-System (Bild 5) entwickelt, das Dozenten den Einstieg in die Erstellung virtueller Lehrangebote erleichtern soll. Dieses System dient in erster Linie der Erstellung von Gruppenlernumgebungen, obgleich es, wie erwähnt, auch für die Erstellung von Selbstlernumgebungen geeignet ist. Letztere erfordern allerdings einen erheblich höheren Aufwand sowohl bei der Erstellung der Lerninhalte in einer für Selbstlernumgebungen geeigneten Form als auch bei der Erstellung der Übungen, die von einem Lerner ohne tutorielle Begleitung bearbeitet werden können.

Um den technischen und finanziellen Aufwand der Nutzung des Lernumgebungs-Management-System niedrig zu halten, wurde auf der Basis der beschriebenen Architektur ein möglichst schlankes System entwickelt. Es basiert auf Servlets, welche die gesamte Anwendungsfunktionalität auf der Server-Seite realisieren und damit die Anforderungen auf der Client Seite sehr niedrig halten. Einzige Systemvoraussetzung hierbei ist ein Servlet-fähiger Web-Server. Das Lernumgebungs-Management-System ist daher nicht an ein bestimmtes Betriebssystem gebunden. Die Datenhaltung kann wahlweise entweder mittels eines beliebigen relationalen Datenbanksystems oder in einer vereinfachten Version auf Basis des Dateisystems erfolgen. Das Lernumgebungs-Management-System ist Ende 1999 verfügbar.

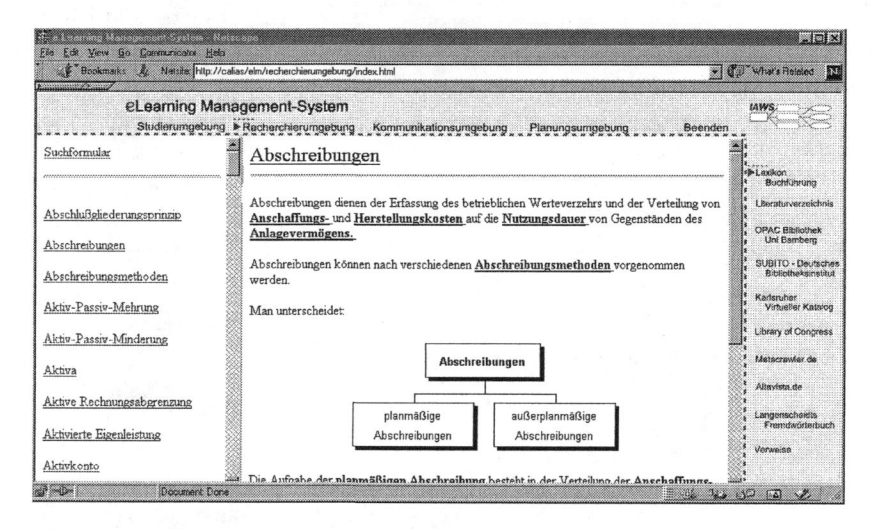

Bild 5: Lernumgebungs-Management-System

6 Zusammenfassung

Mit Hilfe virtueller Lehrangebote können Lehrer und Lerner ihre Lehr- und Lernprozesse zeit- und ortsunabhängig gestalten. Zusätzlich erlaubt die virtuelle Form im Vergleich zu herkömmlichen Lehrangeboten neben den Lernphasen *Erwerb von Wissen* und *Vertiefen durch Üben* insbesondere eine bessere Unterstützung der Phase *Anwenden von Wissen* in realitätsnahen Situationen.

Für die Erstellung einer Lernumgebung, die den Anforderungen an Selbstlern- und Gruppenlernsituationen entspricht, ist eine standardisierte Plattform mit einer Grundmenge an Funktionalität notwendig. Die hier beschriebene Lernumgebung realisiert eine solche Plattform auf Basis des Internets. Die Erstellung eines virtuellen Lehrangebotes geschieht durch Konfiguration und Montage einzelner Lernkomponenten sowie durch Import extern erstellter Dokumente.

Die Internet-Lernumgebung ist als Selbstlernumgebung und Lernumgebungs-Management-System bereits an der Universität Bamberg im Einsatz. Die Erfahrungen zeigen, dass die Studenten das virtuelle Lehrangebot positiv annehmen. Auch die Zugriffsstatistiken des Lernumgebungs-Management-Systems belegen eine intensive Nutzung der einzelnen Teilumgebungen.

Literatur

FeSc97 Ferstl O.K., Schmitz K.: Zur Nutzung von Hypertextkonzepten in Lernumgebungen. In: Conradi H., Kreutz R., Spitzer K. (Hrsg.): CBT in der Medizin: Methoden, Techniken, Anwendungen. Verlag der Augustinus Buchhandlung, Aachen, 1997, S. 21-30, auch http://www.iaws.sowi.uni-bamberg.de/veroeffentlichungen/Hypertext_LU.pdf, Abruf am 1999-10-22.

FeSi98 Ferstl O. K., Sinz E. J.: Grundlagen der Wirtschaftsinformatik. 3. Auflage, Oldenbourg, München, 1998.

FHS99 Ferstl O.K., Hahn C., Schmitz K.: Entwicklungssysteme für integrierte Multimedia-Lernumgebungen zur Unterstützung der wirtschaftswissenschaftlichen Aus- und Weiterbildung. März 1999, http://www.iaws.sowi.uni-bamberg.de/forschung/projekte/wiwimedia/bericht/ber9901/ba/ba.html, Abruf am 1999-10-22.

Gü++99 Gütter D., Neumann O., Schill A., Schreiter G. : Einsatz neuer Medien in der Rechnernetze-Ausbildung an der TU Dresden. GI-Fachtagung "Informatik und Ausbildung", Stuttgart, März 1998, http://www.rn.inf.tu-dresden.de/lsrn/ps/NeueMedien.ps, Abruf am 1999-10-22.

Haak99 Haake J.M.: Integrated Cooperative Work and Learning Enviroments. A Whitepaper, subject to revision, http://www.darmstadt.gmd.de/concert/whitepaper.html, Abruf am 1999-10-22.

Hase95 Hasebrook J.: Multimedia-Psychologie: Eine neue Perspektive menschlicher Kommunikation. 1. Aufl., Spektrum Akad. Verlag, Heidelberg, 1995.

Hoep91 Hoepner P.: Synchronisation der Präsentation von Multimedia-Objekten: Modell und Beispiele. In : Encarnação J. (Hrsg.): Telekommunikation und multimediale Anwendungen der Informatik, Springer, Berlin, 1991.

Ka++98 Kaderali F., Sans O., Schaup S., Sommer D.: Experiences in Online Tutoring of Multimedia Courses in Distance Education. In: Proceedings of the XV.IFIP World Computer Congress. Schriftenreihe der Österreichischen Computergesellschaft, Band 120, Wien, 1998, S. 549-558.

KaRi98 Kaderali F, Rieke A.: The Virtual University/ FernUniversität Online. In: For the Library of the Future: Improving the Quality of Continuing Education and Teaching. Deutsches Bibliotheksinstitut, Berlin, 1998, S. 108-114.

Kers98 Kerres M.: Multimediale und telemediale Lernumgebungen. Oldenbourg, München, 1998.

Le++98 Lee Y.-J., Lee H.-J., Ma W.-H., Du H.C.: Design of the Network-Based Hypermedia Environment. In: INTERNATIONAL JOURNAL. OF EDUCATIONAL TELECOMMUNICATIONS 4 (1998) 2/3, S. 197-218.

Madd99 MADDUCK TECHNOLOGIES: Web-course in a box: Version 4 Suite of Products. http://www.madduck.com, Abruf am 1999-10-22.

MaGr97 Mandl H., Gräsel C.: Gestaltung konstruktivistischer Lernumgebungen in der Medizin. In: Höfling S., Mandl H. (Hrsg.): Lernen für die Zukunft, Lernen in der Zukunft. Wissensmanagement in der Bildung, Hans Seidel Stiftung, München, S. 155-165.

NRS98 Neumann O., Rennecke S., Schill A.: Using Distributed Multimedia Infrastructures for Advanced Teleteaching Applications. In: ACM/IEEE Int. Workshop on Interactive Distributed Multimedia Systems and Telecommunication Services, Springer, Darmstadt, 1997, LNCS 1309, S. 376-385.

Pope98 Pope A.: The CORBA reference guide. Understanding the Common Request Broker Architecture. Addison-Wesley, Reading, Mass., 1998.

Schm94 Schmitz K.: Konzeption von Lernerfolgskontrollen in Lernprogrammen und deren Realisierung mit Hilfe eines Werkzeugs. Diplomarbeit, Universität Bamberg, 1994.

Schu96 Schulmeister R.: Grundlagen hypermedialer Lernsysteme. Addison-Wesley, Bonn, Paris u.a., 1996.

Time99 time4you GmbH communication & learning: Der IDT-Server. http://www.time4you.de/www/www/main.html, Abruf am 1999-10-22.

Voß97 Voß J.: Online-Training. In: IT+TI INFORMATIONSTECHNIK UND TECHNISCHE INFORMATIK 39 (1997) 6, S 41-44.

WCT99 WebCT: Web CT: Web Course Tools. http://www.webct.com, Abruf am 1999-10-22.

Teil III

Anwendungsfelder

Computergestützte Gruppenarbeit in der Schule

Berit Rüdiger, Berufliches Schulzentrum Schwarzenberg
E-Mail: ruediger@bsz.szb.sn.schule.de

Zusammenfassung In den letzten zehn Jahren wurden CSCW-Technologien zur Unterstützung von Gruppenarbeit entwickelt, die sich bereits in Unternehmen etabliert haben. Doch wann und durch wen werden die Nutzer auf die sinnvolle Verwendung solcher Systeme vorbereitet? Mit welchen Ausbildungskonzepten wird den veränderten Bedingungen begegnet? Der Umgang und der zielgerichtete Einsatz von CSCW-Systemen müssen erlernt werden - sicherlich eine wichtige neue Aufgabe der informatischen Bildung. Erste Erfahrungen konnten dazu im Rahmen des Sächsischen Landesschulversuches „Einführung der Fachrichtung Informations- und Kommunikationstechnologie am beruflichen Gymnasium" (EFI) gesammelt werden.

1 Einleitung

Auf dem Gebiet computerunterstützter Kooperationsprozesse wurden bereits einige Lernumgebungen für die Schule in beispielhaften Projekten (z. B. Projekt Decide [7]) entwickelt und Untersuchungen zur Auswertung durchgeführt. Dabei handelt es sich zumeist um ausgewählte Themengebiete (Planung von neuen Verkehrswegen, Entscheidungsunterstützung im lokalen Netz) an denen die Wirkungsweise computerunterstützter Zusammenarbeit, deren Auswirkungen, Möglichkeiten und Grenzen untersucht werden. Die Erprobung von flexiblen verteilten Systemen zur Unterstützung von Kooperation und Kommunikation ist zumeist auf den universitären Bereich, die industrielle Produktentwicklung (z. B. ProCommA-Projekt [12]) oder die Unternehmenskommunikation (z. B. CompaqLink-Projekt [10]) beschränkt. Die Schule als im Allgemeinen erste Begegnungsstätte von Jugendlichen mit vernetzten Informations- und Kommunikationssystemen wurde bisher selten als Untersuchungsraum in Betracht gezogen. Es mangelt an umfassenden Studien, die sich mit dem Einfluß technisch vermittelter Teamarbeit in diesem Altersbereich integrativ beschäftigen. Der vorliegende Beitrag soll verdeutlichen, daß es neben vielseitig einsetzbaren Lernumgebungen eines Konzeptes für den Einzug von computerunterstützte Gruppenarbeit in der schulischen Ausbildung bedarf. Der im Schuljahr 1998/1999 gestartete Schulversuch stellt sich die Aufgabe der gezielten Verknüpfung allgemeiner und berufsbezogener Inhalte durch computerunterstütztes Gruppenlernen. Das verbindliche Leistungsfach „Informatiksysteme" bietet die Möglichkeit systemunterstützte Kooperationsformen kennenzulernen, anzuwenden, zu thematisieren und Kompetenzen für die sinnvolle Nutzung der Systeme auszubilden. Da Schule im Spannungsfeld unterschiedlicher Einflußdimensionen steht, erfordert das besondere Umfeld Schule im allgemeinen und der gymnasialen Oberstufe im speziellen eine genaue Analyse, die einleitend skizziert wird. Ein Paradigmenwechsel von traditioneller Gruppenarbeit zu computerunterstützter Gruppenarbeit ist in vielen Bereichen der Arbeitswelt und der universitären Ausbildung bereits vollzogen. Die Auswirkungen dieser Entwicklung auf die Ausbildung in der Sekundarstufe II und die Notwendigkeit einer Etablierung von CSCW (computer supported cooperative work) in der Schule werden hierbei dargelegt. Desweiteren werden die Forschungsmethoden vorgestellt, mit denen die wissenschaftlichen Fragestellungen untersucht werden sowie erste Ergebnisse diskutiert. Der Beitrag endet mit einem Überblick zum aktuellen Forschungsstand und der Ableitung weiterer Untersuchungsaufgaben.

2 Wandel in der Gruppenarbeit

Schule steht im Spannungsfeld unterschiedlicher Einflüsse, deren ausgewogenes Zusammenspiel ausschlaggebend für Persönlichkeitsbildung und Wissensvermittlung ist. Grundlage ist die fachliche Fundierung und die Ausrichtung an aktuellen und grundlegenden Erkenntnissen der Fachwissenschaft. Gleichzeitig spiegelt sie die gesellschaftlichen Einflüsse wieder, indem sie Fähigkeiten und Fertigkeiten im Kontext gesellschaftlicher Notwendigkeit und Anforderungen der Lebenswelt vermittelt. Schule muß sich am psychologischen Entwicklungsstand der Lernenden orientieren und sowohl pädagogische Grundsätze als auch pädagogische Vielfalt realisieren. Die Ballance zwischen den Dimensionen hält die Fachdidaktik, die besonders in der Informatik einer starken Dynamik ausgesetzt ist. Während der Fachwissenschaft und der Gesellschaft im Zusammenhang mit neuen Technologien sehr vielfältiges Interesse zugewendet wird, liefert gerade die Didaktik der Informatik noch reichliches Forschungspotential [14].

2.1 Pädagogische Dimension

Bei der Definition von Gruppenarbeit als Sozialform des Unterrichts steht der Aspekt im Vordergrund, eine Klasse in mindestens zwei homogene oder inhomogene Lernverbände zu teilen, die themendifferent oder themengleich arbeiten. Jede Gruppenarbeit ist sowohl durch Einzelarbeit als auch durch

Wechselwirkung der Gruppenmitglieder miteinander gekennzeichnet und zeichnet sich durch soziale Interaktion und sprachliche Verständigung aus [1]. Mit der Entscheidung, ob die Schüler konkret angeleitet werden, zur Entdeckung gelenkt werden oder lediglich Impulse erhalten sollen, wird die Intensität der Schülertätigkeit festgelegt. Der Grad der Selbstständigkeit kann von der Vorgabe eines Themas über die Auswahl aus einem Themenangebot bis hin zur freien Formulierung einer Aufgabenstellung durch den Schüler selbst ansteigen. [15] Am Ende der durch Gruppenarbeit realisierten Unterrichtsphase werden die in den einzelnen Lernverbänden erarbeiteten Kenntnisse, Ergebnisse oder Produkte dem gesamten Klassenverband bzw. einem größerem Auditorium vorgestellt. In diesem Zusammenhang empfiehlt es sich, Problemstellen, wie die Formulierung von Teilaufgaben, die Einteilung in Lerngruppen und die Notwendigkeit von Disziplin beim Einhalten gemeinsamer Vereinbarungen zu thematisieren, um die Besonderheit des Zusammenarbeitens in dieser Sozialform bewußt zu machen. Es liegt für den Lehrenden nahe, während der Arbeit im Klassenverband die Rolle eines Moderators und während der Arbeit in den Lerngruppen die Rolle eines Beraters zu wählen. Dieser traditionelle Ansatz ist unter dem Einfluß der sich rasant verändernden Kommunikations- und Kooperationsformen sowie der informationstechnisch unterstützten Neuorganisation der Arbeitswelten zu erweitern. Gruppenarbeit in der heutigen Gesellschaft benötigt weitere Aspekte, da sie neue Probleme bewältigen und weitere Funktionen erfüllen muß [9].

2.2 Gesellschaftliche Dimension

Die Arbeitswelt der Zukunft ist gekennzeichnet durch neue Organisationsformen, veränderte Geschäftsprozesse und bedingt daher Verhaltensänderungen sowohl bei Arbeitnehmern als auch bei Arbeitgebern. Es wird nicht mehr nur gesprochen von Telearbeit, Teamarbeit und virtuelle Kooperation sondern diese auch zunehmend umgesetzt. Die Erhöhung der Leistungsfähigkeit und Effizienz von Dienstleistungs- und Wirtschaftsunternehmen ist immer weniger von der Entwicklung neuer Technologien abhängig. Der praxisgerechte Einsatz und die angepaßte Nutzung von Systemen, die die Arbeitsorganisation unterstützen, stehen im Vordergrund [13]. Beispielsweise ist die regionale Anwesenheit eines Unternehmens keine Grundvoraussetzung mehr für eine abgesicherte Kundenbetreuung. Die räumliche Unabhängigkeit, Beweglichkeit und ständige Erreichbarkeit der Mitarbeiter mittels Informations- und Kommunikationstechnologien gewährleistet die Teilnahme an örtlich getrennten Konferenzen und die Präsenz beim Auftraggeber. Weiterhin ist das zeitliche synchrone Arbeiten in Unternehmen und Instituten schon seit längerem kein Dogma mehr. Flexible Arbeitszeitgestaltung und Gleitzeitarbeit ermöglichen selbstständige Einzelarbeit und gestatten den Mitarbeitern, in eigener Regie zu planen. Problematischer wird jedoch die asynchrone Anwesenheit am Arbeitsplatz und die unsichere Erreichbarkeit bei gemeinsamer Durchführung von Projekten und die internationaler Zusammenarbeit bedingt durch die Ortszeitverschiebung. Doch auch diese Gegenläufigkeit kann durch unterstützende Systeme ausgeglichen werden [4]. Geographisch getrennte und mit unterschiedlicher Zeitplanung tätige Mitarbeiter werden u. a. gemeinsame Dokumente anfertigen, auf gemeinsame Datenbestände und Informationen zugreifen und sich untereinander austauschen müssen. Diese Bedingungen erfordern eine erweiterte Definition der Gruppenarbeit: Sie beinhaltet neben der Bildung von Teams, entsprechend der oben genannten Arbeitsaufgaben und Zusammensetzungsmerkmalen, die Möglichkeit der zeitlich und örtlich getrennten Kommunikation und Kooperation. Wann werden die Schüler auf den komplexen Arbeitsalltag vorbereitet, und wie werden die sozialen Formen der Zusammenarbeit in schulische Ausbildungsprozesse abgebildet? Gerade der traditionelle Unterricht zeichnet sich dadurch aus, daß alle Schüler zur gleichen Zeit an einem Ort gemeinsam zum größten Teil auch noch ein und dieselbe Aufgabenstellung bearbeiten. Auf diese Weise können die im späteren Leben notwendigen Sozial- und Kommunikationskompetenzen nicht hinreichend ausgebildet werden. Ziel ist es nicht, mit der traditionellen Schulorganisation zu brechen, sondern ganz im Gegenteil zu zeigen, daß sie genügend didaktische Potentiale besitzt, kooperative Arbeitskontexte zu modellieren. Ferner eröffnen die zeitliche und räumliche Komponente von Gruppenarbeit neue soziale, rechtliche, organisatorische und finanzielle Aspekte, die gerade dem Lernenden bewußt werden müssen. Um die Schülerinnen und Schüler auf die vielfältigen Arbeitsweisen des Berufslebens vorzubereiten ist es notwendig, Gruppenarbeit zu erlernen und somit als Unterrichtseinheit zu thematisieren. Die unterschiedlichen Etappen der Gruppenarbeit können mit verschiedenen Systemen realisiert werden. Dabei ist zu beachten, daß sich die Komplexität des ausgewählten Systems reduzieren und didaktisch sinnvoll schrittweise erweitern läßt und die Bestandteile für den kooperativen Arbeitskontext gewährleistet sind [9].

2.3 Fachwissenschaftliche Dimension

Seit dem Irene Greif und Paul Cashman das Akronym CSCW für computer supported coopererative working geprägt haben, sind vielfältige Systeme und Systemkomponenten entwickelt worden. Einsatzgebiete von CSCW-Systemen und Sichtweisen haben sich aus dem rein technikorientierten auf organisationswissenschaftliche, anwendungsspezifische, soziologische u. a. Bereiche erweitert. Parallel dazu wurden verschiedene durch Computer unterstützte Lernformen, wie CBT (computer based training), CSS (computer supported simulation), CSL (computer supported learning) bis hin zu CSCL (computer supported collaborative learning) zum Forschungsgegenstand. Der Begriff des kooperativen Gruppenlernens wird durch die Formulierung von Anforderungen [3] und Leitlinien für Entwurf und Bewertung von CSCW-Anwendungen [8] präzisiert. Herrmann und Misch unterlegen dem kooperativen

Lernen in Gruppen ein kontext-orientiertes Kommunikationsmodell, anhand dessen allgemeine Kommunikationsaufgaben der kooperierenden Lehrenden und Lernenden identifiziert werden können [3]. Dabei betonen sie die aktive Rolle aller an der Kommunikation beteiligten, da diese als Mitteilende oder als Rezipienten auf eine Reduzierung der Ausdrucksmöglichkeiten angewiesen sind. Es ist daher bei Online-Kommunikationen notwendig, wesentliche Kontextinformationen explizit anzugeben, um Kontextrekonstruktion zu ermöglichen. Ein weiterer Forschungsschwerpunkt wurde 1998 im GMD-Institut für Angewandte Informationstechnik (FIT) mit dem neuen Programm *The Social Web - Linking People Through Virtual Environments* definiert. Ziele der gestarteten Projekte CESAR, NESSI und COINS sind u. a. eine personalisierte Repräsentation zu realisieren, eine virtuelle Identität der Nutzer zu sichern, gegenseitige Wahrnehmungen und das Gruppenbewußtsein zu unterstützen sowie Normen und Konventionen zu entwickeln und einzuführen [4]. Die am GMD-Institut für Integrierte Publikations- und Informationssysteme (IPSI) entwickelte Lernumgebung VITAL[1] (virtual teaching and learning) integriert die wesentlichen Anforderungen an CSCL-Systeme, indem sie eine Raummetapher zugrunde legt, die sowohl synchrones als auch asynchrones Lernen im individuellen und kooperativen Kontext ermöglicht. Der Group-Awareness wird durch die bildhafte Darstellung der Anwesenden im virtuellen Auditorium Rechnung getragen [14]. Eine Evaluation von VITAL im schulischen Einsatz ist jedoch noch nicht bekannt. Einen gesellschaftsorientierten Zugang zu technisch unterstützter Gruppenarbeit wählt Humbert und bedient sich dabei des BSCW (basic support for cooperative work)-Systems.[2] Der Ansatzpunkt ist hier die Schreibtischmetapher: virtuelle Gruppenarbeit als gemeinsamer Schreibtisch, auf dem Dokumente und Ordner liegen [5]. Die Verwendung dieses Werkzeuges dient neben dem unterrichtlichen Einsatz der Organisation des Schulablaufes. Auch auf diesem Gebiet sind noch weitere Erfahrungen zu sammeln. Die außerhalb der Schule entwickelten technischen Systeme werden nicht als fertige Unterrichtsmittel angesehen, sondern als wesentliche Grundlage für ein zu entwickelndes Unterrichtskonzept, so daß parallel zur Integration solcher Werkzeuge in den traditionellen Lernprozeß eine Einführung in die neuen Arbeitsprinzipien und -methoden stattfinden muß. Der erhöhte Bedarf von Sozial- und Kommunikationskompetenzen und die Existenz von Kommunikation unterstützenden Systemen begründen nicht hinreichend die Thematisierung in der schulischen Ausbildung. Die Frage nach dem Entwicklungsstand von Emotionen und Kognitionen im betrachteten Lebensalter, der Aufbau unterschiedlicher Bewältigungsformen und der

---

[1] VITAL ist unter http://www.darmstadt.gmd.de/concert/projects/clear für nichtkommerzielle oder Evaluationszwecke kostenfrei verfügbar.

[2] Die von der OrbiTeam Software GmbH vertriebene Lizenz wird in der Regel zu nicht kommerzieller Nutzung an Schulen und akademische Institutionen für jeweils ein Jahr kostenfrei unter (http://www.gmd.de) vergeben.

Ausprägungsgrad der jugendlichen Persönlichkeit muß ergänzend beleuchtet werden.

2.4 Psychologische Dimension

Als psychologische Grundlage wird zum einen die epistemologische Theorie Jean Piagets mit dem Schwerpunkt der phylogenetischen und ontogenetischen Entstehung von Erkenntnisleistung betrachtet. Zum anderen erlaubt die Phasen- und Stufentheorie Erik H. Eriksons eine Orientierung an der altersbedingten Epigenese [2]. Trotz unterschiedlicher Ansatzpunkte führen die Theorien zu ähnlichen Ergebnissen. Die Lernenden[3] in der Adoleszenz befinden sich in einem Lebensalter, das eine gesellschaftliche Neuorientierung und die Herausbildung eines sozialen Gruppenbewußtseins ermöglicht. Computerunterstützte Gruppenarbeit bedarf zusätzlich eines besonders abstrakten Gruppenbewußtseins, da die Wahrnehmungen des Interaktionspartners auf wenige Kanäle beschränkt ist. Das betrachtete Jugendalter zeichnet sich jedoch durch die Ausprägung eines formal-operatorischen Denkens aus, wodurch Vorstellungen und Reflexionen der Realität nicht mehr ausschließlich an Bilder der Wirklichkeit gebunden sind, sondern durch beliebige ungegenständliche Zeichen oder Variablen repräsentiert werden [2]. So ist Gruppenarbeit als Versuchsfeld der Identitätsfindung sowie die Ritualisierung des Ablaufs und der Organisation von Gruppenarbeit in dieser Etappe grundlegender Bestandteil für die weitere Entwicklung. Die Bewältigung und Auseinandersetzung mit angebotenen spielerischen (geschützten) aber auch realen Gelegenheiten und die Verteidigung von Gruppen- und Einzelergebnissen als Standpunkttest unterstützen die zentrale Konflikbewältigung. Aus psychologischer Sicht ist das adoleszente Lebensalter mit dem Erreichen eines höheren Reflexionsniveaus dafür geeignet, Handlungsschemata für computerunterstützte Kooperation und Kommunikation anzulegen und Bewältigungsformen herauszubilden, auf die im späteren Berufsleben bei der Äquilibration zwischen realen Gegebenheiten der Umwelt und den individuellen Möglichkeiten zurückgegriffen werden kann.

---

[3] In Sachsen beginnt die Ausbildung am beruflichen Gymnasium in Klassenstufe 11 nach abgeschlossener Mittelschulausbildung. Die Lernenden sind somit zwischen 16 und 17 Jahre alt.

3 Akzeptanz von CSCW in der Schule

3.1 Wissenschaftliche Fragestellung

Die Analyse der Einflußbereiche denen Schule unterworfen ist führt zu der Grundhypothese: *Computerunterstützte Gruppenarbeit muß erlernt werden und Bestandteil der schulischen Ausbildung sein.* Daraus ergeben sich eine Reihe von Problemstellungen, aus denen folgende Forschungsfragen abgeleitet werden. *Welche Formen computerunterstützter Gruppenarbeit sind in der Schule denkbar?* Die didaktische Vereinfachung und das methodische Herangehen an computerunterstützte Kommunikation wird zu verschiedenen Gestaltungsformen von computerunterstützter Gruppenarbeit führen, dessen Eignung, und Effektivität diskutiert werden. Desweiteren wird hierbei der Frage nachgegangen, ob die Beschränkung auf CSL (computer supported learning) zur Unterstützung von Lernvorgängen in vernetzten Umgebungen und auf CSCL als pädagogische Variante von CSCW in der Schule ausreichend ist, oder ob eine Erweiterung auf sytemunterstützendes kommunikatives Arbeiten als expliziter Unterrichtsgegenstand nutzbringend ist und sich realisieren läßt. *Welchen Motivationsgehalt müssen Aufgaben für computerunterstützte Gruppenarbeit in der Schule haben?* Die Untersuchungen dazu umfassen ein Konzept, das ausgehend von traditioneller Gruppenarbeit, über die Diskussion von Eigenschaften, Möglichkeiten und Grenzen von Gruppenarbeit bis hin zum gemeinsamen Lösen von Aufgaben in vernetzten Lernumgebungen reicht. Der unmittelbare Nutzen einer Systemunterstützung für Kommunikation und Kooperation ist für die Lernenden im organisatorischen Rahmen des Schulunterrichtes nicht auf Anhieb einsehbar und quantifizierbar. Es können jedoch in der Schule Situationen geschaffen werden, die zeitliche und räumliche Trennungen der Gruppenmitglieder zulassen. Beispielsweise können die Schülerinnen und Schüler auf verschiedener Computerkabinette aufgeteilt werden, um räumliche Trennung zu realisieren. Wird Gruppenarbeit als Hausaufgabe organisiert, ist sie außerhalb des Unterrichts zeitlich unabhängig. Einige Schülerinnen und Schüler haben mitunter die Möglichkeit zu Hause am Rechner zu arbeiten und verfügen über einen Netzanschluß, der sie mit der Schule verbindet. Diese idealen Bedingungen verknüpfen die zeitliche und örtliche Trennung, können jedoch nicht vorausgesetzt werden, was nicht heißt, daß sie nicht für den Unterricht genutzt werden dürfen. Als beste Voraussetzung wird angesehen, daß der Schulversuch an zwei verschiedenen Standorten in Sachsen stattfindet und verschiedene Partner im In- und Ausland hat. Angestrebt wird die Kooperation zwischen diesen Mitstreitern durch gemeinsame Projekte unter Zuhilfenahme von Groupware zu erweitern. *Wie wird computerunterstützte Gruppenarbeit von den Lernenden akzeptiert?* Die Messung der Akzeptanz der Lernenden gegenüber der vermittelten Sozialform und der eingesetzten Systeme wird als eine wesentliche Hauptaufgabe betrachtet. In Anlehnung an das

Carroll'sche Modell [11] werden die Schwerpunkte dabei a) in der Ermittlung von Einstellungen der Lernenden, b) bei der Beurteilung der Betreuung, c) in der Qualität der Infrastruktur, d) im erreichten Lernerfolg und e) in der Einschätzung der Flexibilität gesehen. *Welche Qualifikationen müssen bei Schülerinnen und Schülern ausgebildet werden, um computerunterstützte Gruppenarbeit zu ermöglichen?* Während der spiralförmigen Entwicklung des Unterrichtskonzeptes wird es unerläßlich sein, den Stand der Fähigkeiten, Fertigkeiten und Kompetenzen der Lernenden zu beobachten, zu dokumentieren und entsprechend der erfaßten Rückkopplungen Einfluß zu nehmen. *Welche Auswirkungen computerunterstützter Gruppenarbeit auf Schülerinnen und Schüler lassen sich beobachten?* Es wird ein Nachweis erbracht werden, ob der schulische Einsatz von CSCW-Systemen zu einer beobachtbaren besseren Selbstorganisation und effektiveren Durchführung von gemeinsamen Arbeitsaufgaben in Projektgruppen führt. Ebenfalls wird untersucht, ob sich eine Einteilung vornehmen läßt, für welche Schülerinnen und Schüler computerunterstützte Gruppenarbeit zu einem erhöhten Lernerfolg führt. Als mögliches Ergebnis muß einkalkuliert werden, dass der Einsatz von CSCW-Systemen in der Schule als verfrüht angesehen wird oder allenfalls als machbar. Die Ermittlung einer signifikant besseren Bewältigung von Gruppenarbeit in anschließenden Bildungsgängen bzw. im Berufsleben sprengt den Rahmen dieser Studie, wäre jedoch ein interessanter Untersuchungsgegenstand.

3.2 Forschungsmethodisches Vorgehen

Jeder Forschungsgegenstand erfordert seine eigene spezifische Erkenntnismethode. Das undifferenzierte Anwenden allgemein bekannter Methoden birgt die Gefahr in sich, den Gegenstand durch die Methode zu vereinheitlichen [6]. Es erfolgt daher eine Methodendiskussion, die der Spezifika der Forschungsfragen und der Probanden Rechnung trägt. Im ersten Durchgang des Schulversuchs wurden 59 Schülerinnen und Schüler aufgenommen, die das Unterrichtsfach „Informatiksysteme" als zweites Leistungsfach belegen. Mit Beginn des Schuljahres 1999/2000 begannen weitere 74 Schülerinnen und Schüler diese Ausbildung. Ein Mittel Antworten auf die wissenschaftlichen Fragen zu erhalten, ist die Auswertung statistischer Erhebungen. Zu verschiedenen Zeitpunkten der Untersuchung werden von den Lernenden Fragebögen mit vorgegebener Skalierung ausgefüllt. Dabei wird Anonymität gewährleistet, um die Beeinflussung durch emotionale und soziale Abhängigkeit vom Lehrenden zu minimieren. Es werden Tests (Leistungskontrollen, Klausuren und nichtzensierte Arbeiten) in regelmäßiger Folge durchgeführt, die den fachlichen Leistungsstand der Schülerinnen und Schüler überprüfen. Auf diese Weise sind aufgestellte Hypothesen (z. B. Computerunterstützte Gruppenarbeit wirkt sich besonders fördernd auf leistungsschwache Schüler aus) konkret überprüfbar und anschaulich darstellbar. Da zum einen die Gesamtschülerzahl relativ klein ist und zum anderen quantitative Verfahren die Antwortbreite eingrenzen, werden die statistischen Erhebungen durch qualitative Verfahren ergänzt. Die Variablenauswahl und Hypothesenformulierung wird somit nicht vorweggenommen, sondern in Interviews mit den betroffenen Schülerinnen und Schülern erst gewonnen bzw. bestätigt. Ebenfalls ist es Ziel, die aus dem statistischem Material ermittelten Tendenzen mit Motiven und Begründungen zu hinterlegen und einzelne „Extremmeinungen" und Gegenargumente zu dokumentieren. Unter der besonderen Voraussetzungen, dass Forscher und Lehrperson identisch sind, erscheint die Nutzung zentraler Methoden der Handlungsforschung als sinnvoll [6]. So lassen einzelne Punkte in den Fragebögen eine offene Beantwortung zu. Zentrale Prozesse werden in Hospitationen sowie durch Video- bzw. Audioaufnahmen beobachtet. Es werden Einzel- und Gruppeninterviews mit ausgewählten Lernenden durchgeführt. (Die Möglichkeit eine Fremdeinschätzung der Betroffenen durch Lehrer anderer Fachrichtungen in die Untersuchungen einzubeziehen, wird noch vorbereitend diskutiert.) Das polyvalente Erkenntnisinteresse wird durch eine Verzahnung qualitativer und quantitativer Untersuchungen gesichert. Erst die Summe der Ergebnisse läßt eine Verallgemeinerung zu.

3.3 Empirische Ergebnisse

Erste Sammlungen empirischer Daten fanden bereits statt und können zu folgenden Teilergebnissen zusammengefaßt werden. Es werden in diesem Beitrag einige ausgewählte Inhalte vorgestellt. Primäres Anliegen war vor Beginn der Ausbildung die exakte Abgrenzung des Ausgangsniveaus. Die Schülerinnen und Schüler nahmen an einem anonymen Pre-Test teil, in dem unter anderem die Häufigkeit der verwendeten Unterrichtsformen im bisherigen Bildungsgang erfaßt wurden. Für die Erhebung wurden bewußt die Unterrichtsformen Projektarbeit, Gruppenarbeit und Schülervorträge ausgewählt, um die Voraussetzungen zu ermitteln, die die Schülerinnen und Schüler in die Ausbildung mitbringen. Unter Beachtung der subjektiven Einschätzung durch die Lernenden und des kleinen Erhebungsumfanges sind folgende Schlußfolgerungen möglich:
- Schülervorträge sind öfter Bestandteil des Unterrichts als Projekt- und Gruppenarbeit.
- Ursachen für die seltene Durchführung von Projekten (nahezu 70 % der Befragten geben „selten" bzw. „nie" an) sind durch weitere Untersuchungen zu ermitteln. Als Gründe sind der zeitliche und organisatorische Aufwand bei der Realisierung von Projektarbeit und die damit verbundene „Verbannung" in die „unbeliebten" Projektwochen denkbar. Realistisch wird eingeschätzt, daß sich zudem nicht jede Unterrichtsform für jede Stunde und jedes Thema eignet.
- Da die Mehrheit der Schülerinnen und Schüler (49 %) selten Gruppenarbeit erlebt hat, wird davon ausgegangen, daß diese Sozialform nur vereinzelt für den Unterricht ausgewählt, bzw. von den Schülerinnen und Schülern nicht als

Gruppenarbeit reflektiert wurde. Dagegen erscheint beachtlich, daß 17 % der Befragten angeben, häufig in Gruppen gearbeitet zu haben. Es kann resümiert werden, daß Gruppenarbeit zumindest eine bekannte Unterrichtsform ist.
Nach der Auswertung des Pre-Testes erschien es ratsam, die Schülerinnen und Schüler behutsam auf die Arbeit in Gruppen vorzubereiten. So wurde das Stoffgebiet Datenstrukturen und Algorithmen in traditioneller Gruppenarbeit behandelt. Dabei traten deutlich Defizite bezüglich der Organisation und Präsentation auf. Doch neben den Erfahrungswerten und Arbeitsroutinen der Schülerinnen und Schüler ist die Akzeptanz gegenüber modernen Unterrichtsformen entscheidend für den erfolgreichen Einsatz. So wurde in einer späteren Erhebung die Bereitschaft zur Gruppenarbeit erfaßt und das Verhalten der Lernenden bei der Themenwahl und der Gruppenzusammenstellung erfragt. Den Schülerinnen und Schülern wurden zwei zu diesem Zeitpunkt noch nicht vermittelte Themenbereiche angegeben (Thema 1: Grundlagen von HTML, Thema 2: Hardware eines Computersystems) und die Auswahl zwischen den Sozialformen Einzelarbeit, Klassenunterricht und Gruppenarbeit überlassen. Die Befragung brachte ein erstaunliches Ergebnis. Sowohl bei dem eher praktischen, am Computer durchführbaren Thema als auch bei dem eher theoretischen Thema entschieden sich die Lernenden mit 60 % bzw. 63 % für Gruppenarbeit. Ziel des Unterrichtsabschnittes war die termingerechte Veröffentlichung der HTML-Dokumente zu dem gewählten Hardwarethema im Intranet der Schule und das Vorstellen der Ergebnisse im Klassenverband. Den Schülern standen Internetdienste (www, e-mail, news, ftp), ein Videokonferenzsystem und Literatur (gedruckt bzw. als CD-ROM) zur Verfügung. Ein betreuender Lehrer konnte bei Problemen und Fragen hinzugezogen werden. Die Dokumente wurden in der Schule angefertigt, wobei einige Schüler die Arbeiten zu Hause weiterführten. Nach Behandlung der beiden Themenbereiche fanden Gruppeninterviews[4] mit allen Schülerinnen und Schülern statt. Als Interviewer wurde eine Person ausgewählt, die weder Betreuer noch Bewerter des Unterrichtsabschnittes war, um eine ungezwungene und offene Beantwortung zu ermöglichen. Die Fragen wurden als möglichst wertungsfreie Erzählanreize formuliert. Der Focus lag nach einer Auflockerungs- und Vorbereitungsphase a) bei der Gruppen- und Themenwahl, b) bei Verantwortlichkeit sowie Konzept und c) bei der Wertung des Arbeitsergebnisses und der Unterrichtsform. Die Analyse der Interviews fand in gemeinsamer Diskussion in der Projektgruppe zum Landesschulversuch EFI statt, so daß die Gefahr einer einseitigen subjektiven Deutung oder einer Fehlinterpretation verringert werden konnte. Die Antworten und Selbsteinschätzungen der Betroffenen ermöglichen mitunter eine Zusammenfassung zu übergeordneten Kategorien.[5] Sehr deutlich und spontan

---

[4] Es wurden Gespräche mit 19 Gruppen an beiden Schulzentren durchgeführt, bei einer Gruppenstärke von 2-4 Lernenden.

[5] Alle folgenden nicht explizit gekennzeichneten Zitate stammen aus den aufgezeichneten Gruppengesprächen.

äußerten die Schüler ihre Priorität bei der Gruppenwahl. Nahezu alle Schülerinnen und Schüler gaben „Freundschaft" oder „gute Bekanntschaft" als entscheidendes Kriterium an. Die Bemerkung „sich verstehen" fiel wiederholt. Lediglich drei Schüler erwähnten den Wissensstand der Teammitglieder in der Art, dass er ähnlich sei oder „kein Problem" darstelle. So kann geschlußfolgert werden, dass der soziale Aspekt bei der Gruppenfindung dominiert. Bei der Themenwahl[6] dagegen variieren die Motive. Es wird das besondere Interesse für das Thema und das Vorhandensein von Vorkenntnissen angeführt. Nicht zu unterschätzen ist die eher praktische Erwägung, daß die Lernenden bezüglich des gewählten Themas „die Möglichkeit haben, einfach Informationsmaterial zu beschaffen". Drei Gruppen geben an, „direkt kein Konzept" gehabt, sondern „einfach drauf los" gearbeitet zu haben. Die meisten berichten jedoch, daß sie Teilaufgaben mit den anderen Gruppenmitgliedern abgestimmt und dann gemeinsam die Ergebnisse getestet und verbessert haben. Einige suchten dazu den betreuenden Lehrer auf, was Unsicherheiten über die Qualität und den Umfang der Arbeit anzeigt aber auch nicht zuletzt eine Art Rückversicherung für die Bewertung darstellt. Die Mehrheit der Lernenden schätzt ein, gleichberechtigt die Arbeit anfertigt und jede Gruppenentscheidung gemeinsam getragen zu haben. Zwei Teams hatten „einen Chef, der die Entscheidungen trifft". Die restlichen Gruppenmitglieder waren mit dem Zutragen von Informationen betraut, der „Chef" hielt die Fäden in der Hand. In beiden Gruppen zeichnet sich jeweils ein Schüler durch besonders gute Leistungen bzw. sehr selbstbewußtes Auftreten aus. Diese Variante der Arbeitsorganisation wurde in der einen Gruppe nicht als Einschränkung empfunden. Die andere Gruppe scheiterte an diesem Konzept und lieferte drei aneinandergereihte Einzelarbeiten ab. Alle Gruppen geben an, daß ihre Ausarbeitungen und Vorträge für Dritte verwendbar sind und die Mehrzahl der Lernenden weist darauf hin, daß sie besonders für „Einsteiger informativ und nützlich" sind. Einige erwähnen die Systematik und Übersichtlichkeit ihrer Arbeit. Diese Antworten zeugen vom Stolz auf die geleistete Arbeit und zeigen, dass sich die Schülerinnen und Schüler mit Ihrem Arbeitsergebnis identifizieren. Ebenfalls alle Gruppen verweisen darauf, viel über Teamarbeit und selbstständige Arbeitsorganisation gelernt zu haben. Bemerkungen dieser Art verdeutlichen, daß sich die Lernenden der veränderten Lernumgebung bewußt waren. Auch wird im allgemeinen nicht auf eine Erkenntniszuwachs hingewiesen, wenn man nicht zuvor Probleme erkannt hat. Die Aussage läßt den Rückschluß zu, daß verschiedene Probleme auftraten, die jedoch bewältigt werden konnten. Diese erste Bewährungsprobe fand ausschließlich im geschützten und intimen Rahmen der Schule statt, in der sich die Schülerinnen und Schüler persönlich kennen. Im Gesamtkontext der Untersuchungen stellt dieser Unterrichtsabschnitt eine Etappe auf dem Weg von traditioneller zur computerunterstützten Kommunikation und

---

[6] Die Betreuer der Themen waren zum Zeitpunkt der Gruppen- bzw. Themenwahl den Lernenden unbekannt.

Kooperation dar. Die Gruppenarbeit wurde mit informatischen Hilfsmitteln bewältigt, jedoch zeitlich und räumlich synchron. Dieser Abschnitt ist nicht zu unterschätzen, entspricht er doch der spiralförmigen Entwicklung der gesamten Unterrichtskonzeptes. Zusammenfassend kann festgestellt werden, daß die Voraussetzung für das Verständnis und die Einführung von CSCW-Systemen in der Schule geschaffen wurden und die Motivationslage bei den Schülerinnen und Schülern gesichert ist.

3.4 Schlußfolgerungen

Ein durchgängiges Unterrichtskonzept in der Schule ist gekennzeichnet durch eine ständige Wiederkehr eines Schwerpunktthemas mit steigendem Anspruch und auf immer höherer Wissensbasis. Die Auswahl der vorgestellten Teilergebnisse gliedert sich in ein gesellschaftsorientiertes Konzept ein mit dem Ziel, der Ausprägung von Sozial- und Kommunikationskompetenzen für traditionelle Gruppenarbeit sowohl ohne als auch mit informatischen Mitteln. Die Thematisierung der Aspekte (technische, organisatorische, soziale, finanzielle, rechtliche) moderner Kooperation und Kommunikation führt zum Erwerben von Fähigkeiten und Fertigkeiten im Umgang mit CSCL- und CSCW-Systemen. Die Modifikation der erworbenen Kompetenzen bei computerunterstützter Gruppenarbeit im schulinternen Versuchsfeld und in schulübergreifenden Projekten wird gemessen. Die nächste Etappe ist die konkrete Auseinandersetzung mit Softwareumgebungen, die Kooperation und Kommunikation vermitteln (wie z. B. VITAL, BSCW). Bei den Begleituntersuchungen werden die vorgestellten Forschungsfragen permanent verfolgt und der kognitive und affektive Entwicklungsstand der Lernenden dokumentiert. Ein sich bereits schon jetzt herauskristallisierendes Problem ist die Dominanz der sozialen Beziehungen. Durch die abstrakte und formale Gruppenwahrnehmung in CSCL-Systemen wird die Gruppenfindung und die gemeinsamen Arbeit erschwert. Es werden Bewältigungshilfen für Lernende und Lehrende vorbereitet, die darin bestehen, auftretende Schwierigkeiten zu benennen und deren Ursachen zu analysieren, Anforderungen an Nutzer und CSCL-Systeme abzuleiten, Bewältigungsmuster anzubieten sowie aktueller Entwicklungen zur Group-Awareness einfließen zu lassen. Die Schülerinnen und Schüler schließen ihre Ausbildung im Sommer 2002 mit der Erlangung der allgemeinen Hochschulreife ab. Bis dahin soll das Ziel erreicht werden, ausgehend von demonstrativen Projekten, die erfolgreich an einzelnen Schulen eingesetzt werden, zu einem Gesamtkonzept zu gelangen, das computerunterstützte Gruppenarbeit in ein spiralförmiges Curriculum der informatischen Bildung der Sekundarstufe II integriert.

Literatur

[1]   Baumann, R.: Didaktik der Informatik. Klett Verlag GmbH, 1996, S. 219ff.

[2]   Flammer, A.: Entwicklungstheorien. Verlag Hans Huber Bern, 1993, S. 91-160.

[3]   Herrmann, Th., Misch, A.: Anforderungen an lehrunterstützende Kooperationssysteme aus kommunikationstheoretischer Sicht. In: Schwill, A. (Hrsg.): Informatik und Schule. Fachspezifische und fachübergreifende didaktische Konzepte. Springer Verlag Berlin, 1999, S. 58-71.

[4]   Hoschka, P.: Der Computer als soziales Medium. In: Perspektiven der Informationstechnik. Der GMD-Spiegel, Greven & Bechthold GmbH, Köln, Jg. 28, Ausgabe 3/4, Dezember 1998, S. 16-19.

[5]   Humbert, L.: Grundkonzepte der Informatik und ihre Umsetzung im Informatikunterricht. In: Schwill, A. (Hrsg.): Informatik und Schule. Fachspezifische und fachübergreifende didaktische Konzepte. Springer Verlag Berlin, 1999, S. 175-189.

[6]   Mayring, Ph.: Einführung in die qualitative Sozialforschung. Beltz-Verlag, 4. Auflage, 1999.

[7]   Rauch, H.: DECIDE - Entscheidungsfindung im Netz. In: Schubert, S. (Hrsg.): Innovative Konzepte für die Ausbildung. 6. GI-Fachtagung Informatik und Schule (INFOS'95), Springer Verlag Berlin, 1995, S. 317-326.

[8]   Robinson, M: Large Scale Communication, Technical Complexity, & Groupware. In: Haggenmüller, R.; Schwärtzel, H. (Hrsg.): Groupware - Software für die Teamarbeit der Zukunft. Grundlegende Konzepte und Fallstudien. Reihe Softwaretechnik, Bd. 5, Tectum Verlag Marburg, 1996, S. 96-112.

[9]   Rüdiger, B.: Von der traditionellen zur computergestützten Gruppenarbeit. In: LOG IN 19 (1999), Heft 3/4, S. 36-41.

[10] Schiestl, J.; Herzog, M.: CompaqLink: Ein umfassendes Händlerinformationssystem mit Workflow-Komponente. In: Schiestl, J.; Schelle, H. (Hrsg.): Groupware - Software für die Teamarbeit der Zukunft. Reihe Softwaretechnik, Bd. 5, Tectum Verlag Marburg, 1996, S. 213-224.

[11] Seitz, R.: Computergestützte Tele- und Teamarbeit. Betriebliche Modelle, Werkzeuge und Einsatzpotentiale in der universitären Ausbildung, DeutscherUniversitätsVerlag, 1995.

[12] Stritzke, H.: Internetgestütztes Informations- und Kommunikationssystem für verteilte Projektteams am Beispiel der Produktentstehung. Fortschritt-Berichte VDI, Reihe 10, Nr. 569, VDI Verlag Düsseldorf, 1999.

[13] Tsichritzis, D.: Perspektiven der Informationstechnik. In: Der GMD-Spiegel, Greven & Bechthold GmbH, Köln, Jg. 28, Ausgabe 3/4, Dezember 1998, S. 1-2.

[14] Wessner, M.; Pfister, H-R., Miao, Y.: Umgebungen für computerunterstütztes kooperatives Lernen in der Schule. In: Schwill, Andreas (Hrsg.): Informatik und Schule. Fachspezifische und fachübergreifende didaktische Konzepte. Tagungsband

der 8. GI-Fachtagung Informatik und Schule, INFOS'99, Potsdam, 22.-25. September 1999, Springer Verlag Berlin Heidelberg, 1999, S. 86-93.

[15] Wittmann, E.Ch.: Grundfragen des Mathematikunterrichts, 6. Auflage, 1981, S. 18ff.

Interaktive Lehrformen im Hochschulbetrieb: Neue Herausforderungen

Lea Meyer[+], Volkmar Pipek[*], Markus Won[*], Christine Zimmer[+]

[*]Projektbereich Softwareergonomie und CSCW (ProSEC), Institut für Informatik III, Universität Bonn, Römerstr. 164, 53117 Bonn, {pipek, won}@cs.uni-bonn.de

[+]Institut für Informatik und Gesellschaft, Universität Freiburg, Abteilung Modellbildung und soziale Folgen. Friedrichstr. 50, 79098 Freiburg, {lea, zimmer}@modell.iig.uni-freiburg.de

Abstract

Als Medium für Lehrveranstaltungen bietet das Internet gegenüber den klassischen Medien verteilter Lehre (Fernsehen, Radio) weitaus mehr Möglichkeiten zur Interaktivität. Diese neuen Freiheitsgrade könnten einerseits die bekannten Probleme verteilten Lernens lindern, andererseits helfen sie bei der Entwicklung neuer Lehrmethoden gerade im Bereich universitären Lernens. Anhand unserer Erfahrungen mit einer verteilten Vorlesungsveranstaltung entwickeln wir in diesem Aufsatz Ansätze einer didaktischen Herangehensweise, die sich an diesen neuen Möglichkeiten ausrichtet, und geben Hinweise auf die entsprechenden Anforderungen an unterstützende Werkzeuge.

Einleitung

Als Medium zeichnet sich das Internet durch vielfältige Möglichkeiten zur Interaktion mit an anderen Orten befindlichen Partnern aus. Asynchrone Interaktionsmöglichkeiten über textbasierte Email und Newsforen in Hypertext- bzw. Hypermediasystemen fanden bereits vor einigen Jahren einen ersten Entwicklungshöhepunkt. Dahingegen wurde eine über reinen Textchat hinausgehende synchrone Interaktion erst in jüngster Zeit über die Ausweitung der verfügbaren Bandbreite (Internet-Telephony, Videoconferencing) in befriedigender Qualität möglich.

Schon von Anfang an wurde die internetbasierte Informations- und Kommunikationstechnik (IKT) auch für den Bereich der Lehre und des Lernens eingesetzt und exploriert (Übersicht z.B. in Koschmann 1995, Multimedia-Einsatz: Hardaway & Will 1997, Gemmell & Bell 1997). Interaktivität stellte in diesem Zusammenhang meist auf direkte oder indirekte (z.B. über Lernprogramme) Lehrer-Schüler-Kommunikation[1] ab. Während der Einsatz von IKT für asynchrone Interaktionsszenarien bereits breit erforscht wurde (z.B. Jonassen & Mandl 1990, Schulmeister 1997), wird die systematische Anwendung internetbasierter Möglichkeiten zur synchronen multimedialen Interaktion erst in jüngster Vergangenheit untersucht.

Auch die in diesem Kontext wichtigen Lerntheorien haben in den letzten Jahrzehnten eine starke Weiterentwicklung erfahren: Neben den klassischen, behavioristischen Ansätzen wurden mit den Arbeiten von Piaget (beschrieben in Lefrancois 1994, Bruner 1961 und Papert 1980) konstruktivistisch geprägte Lernkonzepte, ähnlich den Ideen Maturanas und Varelas (Maturana & Varela 1987), entwickelt (Lefrancois 1994, Schulmeister 1997). Diese Konzepte legen ebenfalls nahe, das interaktive Potential der neuen Medien - über eine Kopie der klassischen Broadcast-Medien Radio und Fernsehen hinaus - zu nutzen.

Im Spannungsfeld dieser Entwicklungen steht die universitäre Lehrveranstaltung, über die wir hier als Fallstudie berichten. An dieser Televorlesung waren drei Standorte über auf der MBone-Architektur (Eriksson 1994, Kumar 1996, Patrick 1999) basierende Werkzeuge beteiligt. Wir betrachten dabei insbesondere die Probleme und Erfahrungen, die mit der Anforderung eines erhöhten Interaktionsgrades zwischen Lehrer und Schüler wie auch zwischen den Schülern untereinander einhergingen. Der Artikel ist folgendermaßen gegliedert: Zunächst fassen wir Erfahrungen aus ähnlichen Szenarien aus der Literatur zusammen. Im darauffolgenden Abschnitt schildern wir Kontext und Zielsetzungen der Lehrveranstaltung, wobei auch die Motivation der Anforderung nach erhöhter Interaktion angesprochen wird, und beschreiben unsere Erfahrungen. Daraus entwickeln wir neue Anforderungen an eine interaktive Telelehre sowie die dafür eingesetzten Tools.

Internetbasiertes Lehren und Lernen

Aus technischer Sicht geht es bei den Telelehre-Settings, denen unseres zugeordnet werden kann, zunächst um technisch mediierte Mehrpunkt-Audio- und Videokommunikation. Für das Internet war dabei die Entwicklung der MBone-Architektur seit 1990 entscheidend (Eriksson 1994, Kumar 1996). Mit dem enthaltenen Multicast-Konzept (Deering 1989) können Kommunikationsnetze

---

[1] Lehrer und Schüler bezeichnen in diesem Text lediglich die allgemeinen Rollen in einer Lernsituation und sind nicht auf die Institution Schule bezogen.

geschaltet werden, die das Internet nicht durch redundante Einzelpunktverbindungen belasten, sondern ein intelligentes, redundanzfreies Routing der Datenpakete erlauben. Diese Forschungsaktivitäten wurden in Europa durch die Projekte MUNIN (Bringsrud & Pedersen), MICE (Biltring et al. 1994, Sasse & Bennett 1995) und MERCI (MERCI) begleitet und ausgeweitet. Zur Unterstützung der direkten synchronen Kommunikation wurden Whiteboards erprobt, in denen sowohl vorbereitete Materialien zur Vortragsunterstützung eingeladen werden konnten als auch spontane Zeichnungen und Texte während des Vortrages erstellt werden konnten (Kumar 1996, Ottmann & Bacher 1995, Lienhard & Maass 1998, Geyer & Effelsberg 1998). Zudem wurden Werkzeuge zur Konservierung der Telepräsentationen konstruiert (Bacher et al. 1997).

Die ersten Erprobungen dieser Technologien in Lernszenarien zeigten, dass der Informationsfluß durch Störungen des Videokanals weniger gehemmt wird als durch solche des Audiokanals (Hardman et al. 1995, Patrick 1999). Dies führte z.B. zur Verbesserung des MBone-Audiotools (Hardman et al. 1995, Hardman et al. 1998). In pädagogischer Hinsicht waren den Erfahrungen im Wesentlichen drei Aspekte gemeinsam (Übersicht in Patrick 1999): Eine verminderte Aufmerksamkeit der Schüler (Bourdeau et al. 1998, Isaacs et al. 1994, Kies et al. 1995, Kies et al. 1996, Wulf & Schinzel 1997), mangelndes Feedback an die Lehrer (Jameson et al. 1996, Isaacs et al. 1994, Gemmel & Bell 1997) und eine deutliche Verminderung der sozialen Komponente des Lernens (Bourdeau et al. 1998). Einige Erfahrungen zeigen, dass auch der Typ der Lehrveranstaltungen für einen erfolgreichen Einsatz interaktiver Technologien relevant ist (Kies et al. 1995). Grove sammelte für ihre Studie (Grove 1998) weitere Zufriedenheitsindikatoren aus der Literatur, darunter vor allen Dingen "funktionierende Technik" (Hackman & Walter 1990) und eine intakte Schüler-Lehrer-Beziehung (Nelson 1985). Es wurde auch festgestellt, dass die Produktion telemedialer Lehrmaterialien aufwendiger ist als die konventioneller Präsentationen (Bourdeau et al. 1998). Zur Linderung dieses Problems wurden Werkzeuge und Methodiken erarbeitet (Jameson et al. 1996, Patrick 1999).

Die Telelehrveranstaltung "Informatik und Gesellschaft" - Rahmenbedingungen und didaktisches Konzept

Im Rahmen des Forschungsverbundes VIROR (**Vir**tuelle Hochschule **O**ber**r**hein wurde im Sommersemester 1999 eine Telelehrveranstaltung "Informatik und Gesellschaft" (I&G) in Freiburg gehalten und nach Mannheim und Bonn übertragen. Die Veranstaltung bestand aus einer zweistündigen Televorlesung und einer zweistündigen Teleübung. Im Folgenden werden wir kurz auf die Inhalte, die Besonderheiten und das didaktische Konzept der Telelehrveranstaltung eingehen.

Informatik und Gesellschaft

Der Fachbereich I&G als Teilbereich der Informatik erforscht auf den unterschiedlichsten Ebenen die Wechselwirkungen zwischen der Informatik und ihren Anwendungsgebieten (vgl. etwa Coy et. al. 1992, Friedrich et. al. 1995, Schinzel 1996). Neben der Analyse dieser Wechselwirkungen steht eine sozialverträgliche Technikgestaltung im Zentrum der Forschung von I&G. In den Themen wie auch Methoden des Forschungszweiges zeigt sich eine ausgeprägte Interdisziplinarität. Insbesondere bedient I&G sich neben konstruktiv-ingenieurwissenschaftlicher auch geistes- und sozialwissenschaftlicher Methoden.

Aus dem vielfältigen Themenpool von I&G wurden für die Televorlesung die folgenden ausgewählt: Theorie der Informatik, Software Engineering, Software Ergonomie, organisationswissenschaftliche Grundlagen und CSCW, Informationsgesellschaft und Arbeitswelt, Urheberrecht, Datenschutz, Ethik und Geschlechterforschung in der Informatik.

Lehrziele und didaktisches Konzept

Die Veranstaltung sollte den Studierenden nicht nur vorstrukturiertes Wissen vermitteln, sondern sie zu einer aktiven Auseinandersetzung mit der Informatik und ihrem eigenen Handeln in und mit der Informatik anregen. Darüber hinaus sollten berufsrelevante Kompetenzen wie die Präsentation und Dokumentation von Arbeitsergebnissen, Teamarbeit und Kommunikation gefördert werden. Zudem sollte die Medienkompetenz der Studierenden durch die Teilnahme an dem innovativen technischen Setting geschult werden. Unabdingbare Methode zur Erreichung dieser Ziele ist der Diskurs zwischen allen am Lernprozeß Beteiligten. Ein Schwerpunkt unserer didaktischen Überlegungen lag deshalb auf der Unterstützung der *Interaktion*[2].

Insgesamt hatten wir bei der Gestaltung der Lernumgebung mit zwei hemmenden Tendenzen umzugehen. Die erste haftet der Telelehrsituation an sich an und wurde bereits im Abschnitt *Internetbasiertes Lehren und Lernen* angesprochen: Hier werden z.B. das Absinken des Aufmerksamkeitsniveaus und sensorische Deprivation (vgl. dazu Boudreau et. al. 1998, Wulf & Schinzel 1997) als häufige Probleme genannt. Die zweite bestand in der fehlenden Vertrautheit der teilnehmenden Studierenden mit der interdisziplinären und diskursiven Ausrichtung der Veranstaltung.

---

[2] Darunter ist sowohl die synchrone Diskussion der TeilnehmerInnen während der Telelehrveranstaltungen - zwischen den verschiedenen Standorten und face-to-face - als auch asynchrone Interaktion über Mailinglisten zu verstehen.

Um dieser Situation gerecht zu werden, versuchten wir eine Lernumgebung zu gestalten, in der die Studierenden Wissen selbständig strukturieren, kritisch reflektieren und auf dieser Grundlage Einstellungen gewinnen können. Weiterhin entwickelten wir Strategien, um die in der Telelehrsituation auftretenden negativen Effekte zu vermeiden.

Ziel	Strategie/Maßnahme	Konkretisierung/Element
Aufmerksamkeit steigern	*Medienwechsel*	• Vortrag mit Folien, AOF-Bausteine (Multimedia; siehe Abschnitt: Verwendete Tools)
	Sprecherwechsel	• Wechsel der life vortragenden Person in einer VL (zweite DozentIn) • Wechsel zwischen Lifevortrag und Vortrag durch AOF-Baustein
	Aufforderung an die Studierenden zur Eigenbeteiligung	• Diskussion in der Vorlesung • Befragungen der Studierenden in der Vorlesung • Gemeinsames Erstellen von Folien während der Veranstaltungen • kleine Referate
Motivation steigern	*Theorie durch Praxis ergänzen*	• Experten als Gesprächsgäste in der Vorlesung • Expertenmeinung im Interview als Baustein konserviert
Aktivierung und Förderung der Interaktion in der Veranstaltung	*Aufforderung an die Studierenden zur Eigenbeteiligung*	• Diskussionen • Befragungen der Studierenden Interaktives Übungskonzept (Referate): • 1. Präsentation eines Programms (Visualisierung Funktionalität/Nutzungsszenarien durch die Studierenden) • 2. Computer im Alltag (Präsentation/ Auswertung von Interviews mit Nutzern von Computersystemen)
Integration und Interaktion außerhalb der Vorlesung	*Bereitstellung einer Infrastruktur*	• Diskussionsmöglichkeiten • Mailingliste • Gemeinsamer Workshop in Freiburg • Webmaterial zur Vor- und Nachbereitung • Persönliche Betreuung

Tabelle 1: Maßnahmen zur Bewältigung typischer Probleme verteilten Lernens

Tabelle 1 ordnet den so formulierten Zielen die von uns gewählten Strategien und deren Konkretisierungen zu. Insgesamt geht dieser Lehransatz in eine *konstruktivistische* Richtung.

Technik und räumliche Ausstattung

Im Folgenden geben wir einen Überblick über die verwendeten Netzinfrastrukturen und Werkzeuge. Wir konzentrieren uns dabei auf die

Standorte Freiburg als Beispiel einer VIROR-internen und Bonn als Beispiel einer VIROR-externen Konfiguration.

Vernetzung der Standorte

Als VIROR-Beteiligte verfügen Freiburg und Mannheim über feste, dem Projektverbund zugeordnete Netzstrukturen und Bandbreiten (10 MBit/sec) im baden-württembergischen Belwue-Netz. Sie sind über das VirtualATM-Protokoll zu einem virtuellen LAN verbunden. Dieses Protokoll wird eingesetzt, da es die gewünschte Bandbreitenreservierung ermöglicht.

Der Standort Bonn dagegen musste temporär über das Wissenschaftsnetz WIN angebunden werden und wurde mit einer Bandbereite von nur 2 MBit/sec per VirtualATM in das VIROR-Netzwerk integriert.

Verwendete Tools

Für die synchrone Audio/Video-Übertragung über das Internet wurden die (kostenlosen) *Mbone*-Tools *vic* (Videoübertragung), *vat/rat* (Audioübertragung) und *sdr* (Sessionorganisation) gewählt (Kumar 1996, Hardman et al. 1998). Zur Vortragsunterstützung wurde das elektronische (shared) Whiteboard "Digital Lecture Board" (*dlb*) der Universität Mannheim (Geyer & Effelsberg 1998, Geyer & Weis 1998) eingesetzt. Mit diesem können vorgefertigte Folien in verschiedenen Formaten eingeladen werden. Die Folien werden vom *dlb* synchron an den Standorten dargestellt. Weiterhin verfügt das *dlb* über einen Telepointer, mit dem die Lehrperson auf einzelne Elemente innerhalb der Folien zeigen kann. Die unterschiedlichen Zeichenfunktionen des *dlb* können dazu genutzt werden, die Folien interaktiv zu illustrieren. Mit einem integrierten Chat-Tool stand ein weiterer Kommunikationskanal zur Verfügung; der Diskussionsunterstützung dient ein „Aufzeigetool".

Für die Erstellung und den Einsatz vorproduzierter, multimedialer Lehrmaterialien wurden die Authoring-on-the-fly-Tools der Universität Freiburg verwendet (Bacher et al. 1997). Diese AOF-Bausteine vereinen Whiteboard-Aktionen (z.B. Folienpräsentation) mit dazu synchronem Audiokanal und können durch Animationen (z.B. Video) ergänzt werden.[3] Darüber hinaus wurde die Fähigkeit des *vic* zur wahlweisen Übertragung eines Bildschirmausschnittes des Senderrechners (statt Übertragung der Videosignale der Kamera) benutzt.

Vorlesungsbegleitend wurden Webpräsentationen der Inhalte/Folien und eine Mailingliste zur asynchronen Kommunikation zur Verfügung gestellt.

Eingesetzte Hardware

In Freiburg, von wo aus die meisten Vorlesungen gehalten wurden, fanden die Veranstaltungen in einem Multimediahörsaal statt. Dieser war ausgestattet mit

---

[3] Ursprüngliches Anwendunsszenario von AOF ist das Mitschneiden von Vorlesungen.

einem Beamer, einem SmartBoard, zwei Videokameras und zwei Workstations. Für die Audioübertragung standen eine fest installierte Anlage und zwei kabellose Mikrophone (Vortragende, Auditorium) zur Verfügung. Der Inhalt des Whiteboards (*dlb*) wurde auf dem SmartBoard dargestellt, wohingegen die übrigen Fenster wie Videobilder, diverse Kontrollfenster, Chat etc. per Beamer auf eine zusätzliche Leinwand projiziert wurden. Durch diese Trennung konnte die typische Überladung der Darstellung mit zu vielen Fenstern vermieden werden.

Zur Ausstattung des Bonner Hörsaals gehörten eine Workstation, ein Beamer, eine Videokamera und eine fest installierte Audio-Anlage, über die der Ton ausgestrahlt wurde. Für die Redebeiträge aus dem Auditorium stand ein Kabelmikrofon zur Verfügung. Mit dem Beamer wurde der Bildschirminhalt der Workstation auf eine Leinwand projiziert. Durch die Beschränkung auf eine Workstation mussten das übertragene Videobild, der Inhalt des Whiteboards und diverse Kontrollfenster (Audio, Chat etc.) gemeinsam auf einem Bildschirm dargestellt werden.

Erfahrungen aus der Televorlesung

Zur Konservierung der Erfahrungen wurden von den BetreuerInnen (1-2 je Standort) Protokolle über technische und inhaltliche Aspekte der einzelnen Veranstaltungen geführt. Zusätzlich haben wir vier Sitzungen, darunter die Abschlußdiskussion, in Bonn und Freiburg auf Video aufgenommen. Mit den Studierenden wurden regelmäßig freie Interviews geführt. Zudem gab es einen Workshop mit BetreuerInnen, Lehrpersonal und Studierenden. Das gesamte Material wurde qualitativ ausgewertet. Aufgrund der geringen Teilnehmerzahl (s.u.) kann kein Anspruch auf Repräsentativität erhoben werden.

Zusammenfassende Beschreibung und Feedback der Studierenden

Die Zahl der teilnehmenden Studierenden blieb während des gesamten Semesters gering, aber ab der zweiten Sitzung - bis auf die übliche leichte Abwärtstendenz zum Semesterende hin - relativ konstant. In Freiburg waren in der Vorlesung meist zwischen vier und acht Studierende, in Bonn zwischen zwei und dreizehn, meist aber zwischen fünf und zehn. In Mannheim, das nur an der Vorlesung teilnahm, war mit Ausnahme einer Veranstaltung (drei Studierende) ausschließlich wissenschaftliche MitarbeiterInnen anwesend. Bei der Übung hatte sich in Freiburg ein fester Kern von vier Studierenden herausgebildet, in Bonn schwankte die Teilnehmerzahl zwischen drei und zwölf. Ein Grund für diese geringe Teilnahme ist sicherlich, dass das Fachgebiet I&G alleine in Freiburg im Informatik-Curriculum regulär verankert und damit scheinpflichtig ist.

Im Vergleich zu der Televorlesung, die schon im Sommersemester 1997 (Wulf & Schinzel 1997) zum selben Themengebiet ebenfalls von Freiburg aus durchgeführt wurde, sind die Technik und die verwendeten Tools deutlich stabiler und benutzerfreundlicher geworden. Dennoch gab es noch immer zahlreiche technische Probleme zu lösen. Am häufigsten traten Fehler bei der Tonübertragung auf, die den Ablauf der Veranstaltungen und die Konzentration der TeilnehmerInnen z.T. erheblich störten. Auch die Bildübertragung funktionierte nicht immer störungsfrei: Das Bonner Videobild war bei mehreren Veranstaltungen aufgrund ungewöhnlich hoher Verlustraten in Freiburg nur sehr verzögert und/oder verzerrt zu empfangen.

Die Routine und Gewöhnung im Umgang mit der Telelehrsituation nahm sowohl bei den Studierenden wie den Lehrenden im Laufe des Semesters deutlich zu. Störungen konnten unauffälliger behoben werden und die Beteiligungshemmungen, die für die Studierenden durch die ungewohnte Aufnahmesituation (Saalmikrofon, Kamera) entstanden, nahmen ab. Dementsprechend wurde auch der Einfluss der technischen Störungen auf die Konzentration in der Veranstaltung geringer.

Die Wissensvermittlung in der Telelehre erwies sich gegenüber der reinen Präsenzlehre als etwas verlangsamt. Zu Zeitverlusten kam es zum einen durch die zumeist technisch bedingten Unterbrechungen; zum anderen führte die Moderation über die verschiedenen Standorte, die für die gemeinsame Diskussion nötig ist, zu Verzögerungen.

In den Veranstaltungen wurde z.T. sehr lebhaft und engagiert diskutiert. Allerdings nahmen die Studierenden die angebotene Infrastruktur zu einer darüber hinausgehenden Auseinandersetzung kaum wahr, denn weder die Mailingliste noch das auf dem Internet zur Verfügung gestellte Informationsmaterial fanden besonderen Anklang.

Insgesamt war das Feedback der Studierenden zu der Lehrveranstaltung positiv. Dabei wurden die einzelnen Elemente (siehe Didaktik) individuell unterschiedlich beurteilt. Sehr gut angekommen sind bei allen die Expertengespräche. Die AOF-Bausteine fanden manche Teilnehmer besonders ansprechend, andere wiederum hielten genau sie für langweilig. Bei dieser Beurteilung der AOF-Bausteine wurde wiederum nach den jeweiligen Inhalten unterschieden: Ein Experteninterview mit einem Softwareentwickler wurde von allen als gut bewertet, die darstellenden Fallbeispiele wurden gemischt aufgenommen. Ein Baustein, der Vorlesungsstoff schon zur Vorbereitung aufarbeitete, wurde nur von einem Teilnehmer im voraus rezipiert.

Der Aspekt der Telelehre allgemein - als hochschulpolitisch stark geförderte Lehrform der Zukunft - wurde z.T. sehr kritisch bewertet. Akzeptabel fanden die Studierenden diese Lehrform aber auf jeden Fall dann, wenn ein Fachgebiet von der Präsenzlehre nicht abgedeckt wird.

Zusammenfassende Interpretation

Die Beteiligung der Studierenden in Vorlesungen und Übungen und ihr Feedback zeigen, dass unsere Strategien zur Förderung der Interaktivität und Aufmerksamkeitssteigerung in den Veranstaltungen selbst erfolgreich waren. Trotzdem konnten die negativen Effekte der Telelehrsituation nicht vollständig überwunden werden.

Die Qualität der Technik in einer synchronen Telelehrveranstaltung verhält sich nicht neutral in Bezug auf andere Qualitäten, sondern dominiert diese. Schon kleinere Störungen in der Bild- und Tonübertragung können Konzentration und Kommunikation stark beeinträchtigen. Beispielsweise erschwerte die mangelhafte Qualität der Bildübertragung die Kontextualisierung von Whiteboardübertragung und Ton. Auch konnten die TeilnehmerInnen während der Diskussionseinheiten nicht immer erkennen, auf welche Personen oder Artefakte sich ein Sprecher gerade bezog. Für einen ausländischen Teilnehmer fielen die technischen Störungen noch mehr ins Gewicht, da er im Gegensatz zu Muttersprachlern Wortverluste weitaus weniger aus Sprachroutine ergänzen konnte.

Die Kommunikation und das Diskussionsverhalten ändern sich in der Telesituation deutlich. Die Auswirkungen sind unter anderem Verlust von nonverbalen Kontextinformationen (Mimik, Gestik, Proxemik), geringere Spontaneität, mangelnder Bezug zwischen den Redebeiträgen und schwächere emotionale Eingebundenheit in der Gruppe. Einzelne fanden sogar, dass durch die Distanz keine Streitkultur entstehen könne; Kreativität und Kritikfähigkeit würden nicht gefördert. An diesem sehr kontrovers diskutierten Punkt wurde deutlich, wie stark diese Einschätzungen von subjektiven Gewohnheiten und Ansprüchen abhängen. Denn die Gegenposition behauptete, dass die Distanz eine Anonymität zum Lehrpersonal schaffe, in der das Fragenstellen leichter falle als in der Face-to-face-Situation. Diese Faktoren werden zwar mit zunehmender, situationsangepaßter Medienkompetenz weniger negativ empfunden, die Effekte sind jedoch nicht vollständig durch Gewöhnung kompensierbar. Andererseits sind auch positive Effekte zu verzeichnen: Durch den moderierten Diskussionsstil üben sich die TeilnehmerInnen evtl. in einem demokratischeren Redeverhalten. Die DozentInnen sind ihrerseits zur bewußten Moderation gezwungen, um die Studierenden an den anderen Orten miteinzubeziehen. Manche Studierende begrüßten es, dass man sich durch das Tele-Setting stärker auf die Inhalte konzentrieren musste; sonstiges Kommunikationsverhalten, wie Plaudern etc., falle automatisch weg.

Für die VorlesungsteilnehmerInnen, die die Vorlesung aus der Ferne rezipieren (hier: Bonn), wirken sich die angesprochenen negativen Effekte durch die räumliche Distanz zur Lehrperson noch stärker aus. Dass in unserem Fall trotz der relativ schlechten Übertragungsqualität für Bonn die Interaktivität zwischen den Standorten relativ hoch geblieben ist und in Bonn bis zum Ende des Semesters Studierende teilgenommen haben, ist zumindest teilweise durch die persönliche

Anbindung der Studierenden an den Dozenten und die Betreuer in Bonn zu erklären.

AOF-Bausteine eignen sich für die Darstellung von Grundlagenwissen (hier: einführende Fallbeispiele) und wenn man Experten zu Wort kommen lassen will, die nicht in die Lehrveranstaltung kommen können (hier: Interview). Komplexere Zusammenhänge und Überlegungen, die zur Meinungsbildung beitragen, sollten nicht in Form von Konserven angeboten sondern in der direkten Kommunikation erarbeitet werden.

Neue Anforderungen für eine interaktive Telelehre

Soll Telelehre zu einer alltäglich integrierten Lehr- und Lernform werden, ist eine bessere Qualifizierung und Schulung von Lehrenden und Studierenden notwendig. Denkbar ist die Förderung und Entstehung einer Art Tele-Kultur.

Telelehre ist nicht für alle Inhalte, Fächer und Methoden gleichartig einsetzbar. Insbesondere lassen sich didaktische Konzepte zur multimedialen Aufbereitung von Lehrmaterial, die für naturwissenschaftliche oder technische Fächer entwickelt wurden, nicht ohne Weiteres auf geistes- und sozialwissenschaftliche Fächer übertragen. Darüber hinaus hängt die Brauchbarkeit von Telelehre auch von der Situation der Adressaten ab - z.B. unterscheiden sich die Studierenden der Fernuniversität Hagen in Alter, Lebensabschnitt, Motivation und Zielsetzung in der Regel deutlich von Campusstudierenden. Auch bei Berufstätigen, die sich neben dem Job noch weiterbilden wollen oder müssen - und die eine der zukünftig zunehmenden Zielgruppe der Universitäten sein werden - trifft man auf eine spezifische mentale und arbeitstechnische Grundverfassung.

Gerade für diskursiv ausgerichtete Lehrveranstaltungen sollte - aufgrund der dominanten Auswirkungen von Technikstörungen und durch den Verlust von personalen Kontextinformationen in der Gesprächssituation - die Zielrichtung der Technikentwicklung sein, eine möglichst hohe Qualität in der Bild- und Tonübertragung sowie eine hohe Stabilität zu erreichen. Offen bleibt, ob sich Kommunikation und Interaktion auch bei perfekter Technik und stärkerer Gewohnheit von denjenigen in der Präsenzlehre unterscheiden.

Die Schwächung der persönlichen Beziehungen (zum Lehrpersonal und unter den Studierenden) bei TeilnehmerInnen, die räumlich getrennt bleiben, kann durch punktuelle gemeinsame Präsenzveranstaltungen teilweise kompensiert werden. Derartige Veranstaltungen sollten bereits bei der Konzeption eine Telelehrveranstaltung eingeplant werden.

Auf der kommunikativen Ebene kann man der Demotivierung der Studierenden, die durch die telespezifischen Verzögerungen und Ablenkungen (vor allem für diejenigen an den entfernten Standorten) und durch die für alle veränderte Kommunikationssituation entsteht, durch gezielte und gute Moderation und

Förderung der Interaktion entgegenwirken. Ein weitergehendes Modell dazu wäre eine von beiden (allen) Orten gemeinsam gestaltete Lehre und gemeinsame Moderation der einzelnen Sitzungen. Der Effekt wäre, dass alle Studierenden zwischen Präsenz- und Fernrezeption wechselten. Zudem wäre eine stärkere persönliche Anbindung gewährleistet.

Bekanntlich übersteigt der für die Planung und Durchführung einer Televorlesung zu betreibende Aufwand den für eine Präsenzveranstaltung bereits um ein Vielfaches. Moderation an beiden Standorten würde den Koordinationsaufwand zwischen allen Verantwortlichen und damit den Gesamtaufwand noch weiter erhöhen. Deutlich wird hier, dass mit dem Qualitätsanspruch der Aufwand bei der Konzeption und Durchführung einer interaktiven, diskursiven Telelehrveranstaltung steigt.

Neue Anforderungen an unterstützende Werkzeuge

Aus unseren Erfahrungen mit den verwendeten Tools lassen sich neue Anforderungen an die die Telelehre unterstützenden Werkzeuge ableiten.

Grundsätzlich gilt für alle beschriebenen Werkzeuge, dass die Bedienung während der Vorlesung einfach und unproblematisch sein sollte. Überflüssige oder schwer handhabbare Funktionen lenken die Vortragenden, die in der Regel mit inhaltlichen Problemen beschäftigt sind, ab. Dies führt zu Irritationen während des Vortragens, was sich auf die Qualität der Veranstaltung auswirkt.

Zur Gestaltung von klaren und einfachen Bedienungsoberflächen wären Konzepte aus dem CSCW-Bereich über situationsspezifisches Anpassen (Oberquelle 1994) von Anwendungen (hier z.B. Designsituation/Vortragssituation) verwertbar. Vorstellbar sind hier wechselnde Fenster-/Bildschirmlayouts (z.B. mit unterschiedlichen Menustrukturen und Buttongrößen), wechselnde Eingabegeräte (z.B. Tastatur/SmartBoard) abhängig von der Lehrsituation oder Sperrung/Freigabe von Manipulationsrechten und Übertragungskanälen. Vordefinierte Layouts könnten so während der Veranstaltung schnell abgerufen werden.

Ähnliches ist bei der Informationsvisualisierung zu beachten, wo technische (z.B. Lautstärkeregelung, *vic*-Übersichtsfenster) und inhaltsbezogene (z.B. Folienvisualisierung, Videobild) Aspekte noch nicht sauber getrennt werden. Die Auftrennung technischer und inhaltsbezogener Visualisierungen sollte dabei auch rechnerübergreifend möglich sein, damit es möglich wird, dem Auditorium ausschließlich inhaltsbezogene Informationen zu präsentieren, während die technischen Aspekte nur den BetreuerInnen angezeigt werden.

Für den Einsatz eines Videoconferencing-Systems ist die Synchronisierung von Audio- und Videokanal von entscheidender Bedeutung, um innerhalb von

Diskussionen möglichst viele Kontextinformationen zu transportieren.[4] Das Audiowerkzeug sollte in der Lage sein, Rückkopplungen zu filtern. Wünschenswert wäre auch die Möglichkeit zur automatischen Aussteuerung des Audiopegels, speziell wenn ein Mikrophon von verschiedenen Personen benutzt wird (Saalmikrophon). Der Bericht zu einer ähnlichen, aber mit wesentlich größeren technischen Möglichkeiten ausgestatteten Veranstaltung von Tsichritzis (Tsichritzis 1999) zeigt ebenfalls, dass eine adäquate Unterstützung des Audiokanals essentiell ist.

Der hohe Grad an Interaktivität der beschriebenen Lehrveranstaltungen macht zudem die Erweiterung der Video-Übertragungsmöglichkeiten wünschenswert. So könnte eine permanente Übertragung des Auditoriumsbildes von jedem Standort gepaart mit einem zweiten Videobild mit Sprecherfokussierung mehr soziale Information transportieren.

Wie bereits geschildert, diente das shared whiteboard in unserem Fall vor allem dazu, Folien parallel zum mündlichen Vortrag zu präsentieren. Wichtig erscheint uns die freie Skalierbarkeit der Folien. Dazu braucht man entsprechende Importformate (z.B. Postscript im *dlb*) für das Einladen von Folien oder Bildern, die in anderen Programmen erstellt wurden. Andererseits sollten auch Annotationen und spontane Zeichnungen nach Bedarf skaliert werden können.

Ein Werkzeug, das zum Einspielen fertiger Materialien wie z.B. Videoclips dient, sollte ebenfalls in der Lage sein, Standard-Formate zu importieren. Dadurch kann man zur Aufbereitung der Materialien andere, technisch ausgereifte Multimedia-Konstruktionswerkzeuge verwenden. Während der Vorlesung ist es notwendig, dass die Instanzen des Tools an den verschiedenen Standorten sich synchron von der Lehrperson bedienen (start/stop/pause) lassen. Diese Funktionalität lässt sich für die Audio-Video-Übertragung nur durch die Bereitstellung entsprechender Bandbreiten realisieren (das komplette Bild wird „live" übertragen). Im Gegensatz dazu können vorbereitete Präsentationen (Lehrmaterialien) schon vor der Veranstaltung an die einzelnen Standorte übertragen und getrennt eingeladen werden.

Da einer Televeranstaltung komplexe technische Systeme zugrunde liegen (bei der Audioverbindung z.B. neben der Rechnerverbindung auch die Hörsaaltechnik der angeschlossenen Standorte), ist es bei der Konfiguration der Systeme hilfreich, wenn Parametersätze der Werkzeuge gespeichert und zwischen Standorten ausgetauscht werden könnten.

Generell ist eine stärkere Integration von Übertragungs-, Visualisierungs- und Hörsaaltechnik sinnvoll. Im Hinblick auf die Interaktion wäre es wünschenswert, wenn alle Studierenden einen direkten Zugang zum Audiokanal hätten, sich also spontan zu Wort melden könnten (siehe Bourdeau et al. 1998).

---

[4] Auch Boudreau et al. 1998 beschreiben die Bedeutung des Augentakts für das Gelingen der telemedialen Interaktion.

Zusammenfassung

In diesem Aufsatz haben wir die Erfahrungen mit einer Telelehrveranstaltung sowie daraus resultierende Implikationen sowohl pädagogischer wie auch technischer Aspekte beschrieben.

Die bekannten Defizite verteilten Lernens konnten durch abwechslungsreiche Gestaltung der Lehrer-Schüler-Interaktion und durch eine große Varianz der Präsentationsformen z.T. kompensiert werden. Nicht optimal war die Einpassung der technischen Artefakte in die Vorlesungssituation. Verbesserungspotentiale insbesondere in Bezug auf die Visualisierung von Funktionalität und Information haben wir beschrieben.

Die Erfahrungen, die wir mit der geschilderten interaktiven Lehrform gemacht haben, untermauern die These, dass die Defizite computervermittelter Telelehre auch bei optimaler Technikunterstützung nicht vollständig kompensiert werden können. Unserer Meinung nach kann die Telelehre mit den derzeitigen Möglichkeiten die Präsenzlehre nicht wirklich ersetzen, aber durchaus sinnvoll ergänzen. Ein bewußter Umgang mit diesen Erkenntnissen beim Entwurf neuer Konzepte für die Hochschullehre wäre wünschenswert.

Literatur

Bacher et al. 1997. Bacher, C., Müller, R., Ottmann, T., Will,M.: Authoring on the Fly. A new way of integrating telepresentation and courseware production. Proceedings ICCE '97, Kuching, Sarawak, Malaysia, December 1997

Biltring et al. 1994. Biltring, U., Sasse, M.A., Schulz, C.D., Turletti, T.: International Research Seminars through Multimedia Conferencing: Experiences from the MICE project; Proceedings of BRIS'94, Hamburg, Germany, 1994

Bourdeau et al. 1998. Bourdeau, J., Ouellet, M., Gauthier, R.: Interactivity in Videoconference-based Telepresentations; Proc. AACE, Charlottesville, VA, 1998, pp. 233-237

Bringsrud & Pedersen. Bringsrud, K.A., Pedersen, G.: The MUNIN project - Distributed Electronic Class Rooms with Large Electronic White Boards, USIT, University of Oslo, Sweden; http://www.uio.no/usit/Utviklingseksjonen/Munin/MUNIN.html

Bruner 1961. Bruner, J.S.: The act of discovery; in: Harvard Educational Reviews 31, 1961, pp. 21-32

Coy et. al. 1992. Coy, W., Nake, F., Pflüger, J.M., Seetzen, J., Siefkers, D., Stransfeld, R. (Hrsg.): Sichtweisen der Informatik. Braunschweig, Wiesbaden 1992

Deering 1989. Deering, S.: Host extensions for IP Multicasting, Network Working Group RFC 1112, August 1989

Eriksson 1994. Eriksson, H.: Mbone: The Multicast Backbone; in: Communications of the ACM, Vol. 37, No. 8, 1994, pp. 37-54

Friedrich et. al. 1995. Friedrich, J.; Herrmann, Th.; Pescheck, M.; Rolf, A. (Hrsg.): Informatik und Gesellschaft. Heidelberg 1995

Gemmel & Bell 1997. Gemmel, D.J.; Bell, C.G.: Noncollaborative Telepresentations come of Age; in: Communications of the ACM, April 1997, Vol. 40, No. 4, 1997

Geyer & Effelsberg 1998. Geyer, W., Effelsberg, W.: The Digital Lecture Board - A Teaching and Learning Tool for Remote Instruction in Higher Education. Proc. ED-Media/ED-Telecom 1998, AACE, Charlottesville, VA, 1998, pp. 63-69

Geyer & Weis 1998. Geyer, W., Weis, R.: A Secure, Accontable, and Collaborative Whiteboard. In: Proceedings IDMS'98, Interactive Distributed Multimedia Systems and Services, Oslo, Norway, September 1998

Grove 1998: Grove, S.J.: The effects of two modes of Interactive Televised Video; Proc. ED-Media/ED-Telecom 1998, AACE, Charlottesville, VA, 1998, pp. 499-505

Hackman & Walker 1990..-Hackman, M.Z.,Walker, K.B.: Instructional Communication in the Televised Classroom: The Effects of System Design and Teacher Immediacy on Student Learning and Satisfaction. Communication Education (39), 1990, pp. 196-206.

Hardaway & Will 1997. Hardaway, D., Will, R.P.: Digital Multimedia offers Key to Educational Reform; in: Communications of the ACM, April 1997, Vol. 40, No. 4, 1997

Hardman et al. 1995. Hardman, V.; Sasse, M.A.; Handley, M., Watson, A.: Reliable Audio for use over the Internet; Proc. of the Int. Networking Conference INET'95, ISOC, Reston, VA, 1995

Hardman et al. 1998. Hardman, V., Sasse, M.A., Kouvelas, I.: Successful Multiparty Audio Communication over the Internet; in: Communications of the ACM, May 1998, Vol. 41, No. 5, 1998

Isaacs et al. 1994. Isaacs, E.A., Morris, T., Rodriguez, T.K.: A forum for supporting interactive presentations to distributed audiences. Proceedings of the Conference on Computer Supported Cooperative Work (CSCW '94), ACM Press, Chapel Hill, NC, pp. 23-34.

Jameson et al. 1996. Jameson, D.G., Hobsley, M., O'Hanlon, P., Buckton, S.: Real-time interactivity on the SuperJANET network. Interacting with Computers, 8, 1996, pp. 285-296.

Jonassen & Mandl 1990. Jonassen, D.H., Mandl, H.(eds.): Designing Hypermedia for Learning, Springer, Berlin, Germany, 1990

Kies et al. 1995 . Kies, J.K., Kelso, J., Williges, R.C.: The use of scenarios to evaluate the effects of group configuration and task on video-teleconferencing communication effectiveness. Paper presented at the Third Annual Mid-Atlantic Human Factors Conference, Blacksburg, VA, March 26-28.
http://hci.ise.vt.edu/~hcil/MidAtlantic_Paper.html

Kies et al. 1996. Kies, J.K., Williges, R.C., & Rosson, M.B. (1996). Controlled laboratory experimentation and field study evaluation of video conferencing for distance learning applications. HCIL Hypermedia Technical Report HCIL-96-02. Human-Computer Interaction Laboratory, Department of Industrial and Systems Engineering, Virginia Polytechnic Institute and State University, Blacksburg VA.
http://hci.ise.vt.edu/~hcil/htr/HCIL-96-02/HCIL-96-02.htm

Koschmann 1996. Koschmann, T.: Paradigm Shifts and Instructional Technology: An Introduction; in: Koschmann, T. (ed.): CSCL - Theory and Practice of an emerging paradigm; Lawrence Earlbaum, Mahwah, NJ, USA, 1996

Kumar 1996. . Kumar, V.: Mbone: Interactive Multimedia on the Internet; New Riders, Indianapolis, IN, USA, 1996

Lefrancois 1994, Lefrancois, G.F.: Psychologie des Lernens; 3. Aufl., Springer, Berlin, Germany, 1994

Lienhard & Maass 1998. Lienhard, J., Maass, G.: AOFwb: A New Alternative for the MBone Whiteboard wb; Proc. ED-MEDIA/ED-TELECOM 1998, AACE, Charlottesville, VA, 1998

Maturana & Varela 1987. Maturana, H.R., Varela, F.J.: Der Baum der Erkenntnis. Die biologischen Wurzeln des menschlichen Erkennens; Scherz, Bern und München, 1987

MERCI. http://www.tagish.co.uk/ethos/tap/tap/24ea_3a6.htm

Nelson 1985. Nelson, R.N.: Two-way microwave transmission consolidates, improves education. *NAACP Bulletin* (69), 1985, pp. 38-42.

Oberquelle 1994. Oberquelle, H.: Situationsbedingte und benutzerorientierte Anpaßbarkeit von Groupware. in: Hartmann, A. et al.(eds.): Menschengerechte Groupware, Stuttgart, pp. 31-50

Ottmann & Bacher 1995. Ottmann, T., Bacher, C.: Authoring on the fly; in: Journal of Universal Computer Science, Vol. 1, No. 10, Springer, 1995, pp. 706-717

Papert 1980. Papert, S.: Mindstorms: Children, Computers, and Powerful Ideas; Basic Books, New York, 1980; dt.: Papert, S.: Gedankenblitze: Kinder, Computer und Neues Lernen, Reinbeck, 1985

Patrick 1999. Patrick, A.S.: The Human Factors of MBone Videoconferences: Recommendations for Improving Sessions and Software; in: Journal of Computer-mediated Communication, Vol. 4, No. 3, March 1999; http://jcmc.huji.ac.il/vol4/issue3/

Sasse & Bennett 1995. Sasse, M.A., Bennett, R.: Multimedia conferencing over the Internet - The MICE Project; in: Library & Information Systems Briefings, Issue 58, March 1995

Schinzel 1996. Schinzel; B. (Hrsg.): Schnittstellen. Zum Verhältnis von Informatik und Gesellschaft. Braunschweig/Wiesbaden 1996.

Schulmeister 1997. Schulmeister, R.: Grundlagen hypermedialer Lernsysteme; Oldenbourg, München und Wien, 1997

Tsichritzis 1999. Tsichritzis, D.: "Reengineering the university," Communications of the ACM, vol. Vol. 42, No. 6, pp. 93-100, 1999

Walter & Hänni 1998. Walter, T., Hänni, H.: Telepoly - A Teleteaching Scenario Supported by High-Speed Networks. Proc. ED-Media/ED-Telecom 1998, AACE, Charlottesville, VA, 1998, pp. 1483-1489

Wulf & Schinzel 1997. Wulf, V., Schinzel, B., Erfahrungsbericht zur Televorlesung und Teleübung "Informatik und Gesellschaft", *IIG-Bericht* 3/97, Freiburg, 1997.

Wulf & Schinzel 1998. Wulf, V., Schinzel, B.: Lecture and Tutorial via the Internet - Experiences From a Pilot Project connecting Five Universities; Proc. ED-Media/ED-Telecom 1998, AACE, Charlottesville, VA, 1998, pp. 1562-1567

Teil IV

Materialien

HyperSkript -
Eine multimediale Intranet-Lernumgebung

Jörg Meier, Friedrich-L. Holl

Fachhochschule Brandenburg, FB Wirtschaft, Studiengang Wirtschftsinformatik,
Magdeburger Straße 50, D-14770 Brandenburg an der Havel,
mailto:{meier|holl}@fh-brandenburg.de

Das Lernen hat sich mit der rasanten Entwicklung der digitalen Medien in ein Lernen in vernetzten Verbünden und mit neuen Medien gewandelt. Dabei fordert diese Entwicklung zugleich ein ständiges Erlernen neuer Techniken und die Auseinandersetzung mit neuen Technologien und das ein Leben lang. Die in diesem Beitrag vorgestellte Lernumgebung wird innerhalb des Projekts "Entwicklung und Nutzung verteilter Multimedia-Skripte" entwickelt. Sie soll es den Studierenden ermöglichen, begleitend zu den Präsenzveranstaltungen, die Lehrinhalte selbstständig und kommunikativ nachzuvollziehen.

1 Einführung

In einem dreijährigen Projekt werden zusammen mit der Universität Paderborn Verfahren und Werkzeuge zum Einsatz und zur Pflege verteilter Multimedia-Skripte, sog. *HyperSkripte*, entwickelt und erprobt. Dabei stehen die arbeitsteilige Erarbeitung und Pflege von multimedialen Unterrichtsmaterialien, ihre Integration in eine lokale oder persönliche Lehr- und *Lernumgebung* und die aktive Bearbeitung des Materials im Vordergrund. Neuartig ist dabei die spezifische Form der Arbeitsteilung bezüglich Entwicklung und Nutzung: *Statt eines Verbundes, der für andere produziert, wird ein Verbund von Produzenten aufgebaut, die zugleich auch Nutzer sind.* Inhaltlich umfaßt unser *HyperSkript* die Bereiche „Software-Ergonomie" und „Gestaltung von Multimediasystemen" und richtet sich an Studierende der Informatik (an der Universität Paderborn) bzw. der Wirtschaftsinformatik (an der FH Brandenburg). Der modulare Aufbau der Inhalte soll die Übertragbarkeit und Erweiterbarkeit des Ansatzes unter den Randbedingungen unterschiedlicher Ausbildungskonzepte und technischer Infrastrukturen sichern. Der Ansatz von *HyperSkript* basiert auf der Tatsache, dass es im Hochschulalltag, angesichts der Kurzlebigkeit von Wissensbeständen und aufgrund gestiegener Aktualitätserfordernisse, zunehmend wichtiger ist, Materialien verschiedenster Art, einfach und schnell in Lehrveranstaltungsunterlagen einzubinden. Das *Hy-*

perSkript ist aufgrund seiner Produktionsstruktur individualisierbar angelegt und soll den Hörern der jeweiligen Lehrveranstaltung an allen Lernorten als vollständige elektronische *Lernumgebung* zur Verfügung stehen. Es finden deshalb ausschließlich (WWW-)Standard-Technologien Verwendung.

2 Konzeption eines HyperSkripts

Die Lehrveranstaltungsunterlagen eines *HyperSkripts* sollen die Möglichkeiten multimedialer Darstellungsformen nutzen. Dies geht einher mit der Forderung, dass das Material nicht nur entsprechend der jeweiligen Bedürfnisse durch die Lehrenden sondern auch durch die Lernenden individualisiert werden kann. Aus diesem Grund muss die Bearbeitbarkeit der Unterlagen durch die Studierenden sichergestellt sein, wobei das Originalmaterial in einem konsistenten Zustand bleibt.

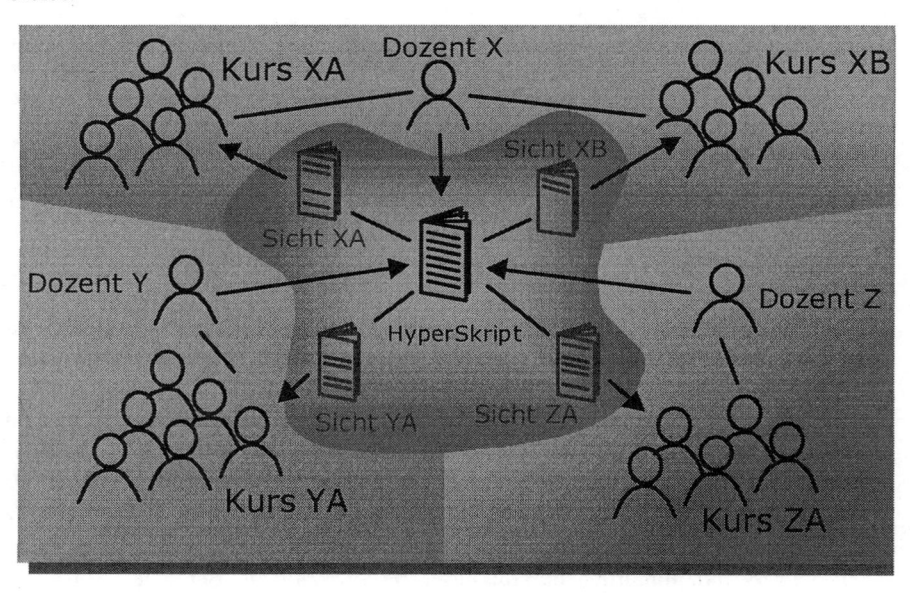

Abbildung 1: Für einzelne Kurse werden unterschiedliche Sichten auf das *HyperSkript* definiert.

Die Autoren setzen das HyperSkript in ihren eigenen Lehrveranstaltungen bzw. Kursen ein und entwickeln es basierend auf ihren Einsatzerfahrungen weiter. Damit das Skript in verschiedenen Veranstaltungen eingesetzt werden kann, erstellen die Dozenten für ihre Kurse unterschiedliche Sichten auf die Materialien (siehe Abbildung 1). Die zugrundeliegenden Materialien bleiben dabei unverändert, werden jedoch gegebenenfalls durch unterschiedliche Kompetenzen und Forschungsschwerpunkte der einzelnen Autoren erweitert. So ist es möglich, die Materialien flexibel in unterschiedlichen Veranstaltungen zu nutzen, aber auch eigene, nicht geteilte Ansätze dort vorzustellen.

Neben der im Folgenden vorgestellten

- Lernumgebung zur individuellen und kooperativen Nutzung der Lehr- und Lernmaterialien,

werden innerhalb des Projekts weitere Werkzeuge entwickelt, die neben der Nutzung insbesondere die Erstellung eines HyperSkripts im Fokus haben:

- Eine *Autorenumgebung* [DBS00], [KLE99] dient zur kooperativen Erstellung und Pflege von Multimedia-Lehrunterlagen.
- *Einzelwerkzeuge* unterstützen die Produktion und Nutzung multimedialen Materials.
- Als *prototypische Umsetzung* und „proof of concept" werden Inhalte aus dem Bereich Software-Ergonomie zu einem verteilten Multimedia-Skript aufbereitet.

3 Die HyperSkript-Lernumgebung

Als Basis einer multimedialen *Lernumgebung* soll eine voll durchsuchbare Datenbasis, ein anspruchsvolles Dokumentenmanagement, ein individueller und sicherer Zugriff sowie eine automatische Linkverwaltung und -pflege zur Verfügung stehen.

Um diesen Anforderungen und denen der Autorenumgebung [KLE99] gerecht zu werden, wird im Projekt der Hyperwave Information Server (HWIS) [MAU96] eingesetzt. Mit diesem sind Interaktion und Navigation per Standard-WWW-Browser möglich. Obwohl er die meisten geforderten Fähigkeiten von Hause aus mitbringt, war es notwendig, die WWW-basierte Oberfläche (siehe Abbildung 4 und Abbildung 5) an unsere speziellen Bedürfnisse anzupassen. Dabei wurde die Zielstellung verfolgt, den Studierenden die Unterlagen in angemessener und ergonomischer Weise bereitzustellen.

3.1 Das Modell

Das Modell eines *HyperSkripts* mit einer Aufteilung in drei Materialschichten (Basisschicht, Verbundschicht und Kursschicht, siehe Abbildung 2) repräsentiert die Sicht der Autoren (*Autorenumgebung*) und der Nutzer (*Lernumgebung*). Für die Lernenden erfolgt der Einstieg über die Kursschicht, die die Materialien der anderen Ebenen enthält bzw. auf sie verweist. Aus diesem Grund gibt es für die Lernenden und die Autoren unterschiedliche Sichten auf die Materialien bzw. Werkzeuge zum Bearbeiten.

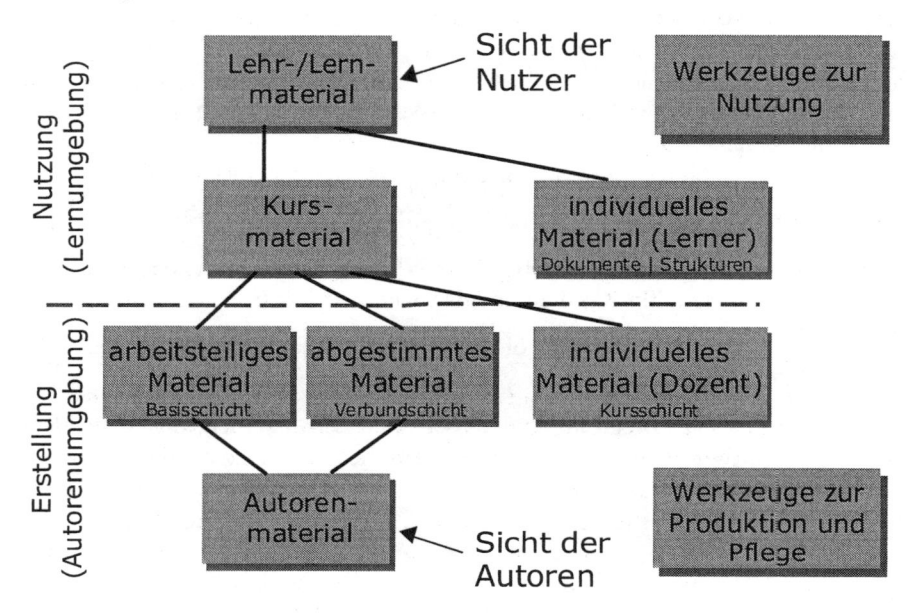

Abbildung 2: Unterteilung der Materialien in eine Nutzer-(Lerner-) und eine Autorensicht.

Für die Nutzer (Studierende) stellt sich das von den Dozenten produzierte Material als kohärentes Kursmaterial dar, d. h. für sie ist es irrelevant, ob das Material ein gemeinsames Verbundobjekt ist oder von einem Dozenten speziell für diese Veranstaltung produziert wurde. Neben der Erarbeitung dieses Kursmaterials soll es den Nutzern mittels einer geeigneten *Lernumgebung* aber auch möglich sein, das Kursmaterial um eigenes individuelles Material (Dokumente wie eigene Zusammenfassungen, Anmerkungen zu einzelnen Dokumenten oder individuelle Semantische Karten) zu ergänzen.

Um die Modularisierung der einzelnen Verbundobjekte zu gewährleisten und diese einerseits geeignet mit der *Autorenumgebung* produzieren und pflegen zu können und andererseits mit der *Lernumgebung* effektiv nutzen zu können, wird eine Standardisierung der Struktur für die Materialien vorgenommen (siehe Abbildung 3). Die für die Studierenden relevanten Materialien zu einer Veranstaltung, z. B. „Software-Ergonomie Wintersemester 99" (SE_WS_99), sind auf der Kursschicht (Kursmaterialien) zusammengefasst. Die einzelnen Vorlesungen/Vorlesungseinheiten werden im Wesentlichen aus den Modulen der Verbundschicht zusammengestellt, können bei Bedarf aber um individuelle Module erweitert werden. Die einzelnen Module, auch Lerneinheiten genannt, werden nach verschiedenen Dokumentenarten gegliedert (Folien zur Vorlesung, zusammenfassende Lehrtexte, strukturierende Semantische Karten, Hintergrundmaterialien oder Druckmaterialien).

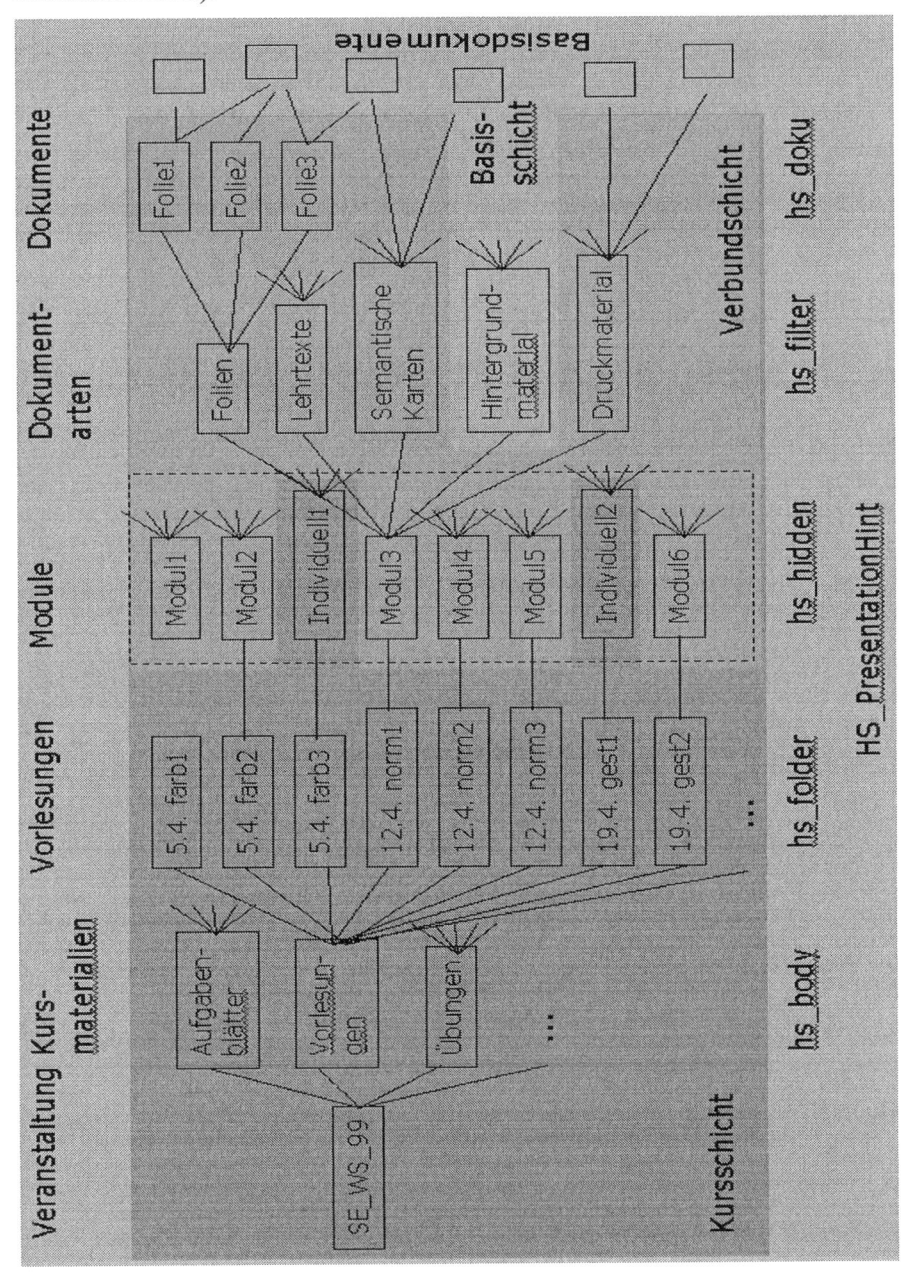

Abbildung 3: Strukturierung der Materialien eines *HyperSkripts* für eine Veranstaltung.

Die *Lernumgebung* soll den Einstieg in das *HyperSkript* für verschiedene Veranstaltungen auf der Kursschicht ermöglichen. Die anderen für die Autoren relevanten Schichten sollen für die Studierenden nicht als solche erkennbar sein.

3.2 Das Standard-Design des HWIS

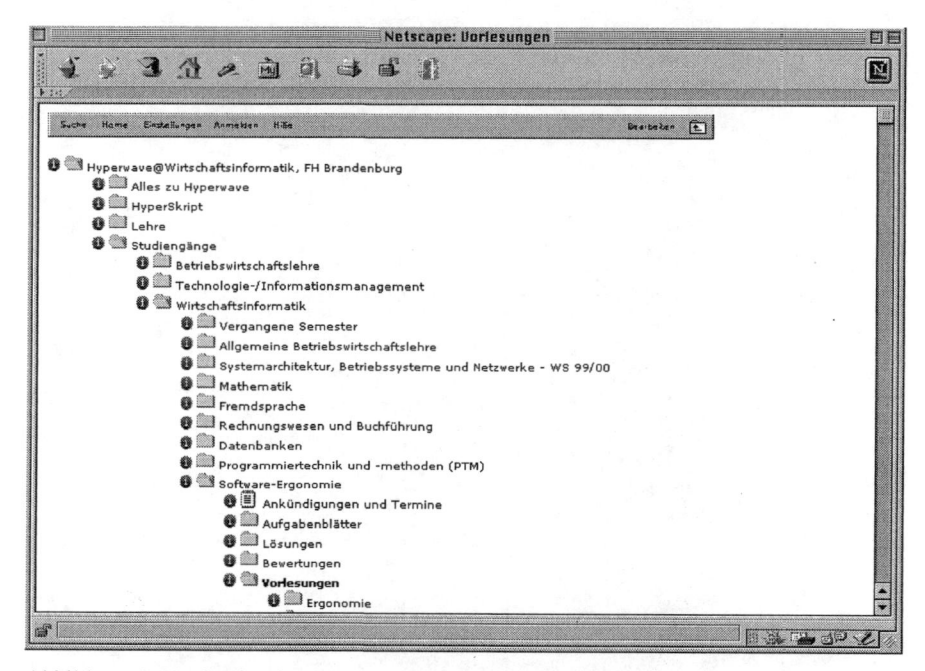

Abbildung 4: Navigation im Standard-Design des HWIS (Version 4.1) in der Darstellung ‚Baum'.

Im Standard-Design des HWIS ist die Darstellung von Navigation und Inhalt nur getrennt möglich. In Abbildung 4 ist die Navigation zur besseren Orientierung in der Darstellung ‚Baum' zu sehen, so dass der Inhalt einer geöffneten Kollektion im Kontext der Hierarchie von Kollektionen gezeigt wird. In der Darstellung ‚partieller Baum' (vgl. Abbildung 6, ❸) hingegen sind nur die direkten Eltern der geöffneten Kollektion zu sehen.

Nach Auswahl eines Dokumentes, das im Browser-Fenster (inline) dargestellt werden kann, wechselt die Ansicht in dessen Vollbilddarstellung und die Navigation verschwindet ganz oder ist nur durch Scrollen zu erreichen (siehe Abbildung 5).

Eine adäquate Darstellung der in Abbildung 3 aufgezeigten Dokumentenstruktur ist mit der damit verbundenen Navigation im Standard-Design nicht möglich. Damit ist aus unserer Sicht kein adäquates Arbeiten bei der Erschließung der

Lehrmaterialien möglich, weshalb wir uns für die Eigenentwicklung einer *Lernumgebung* entschieden haben.

Abbildung 5: Darstellung eines Dokuments im Standard-Design des HWIS (Version 4.1).

3.3 Die Anforderungen an die Lernumgebung

Beim Design der *Lernumgebung* waren eine Vielzahl von Problemen zu lösen, wobei folgende Punkte am bedeutsamsten waren:

- Der Inhalt ist überwiegend text-orientiert, so dass eine Auflockerung der Ausgangspräsentationen mit Hilfe eines mehr visuellen Designs notwendig war.
- Zur Durchdringung der Lernmaterialien nach individuellen Bedürfnissen wird eine komplexe Navigation benötigt. Das Problem des Lost-in-Hyperspace war mit der Standard-Oberfläche von Hyperwave vorprogrammiert.
- Farben tauchen im Inhalt durch die verteilte Autorenschaft und individuellen Gestaltungsvorlieben unvorhersehbar auf. Das der *Lernumgebung* zugrundeliegende Design sollte möglichst keine Farben einsetzen, um die Erkennbarkeit zu unterstützen und um eine klare Aufteilung zu erreichen.
- Typographie stellt den schwierigsten Teil dar, insbesondere wenn die gesamte Navigation und Interaktion überwiegend auf Text basiert. Es musste ein Zei-

chensatz gefunden werden, der selbst bei kleinen Punktgrößen noch gut lesbar ist.

Wir selbst stellen dabei hohe Ansprüche an die Gestaltung und das Design einer solchen *Lernumgebung* mit verteiltem und multimedial aufbereitetem Lehr- und Lernmaterial, weil der Prototyp eines *HyperSkripts* für die Bereiche „Software-Ergonomie" und „Gestaltung von Multimediasystemen" erstellt wird. Die „Kriterien zur Reduzierung der erzwungenen Sequentialität" [SEB99], die ein Hauptthema in den vorgenannten Veranstaltungen darstellen, bilden zugleich die Basis für die Gestaltung der Navigation und der Interaktion in und mit der *Lernumgebung*.

3.4 Das neue Design

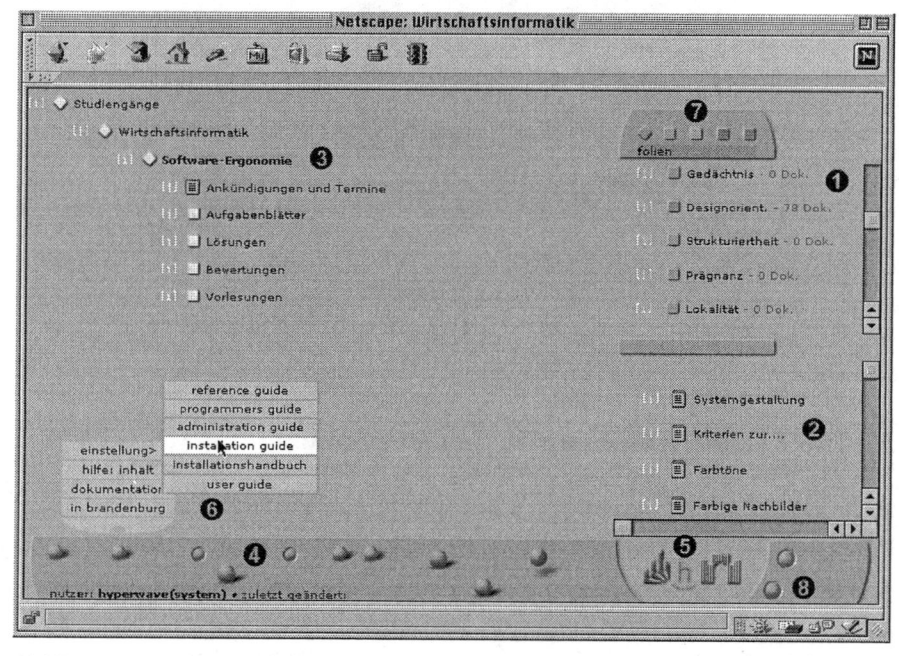

Abbildung 6: Unterteilung in Frames mit Interaktion über Menüs im neuen Design.

Um die gestellten Anforderungen zu erfüllen, erfolgte eine Aufteilung des Bildschirms in Bereiche mittels Frames. Damit ist es möglich, einen guten Überblick über die Informationsstruktur und eine Orientierung zu bieten und gleichzeitig mehr Information darzustellen (siehe Abbildung 6, auf die sich auch folgende Verweise beziehen). Die drei Haupt-Frames zeigen die Informationsstruktur ❶, ❷ und den Inhalt ❸. Im unteren Bereich des Bildschirms findet man das Menü und die Interaktionsstruktur, die durch Kugeln ❹ symbolisiert werden. Das Projektlogo befindet sich unten rechts ❺. Es steht für die hinter dem Projekt stehenden Partner und verbirgt Links zu den angeschlossenen Servern.

Unser Design zeigt im linken oberen Frame ❸ den partiellen Baum (des HWIS) der Hierarchie der Kollektionen. Nach Auswahl eines Bereichs wie Vorlesungsmaterialien, Aufgaben, Lösungen usw. erscheinen auf der rechten Seite über die Auswahl einer Kategorie die einzelnen Lerneinheiten ❶ und darunter die einzelnen Dokumente ❷. Wählt man an dieser Stelle ein Dokument aus, wird es links dargestellt ❸ und die Hierarchie der Kollektionen verschwindet. Man hat nun die Möglichkeit direkt auf die einzelnen Dokumente ❷ der gewählten Lerneinheit zuzugreifen, zwischen den Lerneinheiten ❶ und auch die Kategorie ❼ im gewählten Bereich zu wechseln.

Das Design mit Kugeln stellt mit seinem verspielten Charakter einen Gegensatz zur streng hierarchischen und riesigen Informationsmenge, die typischerweise in Hyperwave-Servern abgelegt ist, dar. Mit der räumlichen Trennung der Navigation und der Interaktion muss man mit dem Mauszeiger nicht über den ganzen Bildschirm wandern, um in der *HyperSkript-Lernumgebung* zu navigieren oder den Inhalt zu bearbeiten. D. h. die Menüs und Aktionen ❻ befinden sich unten und die Navigation rechts.

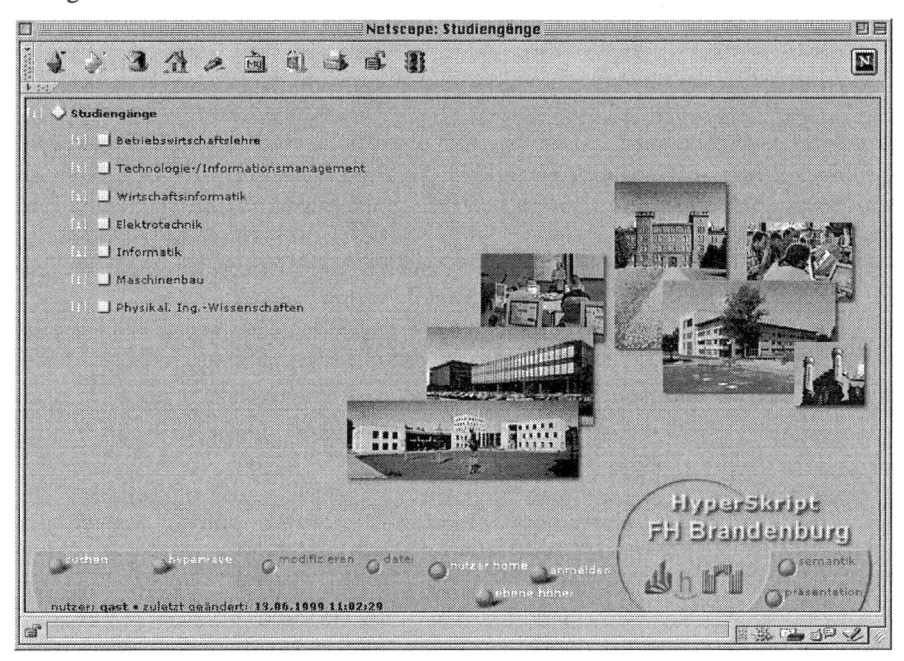

Abbildung 7: Einstiegsseite der *Lernumgebung* des neuen Designs.

Das Design ist so angelegt, dass es unauffällig aus dem Hintergrund die Präsentation des Inhalts unterstützt. Die ganze Oberfläche der *Lernumgebung*, insbesondere der Interaktionsbereich, passt sich dynamisch mit einer Größenänderung des Browser-Fensters an und ist für eine Bildschirmauflösung von 800 mal 600 Pixel ausgelegt.

Einstieg in die *Lernumgebung* finden Studierende über die neue Begrüßungsseite (siehe Abbildung 7). Damit die Studierenden gesuchte Daten lesen und evtl. bearbeiten können, erfolgt im nächsten Schritt die Anmeldung, die die entsprechend den Rechten eingestellte Sicht und Bearbeitungsmöglichkeiten freigibt. Der HWIS bietet hierzu eine eigene Nutzerverwaltung und damit verbundene Lese-, Schreib- und Löschrechte auf einzelne Dokumente an. Nun können die Studierenden zu den gesuchten Lehr- und Lernunterlagen, hier Software-Ergonomie ❸, navigieren.

Nach Auswahl der Unterlagen zur Vorlesung öffnet sich rechts die erweiterte Navigation über Materialkategorien, die farblich unterschiedlich codiert sind. In Abbildung 6, ❼ wurde die Kategorie Folien gewählt, die im oberen Teil die einzelnen Lerneinheiten zeigt und nach Auswahl einer Lerneinheit darunter den Zugriff auf die einzelnen Folien erlaubt, die links oben sichtbar werden.

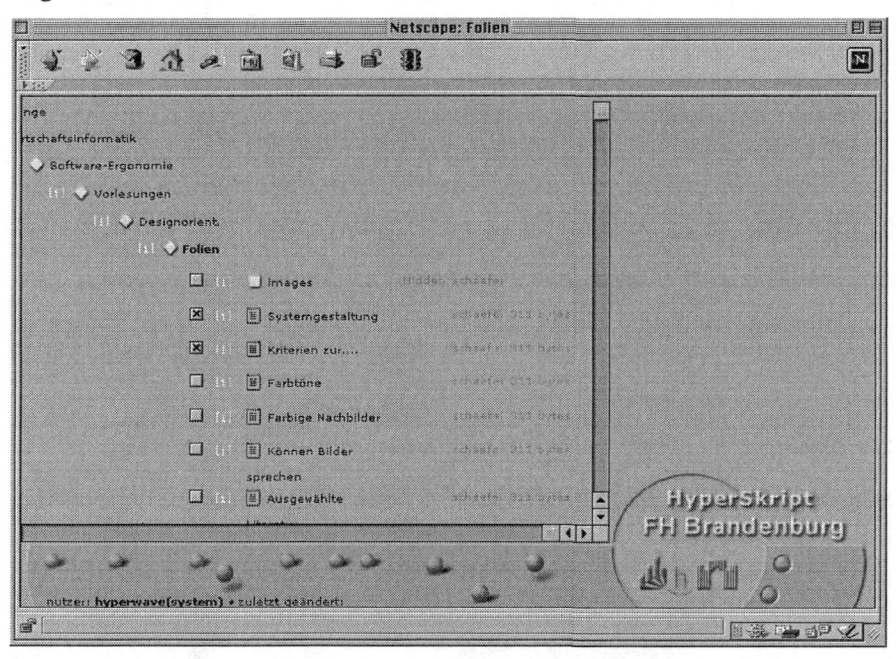

Abbildung 8: Bearbeiten-Modus der *Lernumgebung* im neuen Design.

An diesem Punkt haben die Studierenden die größte Auswahl zur Sichtung des Folienmaterials. Die Navigation erlaubt hier, die einzelnen Folien sequentiell durchzublättern oder direkt auszuwählen, die Lerneinheit zu wechseln oder die Materialkategorie zu wechseln.

An dieser Stelle kann es für die Studierenden sinnvoll sein, in den Bearbeiten-Modus (siehe Abbildung 8) zu wechseln, um Annotationen an Dokumenten oder einzelne Folien anzubringen. Um in den Bearbeiten-Modus wechseln zu dürfen ist die vorige Anmeldung am Hyperwave-Server Grundvoraussetzung. Im Moment ist dies die einzige Möglichkeit für die Studierenden, eigene Kommentare und Erkenntnisse direkt am Lehr- und Lernmaterial festzuhalten. Für die Zukunft ist geplant, dass die Studierenden an dieser Stelle eine Kopie geeigneter Materialien erstellen und diese nach eigenen Wünschen verändern, damit die Intention des Autors der Originale erhalten bleibt.

3.5 Die Kategorisierung

Gebrochene Mischfarben gleicher Helligkeit werden zur Kennzeichnung verschiedener Lehr- und Lernmaterialien und damit zur Trennung nach Dokumentenarten (siehe Tabelle 1) verwendet. Diese farbliche Codierung zieht sich in gewisser Weise durch die Materialien, womit ein steter Hinweis auf den gewählten Bereich verbunden ist.

Tabelle 1: Kategorisierung der Lehr- und Lernmaterialien und deren Farbcodierung.

Dokumentenart	Farbe	(RGB)
Folien für die Präsenzlehre	Blau	(148 172 189)
Lehrtexte (erläuternde Texte der Dozenten zu den einzelnen Themen)	Braun	(213 172 123)
Semantische Karten	Türkis	(139 222 180)
Hintergrundmaterial (Animationen, Literatur, Gesetzestexte, ...)	Grün	(131 180 065)
Druckmaterialien (in der Regel PDF-Dokumente).	Rot	(230 123 106)

Klickt man eines der farbigen Schaltelemente an (siehe Abbildung 6,), so erscheinen die entsprechenden Materialien der gewählten Dokumentenart darunter in inhaltlich sinnvoller Gruppierung und wiederum darunter die Einzeldokumente einer Gruppe. Somit kann man zum Einen jederzeit zwischen den Materialien wechseln, die einem selbst am besten für die Erarbeitung eines Themengebietes geeignet erscheinen. Zum Anderen hat man einen direkten Zugriff auf die gesamten Inhalte eines Gebietes und durch Links in den Einzeldokumenten auch indirekt Zugriff in die anderen Kategorien.

Die sinnvolle Gruppierung auf erster Kategorieebene erfolgt bei uns nicht nach einzelnen Vorlesungsterminen sondern inhaltlich begründet nach sogenannten Lerneinheiten oder Modulen. Eine Lerneinheit ist ein in sich geschlossenes Teilthema des gesamten Stoffes einer Lehrveranstaltung und kann zeitlich weniger als ein Vorlesungstermin oder auch mehrere Termine beanspruchen.

Zur Nutzung der Materialien seitens der Autoren ist in der *Lernumgebung* eine Funktion zum Wechsel der Darstellung vorgesehen. Über die Funktion Präsentation (siehe Abbildung 6,) gelangt der Dozent in eine Art Vollbilddarstellung der Einzeldokumente und kann damit Inhalte präsentieren. In dieser Darstellung wird die Navigation auf einfache Vorwärts-, Rückwärts-, Anfang- und Ende-Buttons reduziert. Der Dozent hat aber jederzeit die Möglichkeit den Präsentationsmodus zu verlassen, um in der *Lernumgebung* die Kategorie oder die Lerneinheit zu wechseln.

3.6 Der Prototyp

Der erste Prototyp der *HyperSkript-Lernumgebung* ist unter der URL: http://hyperwave.fh-brandenburg.de:8080/ zu finden. Zur Betrachtung ist im Moment nur der Netscape Communicator ab Version 4.08 geeignet; eine Implementierung für den Internet Explorer ist noch nicht erfolgt. Das Design ist für eine Auflösung von 800x600 Pixel ausgelegt, paßt sich aber dynamisch der Veränderung des Browser-Fensters an.

4 Ausblick

Nutzung über die eigentliche Veranstaltung hinaus

Seit sich das Wissen in so rasanter Weise erneuert bzw. gelerntes Wissen veraltet, ist das Lernen in unserer Gesellschaft für jeden von uns zu einer lebenslange Aufgabe geworden. Diesem Umstand widmen wir uns in einem Modellvorhaben, in dem wir geeignete Werkzeuge und Umgebungen schaffen. Die Werkzeuge erlauben es uns, das sich erneuernde Wissen effektiv in die Lehre und entsprechende Lehrunterlagen einfließen zu lassen. Der Aufwand zur Erstellung und Pflege soll durch diese Werkzeuge minimiert werden. Dem Umstand des lebenslangen Lernens tragen wir mit der *Lernumgebung* Rechnung. Hat man sich erst einmal an den Umgang mit ihr gewöhnt und mit ihren Möglichkeiten vertraut gemacht, hat man ein Leben lang die Möglichkeit, auf diese Wissensbasis zurückzugreifen.

Die Wissensvermittlungen an Hochschulen ist für die Studierenden praktisch kostenfrei und so auch der Zugang zu diesem Wissen. Vor dem Hintergrund der

Weiterbildung oder der Nutzung solcher Wissensbestände durch Externe, stellt sich aber durchaus die Frage der Abrechnung einer solchen Nutzung. Der HWIS sieht bereits einen einfachen elektronischen Abrechnungsmechanismus vor, mit dem die selben für das Studieren freien Materialien für andere Nutzer auch zugleich kostenpflichtig angeboten werden können.

Der HWIS sieht für jeden registrierten Nutzer ein Budget und für jedes Dokument (Link) ein Preis-Attribut vor. Damit kann für Lehr- und Lernmaterialien ein einfaches Abrechnungsverfahren aufgesetzt werden, das für verschiedene Nutzer oder Nutzergruppen unterschiedliche Kosten vorsieht. Durch die Identifikation gegenüber dem HWIS und dem Abrufen kostenpflichtiger Dokumente, wird das Budget entsprechend reduziert.

Semantische Karte

Die Auswahl über die Materialkategorie sieht noch eine Kategorie mit der Bezeichnung Semantische Karte vor. Semantische Karten haben, einfach ausgedrückt, die Aufgabe, möglichst viel Information auf beschränktem Raum mit semantischen Zusammenhängen darzustellen. Eine Semantische Karte soll damit zwei Funktionen ausfüllen.

1. Zu einem Themengebiet oder einem Teil davon kann ein Autor eine Semantische Karte erstellen, die sein inhaltliches Verständnis und Hinweise auf die Erarbeitung aufzeigen. Die Studierenden erhalten somit einen ersten Überblick und Einstieg in das gewählte Thema.

2. Die Studierenden können eine Kopie einer vorgegebenen Semantischen Karte nach eigenem Belieben und insbesondere nach eigenem Wissenszuwachs verändern und ihrem Lernverhalten und Wissensstand anpassen.

Eine Semantische Karte [SEM98] soll einen neuen Ansatz in der Erschließung eines unbekannten Lehrstoffes und des Erfassens und Festhaltens eigener Sinnzusammenhänge bilden. Dieser neue Zugang zum Lernen ist noch am Anfang seiner Entwicklung. Einfachste erste Prototypen sind zur Erprobung entwickelt und die gewonnenen Erkenntnisse treiben die Entwicklung weiter an. Die Erstellung einer Semantischen Karte ist komplex und zeitaufwendig, so dass eine automatische Generierung wünschenswert wäre, inwieweit dies allerdings realisierbar ist, muss noch in weiteren Untersuchungen und Entwicklungen überprüft werden.

Literatur

[BAD99] Bader, O.: HyperSkript Design – konstruktion einer kernumgebung im internet, Prozeßbuch zum Diplomprojekt, bildo akademie für kunst und medien, 1999.

[HCI99]   Bader, O., Holl, F.-L., Meier, J.: HyperSkript — Designing a new Learning Environment. In: *Proceedings of HCI International'99 — 8th International Conference on Human-Computer Interaction*, Stuttgart: IRB-Verlag, 1999.

[SEA99]   Brennecke, A., Holl, F.-L., Keil-Slawik, R., Meier, J., Selke, H.: Hyper-Skript – Entwicklung und Nutzung von verteilten Multimediaskripten. In: Arend, U., Eberleh, E., Pitschke, K. (Hrsg.): *Software-Ergonomie '99 – Design von Informationswelten*. Stuttgart Leipzig: Teubner 1999, S. 387–388, (Posterbeitrag).

[SEB99]   Brennecke, A., Keil-Slawik, R., Roth, W.: Designorientierung und Designpraxis – Entwicklung und Einsatz von konstruktiven Gestaltungskriterien. In: U. Arend, E. Eberleh, K. Pitschke (Hrsg.): *Software-Ergonomie '99*. Berichte des German Chapter of the ACM, Band 53, März 1999, S. 43-52.

[DBS00]   Brennecke, A., Selke, H.: Individuell, Arbeitsteilig und Kooperativ – Ein integrierter Ansatz zur Erstellung, Pflege und Nutzung multimedialer Lehrmaterialien. In: diesem Band.

[KLE99]   Kleim, St.: *Konzeption und Entwicklung von Mechanismen zur Unterstützung von Abstimmungsprozessen bei der Erstellung und langfristigen Pflege von verteilten Multimediaskripten*. Diplomarbeit, Universität Paderborn, 1999.

[SEM98]   Klemme, M.,. Kuhnert, R., Selke, H.: *Semantic Spaces*. In: K. Höök, A. Munro, D. Benyon (eds.): *Workshop on Personalised and Social Navigation in Information Space*. SICS Technical Report T98:02, Kista, Sweden, March 1998, pp. 109-118.

[MAU96]   Maurer, H.: Hyper-G now Hyperwave - The next generation Web solution, Harlow (u.a): Addison-Wesley, 1996.

Das Projekt „Entwicklung und Nutzung von verteilten Multimediaskripten" (HyperSkript) wird in Kooperation von der Universität Paderborn und der Fachhochschule Brandenburg durchgeführt und als Modellvorhaben durch die Bund-Länder-Kommission und die Länder Brandenburg und Nordrhein-Westfalen gefördert.

Erstellung interaktiver Lehr-/Lerninhalte unter Verwendung von spezifischen Autorenwerkzeugen in vernetzten, multimedialen Lehr/Lernumgebungen

Olaf Neumann, Katrin Borcea, Prof. Alexander Schill

Technische Universität Dresden, 01062 Dresden

Institut für Betriebssysteme, Datenbanken und Rechnernetze

Abstrakt: Durch den Einsatz multimedialer Lernumgebungen können traditionell durchgeführte Lehrveranstaltungen unterstützt werden, indem das Lehrmaterial sondiert und so abgewandelt wird, daß der individuelle Lernprozeß effektiver gestaltet werden kann. Der Artikel diskutiert die Erstellung eines multimedial aufbereiteten Kurses zum Thema "Anwendungsunterstützung für Rechnernetze". Dabei werden geeignete Aufgaben für die Arbeit in Gruppen bearbeitet. Offene Fragestellungen bzw. Fragestellungen, die einen Lösungsweg offen lassen bzw. nur die Richtung für eine Lösung vorgeben, werden bevorzugt. Die Simulation komplexer Zusammenhänge dient außerdem dazu, die Verständlichkeit des zum Teil stark abstrakten Stoffes zu erhöhen und eine umständliche textuelle Darstellung zu vermeiden. Das von den Autoren entwickelte Werkzeug JaTeK (Java Based Teleteaching Kit) bietet zahlreiche Möglichkeiten, die Arbeit in Gruppen effektiv einzusetzen. Die Benutzung von Schablonen verringert zudem den Zeitaufwand bei der Erstellung von Material mit ähnlichen Eigenschaften. Das System kann durch Hinzufügen neuer Schablonen erweitert werden. Bei der Aufarbeitung des traditionellen Kurses erleichtert eine genaue Analyse der Themen die Bestimmung von Schablonen, wobei die neuen interaktiven und technischen Möglichkeiten bei der Formulierung der Aufgabe berücksichtigt werden müssen. Der Artikel diskutiert die Anpassung des Kurses an die multimediale Lernumgebung JaTeK und stellt in diesem Zusammenhang die Werkzeuge des Systems vor.

Einleitung

Die Bereitstellung eines traditionellen Kurses im Internet erfordert eine Anpassung und Bearbeitung des vorhandenen Materials. Das einfache Ablegen von Folien aus einer Vorlesung genügt nicht, um Studenten für das Lernen per Internet zu motivieren. Vielmehr kommt es auf eine geeignete Mischung zwischen traditionellen Inhalten, wie Folien und Text und interaktiven Inhalten an, die die Möglichkeiten des Mediums konsequent ausnutzen. Dadurch kann eine höhere Motivation der Studenten erreicht werden, wie schon in früheren Umfragen [PIK97, GI99] festgestellt wurde. Derartige interaktive Inhalte können meist nicht direkt aus den früheren Aufgabenstellungen und/oder Übungen gewonnen werden, sondern müssen neu diskutiert und neu erstellt werden. Des weiteren muß in Betracht gezogen werden, daß derartige Kurse per Internet in einer traditionellen Universität als Ergänzung dienen und Studierende dieses Hilfsmittel verstärkt in der Prüfungsvorbereitung einsetzen, d.h. Möglichkeiten der Recherche erweisen sich in dem System als notwendig, welche z.B. per Stichwort zu dem relevanten Material bzw. den betreffenden Aufgaben zügig und zielgerichtet führen.

Bietet das eingesetzte System außerdem Unterstützung für Gruppenarbeit, dann lassen sich weitergehende Szenarien [Flechsig] umsetzen. So können Aufgaben gezielt an eine selbständige Ausarbeitung eigener Ideen der Studenten angepaßt werden. Die folgenden Abschnitte geben einen genaueren Einblick in das JaTeK (Java Based Teleteaching Kit) System, skizzieren, wie der Kurs "Anwendungsunterstützung für Rechnernetze" mit Hilfe des selbst entwickelten Systems JaTeK entworfen und umgesetzt wurde. Dabei kristallisierten sich folgende Punkte als wesentlich heraus:

- Anpassen der Struktur eines Kurses (Aufteilung in kleinere Einheiten)
- Einarbeiten und gegebenenfalls Anpassen vorhandener Folien und Texte
- Überarbeiten vorhandener Aufgabenstellungen (Aktivität des Studierenden fördern)
- Ausarbeitung von Stichwortkatalogen (Index) und Begriffserläuterungen (Glossar)
- Einbeziehen von Gruppenaktivitäten

In den weiteren Abschnitten wird anhand zweier Beispiele erläutert, wie die interaktive Umsetzung vorhandener Übungen und/oder Aufgaben erfolgte. Den Abschluß bildet eine Übersicht weiterer Möglichkeiten und ein Ausblick.

Das Java Based Teleteaching Kit

JaTeK (Java Based Teleteaching/Telelearning Kit) ist ein Werkzeug zum Bereitstellen und Durchführen von Kursen im Internet dar [JaTeK].

Es ermöglicht sowohl das Erstellen von Kursinhalten mit Hilfe eines Authoring-Tools als auch die konkrete Strukturierung der Inhalte in den Kursen. Dazu kann pro Kurs ein Index und ein Glossar angelegt werden. Das Material wird mittels Schablonen erarbeitet und untergliedert sich in die verschiedenen vordefinierten Medien Text, Aufgabe, Video, Experimente und Verweise. Alle Komponenten lassen sich mit Zugriffsrechten versehen. Mittels Cut/Copy & Paste können aus vorhandenen Kursen einfach neue Kurse zusammengestellt werden, die auf bestimmte Nutzergruppen abgestimmt sind. So ist ein transparentes Wiederverwenden von bereits erarbeitetem Material möglich.

Außerdem enthält JaTeK Kommunikationskomponenten, die eine Arbeit in Gruppen ermöglicht. Dieses erlaubt ein weniger anonymes Lernen im Internet. Ähnliche Ansätze werden mit Cobrow (der Lernende bewegt sich in speziellen Lernräumen) verfolgt [Cobrow]. Kommunikationswerkzeuge, wie das Chat und das Blackboard erlauben solche Gruppenszenarien wie beispielsweise Brainstorming, Diskussionsgruppen etc. im Netz (z.B. eingesetzt im [Koalah]-Projekt) und können mit dem entsprechenden Material verknüpft werden. Das integrierte Whiteboard und das Shared-Text-Werkzeug werden für kooperatives Erarbeiten neuer Inhalte genutzt. Im Zusammenspiel mit dem am Lehrstuhl Rechnernetze der TU Dresden entwickelten AV-Konferenzsystem VTToolKit sind somit auch synchrone AV-Konferenzen möglich.

Der Einsatz von Schablonen bei der Inhalteerstellung und –darstellung erleichtert u.a. die Integration von Powerpoint-Folien und Audio-Mitschnitten aus der Vorlesung in die Kurse, die den Studenten durch JaTeK über das Internet zu Hause oder im Wohnheim angeboten werden. Weiterhin stellen die Schablonen eine wesentliche Erleichterung bei der Erstellung einfacher (z.B. Multiple-Choice-Aufgaben) sowie komplexerer Aufgaben dar, zu denen beispielsweise Kalkulationsaufgaben, Zuordnungsaufgaben und Diagrammentwurfsaufgaben gezählt werden können. Somit steht die Lehr-/Lernumgebung JaTeK für eine Vielzahl von Fachgebieten zur Verfügung.

Auch der Einsatz von Video zur Demonstration von komplexeren Sachverhalten ist möglich. Darüber hinaus bilden spezielle Aufgaben für den Bereich Rechnernetze einen Ansatz, um zu zeigen, wie Lernen im Internet möglich ist. Außerdem konnten Animationen aus dem Teleteaching-Projekt Mannheim-Heidelberg integriert werden, welches den modularen und offenen Charakter des Systems unterstreicht.

Ein Werkzeug zur Fragebogenerstellung rundet das System ab. Ergänzt wird dieses Werkzeug durch die Fähigkeit zum Logging relevanter Zugriffe. So ist eine Evaluation [Baumgartner] sowohl der entwickelten Lehrmaterialien als auch des Systems im nachhinein möglich.

Bereitstellung des Kurses "Anwendungsunterstützung für Rechnernetze"

Ausgangspunkt für die Ausarbeitung eines Kurses war die Forderung, die bisher traditionell gehaltene Lehrveranstaltung "Anwendungsunterstützung für Rechnernetze" auch im Internet bereitzustellen. Zu der Vorlesung existierten bereits eine Vielzahl von Folien und Aufgaben, die im Rahmen von Übungsveranstaltungen gelöst werden. Dabei erwies es sich als günstig, die Kapitelstruktur in der Form zu entwerfen, daß Folien und interaktive Inhalte kombiniert werden.

Um Funktionsweisen, die auf den Folien nur statisch dargestellt werden konnten, besser illustrieren zu können, wurden zusätzlich Animationen von einigen Folien integriert. Dazu wurde eine spezielle Schablone für Animationen von Folien erstellt. Diese Schablone kann verschiedenen Folien zu einer Animation verbinden und abspielen. Die Folien werden importiert und dann mit der Angabe von Verzögerungszeiten versehen.

Ein weiterer Schritt ist die Ausarbeitung der Aufgaben. Die bisherigen Aufgaben weisen entweder Fragestellungen auf, die direkt zu einer Lösung führen oder sind Aufgaben, die mit einem Text zu beantworten sind. Derartige Aufgabenstellungen eignen sich nur bedingt für internetbasierte Kurse.

In dem eingesetzten System JaTeK werden Schablonen für jeden im Kurs notwendigen Typ von Aufgaben erstellt. Dieses soll anhand eines Beispiels näher erläutert werden.

Abbildung 1 zeigt z.B. eine Aufgabe für das Lamport-Verfahren. Um mehrere derartige Aufgaben zu erstellen, ist es wünschenswert, daß man nicht jedesmal komplett alles programmieren muß. Deshalb wurde in JaTeK die Möglichkeit von Schablonen geschaffen, damit sich mehrere Aufgaben eines Typs oder verwandter Typen mit ein und demselben Werkzeug erstellen lassen.

Für das Lamport-Verfahren lassen sich somit die Anzahl der Prozesse verändern, als auch die Zähler der jeweiligen Prozesse. Die Nachrichten, die hier als Pfeile dargestellt sind, können dann von dem Studierenden beliebig gesetzt werden. Zusätzlich kann eine Referenzlösung spezifiziert werden, die in der Lösung des Studenten eine bestimmte Konstellation als Ergebnis erwartet. Der Tutor kann durch das Verändern der Anzahl der Prozesse und das Setzen der Zähler als

Startbedingung verschiedene Abläufe mit charakteristischen Eigenschaften produzieren, die der Studierende lösen soll.

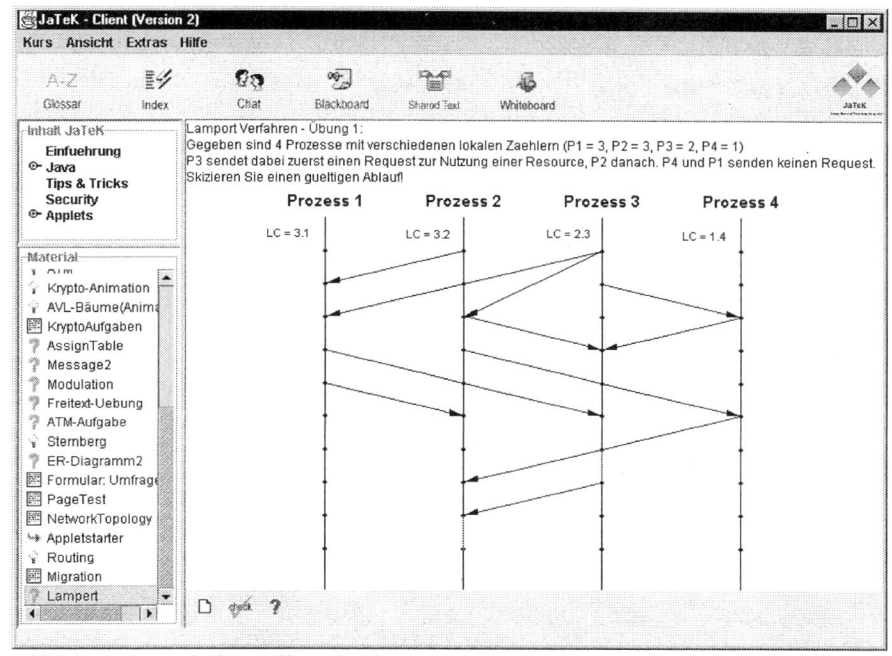

Abbildung 1 – Aufgabenstellung für das Lamport-Verfahren

Diese Schablone läßt sich außerdem für weitere Aufgaben verwenden, die bei verteilten Prozessen vorkommen. Beispielsweise bei Weg/Zeit-Diagrammen werden Elemente wie die Zähler ignoriert. Außerdem werden andere Eigenschaften der Nachrichten spezifiziert, wie z.B., daß diese sich ggf. nicht kreuzen dürfen etc. Diese Eigenschaften sind per Parameter in der Aufgabe einstellbar.

Um die verschiedenen Möglichkeiten der Aufgabenstellung genauer vorzustellen und zu zeigen, welche Auswirkung dies auf die Realisierung der Schablone hat, sollen nun drei verschiedene Aufgaben betrachtet werden.

Eine Lösung -> Aufgabe mit Referenzlösung

Aufgabe:

Eine Anwendung sei auf 4 Rechner (i = 1...4) verteilt. Auf jedem dieser Rechner laufe ein Prozeß Pi dieser Anwendung. Die logischen Uhren der Rechner (LC.i) stehen zu Beginn der Kommunikation folgendermaßen:

R 1: Logical Counter = 3.1
R 2: Logical Counter = 3.2
R 3: Logical Counter = 2.3
R 4: Logical Counter = 1.4

Die Prozesse P3 und P2 möchten eine Ressource R exklusiv für sich nutzen und fragen mittels request (LC.i) bei den übrigen Prozessen an. Auf die Anfragen wird mit reply (LC.i) geantwortet. Ergänzen Sie im folgenden Kommunikationsszenario die jeweils aktuellen Counter der Prozesse, wenn die Aktualisierung der Counter jeweils nach dem Eintreffen eines Ereignisses vorgenommen wird !

Bemerkung:

Diese Aufgabenstellung führt zu einer festen Lösung, wobei die Nachrichten natürlich frei vom Studierenden festgelegt werden können. Dennoch sind bei dieser Aufgabenstellung Zähler und Prozeßanzahl vorgegeben. Die Lösungen der Studierenden können in diesem Fall durch einen Vergleich mit einer vorgegebenen Referenzlösung automatisch vom System bewertet werden.

Offene Lösung -> Animation

Aufgabe:

Eine Anwendung sei auf mehreren Rechnern verteilt. Auf jedem dieser Rechner laufe ein Prozeß Pi dieser Anwendung. Jeder Rechner besitzt logischen Uhren (LC.i), die zu Beginn der Kommunikation gesetzt werden. Skizzieren Sie den Ablauf, bei dem mehrere Prozesse eine Ressource R exklusiv für sich nutzen wollen. Die Anfragen werden mit request (LC.i) bei den übrigen Prozessen getätigt, wobei die jeweils aktuellen Counter der Prozesse nach dem Eintreffen eines Ereignisses vorgenommen wird.

Bemerkung:

In dieser Aufgabe kann der Student selbst bestimmen, wie viele Prozesse an dem Szenario beteiligt sind und er kann auch das Szenario selber konfigurieren, in dem er die Zähler frei setzen kann. Damit wird eher eine Simulationsumgebung erreicht. Die Auswertung, ob eine Konstellation bestimmten Vorgaben entspricht, also real existieren kann, gestaltet sich hier wesentlich schwieriger, da durch die Simulation nur ein Rahmen gesetzt wird, der viele Möglichkeiten zuläßt. Für den Studierenden sind allerdings frei wählbare Konstellationen vorteilhafter, da er nicht nur auf genau einen Lösungsweg fixiert wird.

Offene Lösung, Diskussion und Erarbeiten eines Katalogs, Übersicht -> Gruppenaufgabe

Aufgabe:

Eine Anwendung sei auf mehreren Rechnern verteilt. Auf jedem dieser Rechner laufe ein Prozeß Pi dieser Anwendung. Jeder Rechner besitzt die logischen Uhren (LC.i), die zu Beginn der Kommunikation gesetzt werden. Erarbeiten Sie in der Gruppe verschiedene Abläufe in einer Übersicht, bei der mehrere Prozesse Ressourcen exklusiv für sich nutzen wollen. Die Anfragen werden mit request (LC.i) bei den übrigen Prozessen getätigt, wobei die jeweilige Aktualisierung der Counter der Prozesse nach dem Eintreffen eines Ereignisses vorgenommen wird.

Bemerkung:

Bei dieser Aufgabenstellung können mehrere Studierende verschiedene Lösungen finden, die sie miteinander diskutieren können.

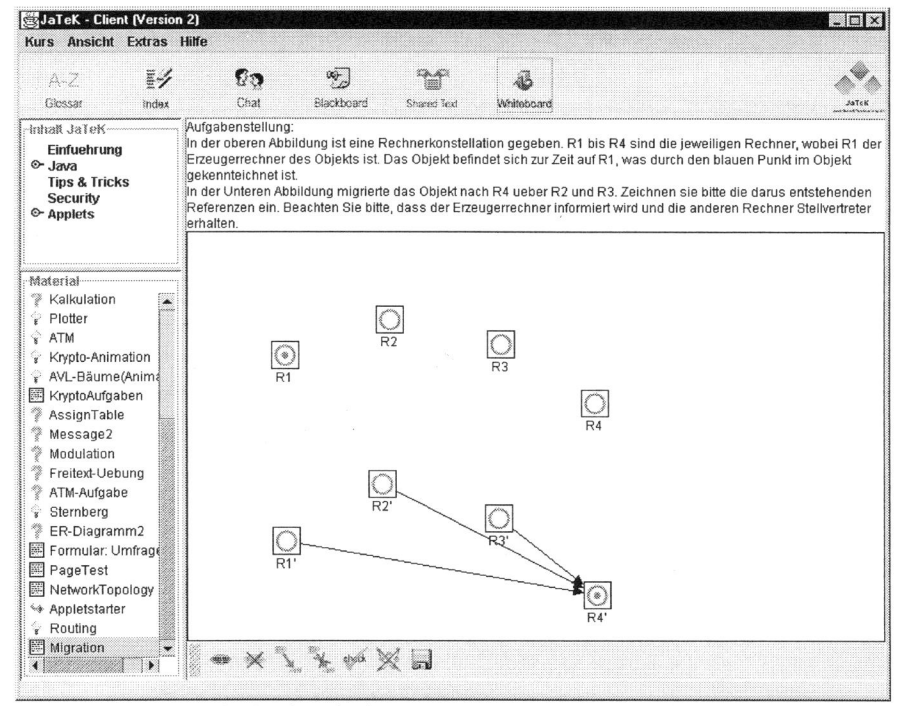

Abbildung 2 – Aufgabe für die Objektmigration

Dazu muß die Lernumgebung Werkzeuge bereitstellen, damit die verschiedenen Studierenden Ergebnisse austauschen können, gleichzeitig über die Lösungen diskutieren, den Katalog gemeinsam erstellen, etc.

Abbildung 2- zeigt ein weiteres Beispiel für eine Aufgabe, bei der wiederum verschiedene Aufgabenstellungen denkbar sind. Die in der Abbildung gezeigte Schablone ermöglicht das Erstellen beliebiger Objekte und deren Relationen. Somit läßt sich diese Schablone, wie schon die in Abbildung 1 gezeigte, für eine Reihe von Aufgaben verwenden. Neben der Aufgabe zur Objektmigration lassen sich somit beispielsweise Klassifikationen von Begriffen erstellen, oder aber einfache Diagramme, um Zusammenhänge zu erläutern.

Beispiel Objektmigration

Aufgabe:

Ein Objekt O1 wird auf dem Rechner R1 erzeugt. Es migriert über R2→ R3→ R4 nach R5 (vgl. Abbildung 2) und soll durch einen Aufruf von R1 lokalisiert werden. Danach migriert das Objekt nach R2 und es erfolgt ein Aufruf von R3 aus. Skizzieren Sie die Referenzen der Stellvertreter nach der Migration von R1 zu R5 bei dem Verfahren „Aktualisierung der gesamten Stellvertreterkette".

Bemerkung:

Diese Aufgabe läßt wieder das Spezifizieren einer Referenzlösung zu, da sie dem Studierenden eine konkrete Konstellation von Objekten und Zuständen vorgibt.

Objektmigration – Simulation, Diskussion

Aufgabe:
Ein Objekt O1 wird auf einem Rechner erzeugt. Skizzieren Sie die Referenzen der Stellvertreter nach mehrmaliger Migration des Objektes unter Verwendung der Verfahren „Aktualisierung der gesamten Stellvertreterkette", „Aktualisierung des Erzeugerrechners", „Aktualisierung des Erzeugers und der Stellvertreterkette" und „Aktualisieren bei Verwendung eines Namensdienstes"

Bemerkung:

Diese Aufgabe läßt verschiedene Konstellationen zu, die sich mit der Schablone, welche in Abbildung 2 vorgestellt wurde, nicht ohne weiteres realisieren läßt, da die Semantik der Migration der Schablone nicht bekannt ist.

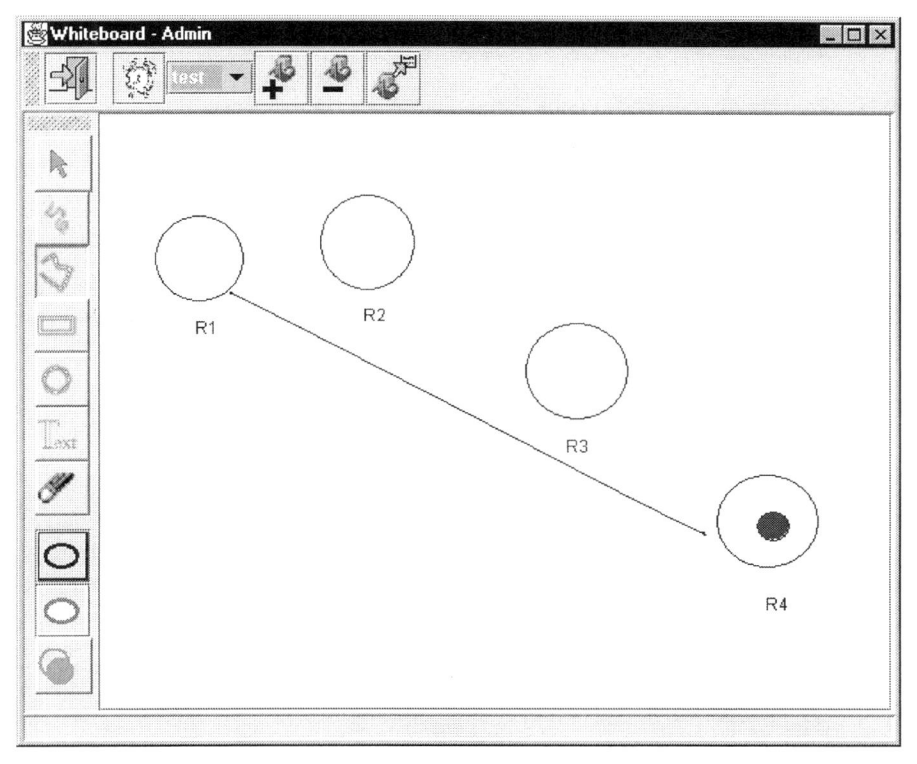

Abbildung 3 – Kooperatives Arbeiten zum Lösen der Aufgabe zur Objektmigration

Trotzdem können mit Hilfe des JaTeK-Systems die verschiedenen Verfahren kooperativ in einer Gruppe mit Hilfe eines Whiteboards diskutiert werden (siehe dazu Abbildung 3). Durch Erweiterung der Schablone um die Definition von verschiedenen Referenzlösungen auf der Basis von flexiblen Kriterien läßt sich auch diese Aufgabe behandeln und der Studierende hat die Möglichkeit, mehrere Fälle zu simulieren.

Suchfunktionen

Das schnelle Auffinden von Material, seien es Folien, Aufgaben, Texte, etc. spielt eine wichtige Rolle, um effektiv mit dem System zu arbeiten. Bei einer vorhergehenden Umfrage konnte dieses Ergebnis besonders bei der Prüfungsvorbereitung festgestellt werden. Das System JaTeK bietet drei Möglichkeiten zu Recherche vorhandenen Materials an. Einmal kann das Material in der chronologischen Abfolge durchsucht werden, zum anderen steht ein Index bereit, der zu Stichworten das entsprechende Material liefert. Als dritte

Möglichkeit ist ein Glossar integriert, der Stichworte erläutert und Querverweise automatisch herstellt.

Diese Suchfunktionalität soll noch dahingehend erweitert werden, daß Schablonen die Inhalte ihrer Materialien als textuelle Repräsentation dem System zur Verfügung stellen, um eine Volltextrecherche durchführen zu können. So könnten zum Beispiel die in Folien enthaltenen Texte an die Suchmaschine gegeben werden, was das Durchsuchen anderer Medien in Form von Text erlaubt.

Fazit

In diesem Artikel wird anhand von Beispielen gezeigt, wie ein Kurs für das multimediale Lernsystem JaTeK im Internet bereitgestellt werden kann. Dabei werden notwendige Anpassungen diskutiert, wie auch vorhandene Werkzeuge des Systems aufgezeigt, die derartige Aufgaben sinnvoll unterstützen und Zeit und Ressourcen einsparen helfen. Es wird gezeigt, wie durch verschiedenen Aufbau von Aufgaben und durch Einsatz interaktiven Materials oder Simulationen die Arbeit der Studierenden gefördert werden kann und somit eine bessere Verständlichkeit des Materials bzw. eine bessere Anschaulichkeit erreicht werden kann.

Das System bietet weitere Möglichkeiten des Lernens durch den Einsatz von kooperativen und kommunikativen Tools. Der Studierende wird somit gezwungen, sich aktiv mit dem Lernstoff auseinanderzusetzen und nicht, wie beispielsweise in der Vorlesung, nur dem Zuhören verpflichtet zu fühlen.

Durch das Vorhandensein von leistungsfähigen und kostengünstigen Netzanschlüssen für Studenten in den Dresdner Wohnheim kann somit auch anspruchsvolleres Material zu jedem Studierenden gelangen.

Ziel weiterer Arbeiten ist es, den Einsatz interaktiver Aufgaben genauer zu evaluieren, um gezielte Veränderungen vornehmen zu können. Eine bereits in vorigen Arbeiten gezeigte Evaluation hat gezeigt, daß derartige Inhalte verstärkt gewünscht werden.

Um die Gestaltung dieser Inhalte aber zur Zufriedenheit der Studierenden durchzuführen, sind weitere Arbeiten notwendig. Das kann zum einen durch die Einbindung weiterer Schablonen in das System JaTeK erreicht werden, aber auch durch eine noch bessere Integration der Werkzeuge, wodurch z.B. verschiedenste Materialien auch kooperativ bearbeitet werden können oder der Student an vorhandenem Material gezielt seine Anmerkungen anbringen kann.

Literatur

/Flechsig/	Göttinger Katalog didaktischer Modelle; http://www.wiso.uni-goettingen.de/~ppreiss/didaktik/Flechsig.html
/Koalah/	http://koalah.emp.paed.uni-muenchen.de/
/GI99/	Katrin Franze, Olaf Neumann, Alexander Schill; Flexible Werkzeugunterstützung für Teleteaching/Telelearning; GI-Jahrestagung '99; 1999
/Baumgartner/	http://www.uni-klu.ac.at/~pbaumgar/
/JaTeK99/	http://telet.inf.tu-dresden.de/mml/telet/jatek_lernumgebung.htm
/PIK97/	Neumann, O., Stöcker, S., Schill, A., Irmscher, K., Körndle: Teleteaching Dresden-Freiberg ; PIK - Praxis der Informationsverarbeitung und Kommunikation, Vol. 20, No. 1, 1997, pp. 15-19
/Cobrow/	http://www.cobrow.com/pages/

Individuell, Arbeitsteilig und Kooperativ – Ein integrierter Ansatz zur Erstellung, Pflege und Nutzung multimedialer Lehrmaterialien

Andreas Brennecke, Harald Selke

Heinz Nixdorf Institut, Universität Paderborn, Fürstenallee 11, 33102 Paderborn
{anbr|hase}@uni-paderborn.de

Aufbauend auf eine technische Infrastruktur zur Unterstützung der Präsenzlehre entwickeln wir eine Umgebung zur kooperativen Erstellung und langfristigen Pflege von Lehrveranstaltungsunterlagen. Damit diese möglichst flexibel genutzt werden kann fordert sie minimale formale Vorgehensweisen von den Benutzenden. Ein bestehender WWW-Server wird erweitert, um individuelle, arbeitsteilige und kooperative Arbeitsprozesse bei der Erstellung multimedialer Lehrmaterialien zu unterstützen und besser miteinander zu verzahnen. Dies geschieht in einem evolutionären Prozess aus Weiterentwicklung, Einsatz und Evaluation, bei dem auch die Inhalte für ein prototypisches Skript mitentwickelt werden. Die in diesem Beitrag beschriebene Autorenumgebung ist Komponente einer verteilten Lehr- und Lernumgebung, die im Rahmen des Projekts „Entwicklung und Nutzung von verteilten Multimediaskripten" entwickelt wird.

Einleitung

Der traditionelle Einsatz multimedialer Materialien in der Lehre gründet auf dem Paradigma, dass ein Autor oder ein Autorenteam Studienmaterialien erstellt, die dann von Studierenden an verschiedenen Orten gleichzeitig und unabhängig bearbeitet werden können. Dabei werden mit dem Einsatz von Technik zwei Ziele verfolgt. Zum Einen sollen die Materialien durch verschiedene Interaktionstechniken in Verbindung mit Animationen und Simulationen didaktisch aufgewertet werden. Zum Anderen soll durch netzbasierte Kommunikationswerkzeuge der Kontakt zwischen Lehrenden und Studierenden verbessert werden. Zur Erstellung der multimedialen Materialien kommen dabei meist Autorenwerkzeuge zum Einsatz, die eine strikte Trennung von Produktion und Rezeption implizieren. Die eventuell zusätzlich etablierten Kommunikationskanäle dienen lediglich der Übertragung von Materialien und der Verständigung unter den Beteiligten.

In diesem Beitrag stellen wir einen Ansatz vor, der die Einbahnstraße von Produktion und Rezeption aufbricht und die verteilte Erstellung, Pflege und Nutzung multimedialer Materialien in den Vordergrund stellt. *Statt eines Verbundes, der für andere produziert, wird ein Verbund von Produzenten aufgebaut, die zugleich auch Nutzer sind.* Diese setzen die gemeinsam erstellten Materialien in ihren eigenen Veranstaltungen ein und entwickeln sie basierend auf den Einsatzerfahrungen weiter. Insofern geht es nicht nur um die multimediale Aufwertung von Materialien, sondern darum, eine Arbeitsumgebung für Lehrende und Studierende bereitzustellen, die es gestattet, eigene und fremde Materialien integriert zu bearbeiten. Die Materialien werden dabei verteilt erstellt und genutzt, wobei die Erstellung und Pflege teilweise arbeitsteilig sowie teilweise kooperativ erfolgt. Mit dem von uns entwickelten verteilten Multimediaskript (im Folgenden kurz als HyperSkript bezeichnet) soll die Flexibilität in der Nutzung deutlich verbessert werden, ohne dass ein erheblicher Mehraufwand auf der Seite der Produktion entsteht. Sowohl die Erstellung als auch die Nutzung finden im Kontext der klassischen Präsenzlehre statt, eine Übertragbarkeit in andere Lehr- und Lernsituationen beispielsweise zum Umgang mit Fernstudienmaterialien sollte jedoch möglich sein.

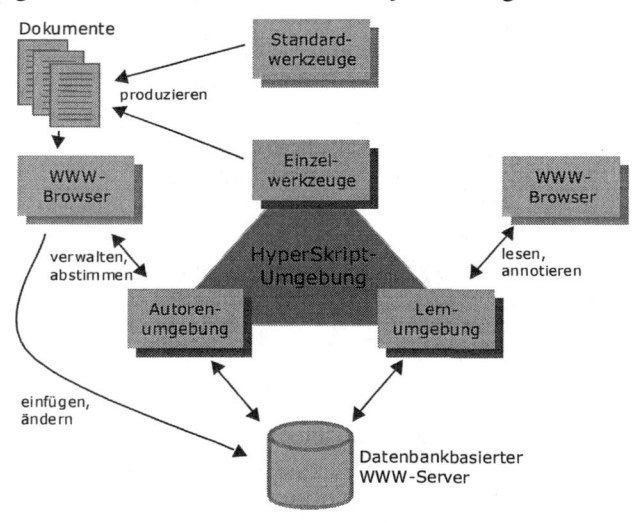

Abbildung 1: Die HyperSkript-Umgebung erweitert die WWW-Standard-Technologie um Funktionen für die kooperative Erstellung von Dokumenten (Autorenumgebung), Funktionen für den aktiven Umgang der Lernenden mit den Materialien (Lernumgebung) sowie Einzelwerkzeuge für die Produktion multimedialer Dokumente. Der Zugriff auf die Autoren- und Lernumgebung erfolgt über Standard-WWW-Browser.

Damit das HyperSkript flexibel nutzbar ist, sollen die Autoren die Werkzeuge nutzen können, mit denen sie bislang gearbeitet haben. Für die Produktion von Dokumenten werden daher weitestgehend Standardtechnologien verwendet. Um bereits früher produzierte Materialien in das HyperSkript integrieren zu können, ist ein modularer Aufbau vorgesehen, bei dem einzelne universell nutzbare Bausteine entwickelt werden, die leicht kombinierbar sind. Die inhaltlich zusammengehörenden Materialien für einzelne Sachgebiete werden als Module zusammengefasst und deren Verwaltung effektiv unterstützt. Hierzu bietet die Standard-WWW-Technologie jedoch noch keine ausreichende Funktionalität an. Neben einer *Autorenumgebung* und einer *Lernumgebung* werden daher eine Reihe von *Einzelwerkzeugen* entwickelt (siehe Abbildung 1), die einerseits die Produktion multimedialer Materialien (wie interaktive Animationen) und andererseits den Umgang mit den Materialien wie die Erstellung von Annotationen unterstützen. Der Schwerpunkt dieses Beitrags liegt in der Beschreibung der Autorenumgebung. Die Lernumgebung wird in Meier, Holl (1999, in diesem Band) vorgestellt.

Anforderungen an die Autorenumgebung

Ausgangspunkt zur Konzeption und Implementierung einer eigenen Autorenumgebung waren Erfahrungen, die in unserer Arbeitsgruppe über mehrere Jahre beim Einsatz neuer Medien in der Lehre gesammelt wurden (vgl.: Brennecke, Keil-Slawik 1995, Brennecke et al. 1997, Keil-Slawik, Selke 1998). Neben dem Aufbau einer Infrastruktur, die das durchgehende Arbeiten mit elektronischen Materialien an verschiedenen Lernorten (zu Hause, in der Bibliothek, im Seminarraum, im Hörsaal, ...) ermöglicht, sollte auch die Produktion der multimedialen Materialien, die bisher mit verschiedenen Programmen erstellt und dann auf einem WWW-Server verwaltet wurden, in effektiver Weise unterstützt werden. Hinzu kam der Wunsch, das „Skript" zu einer Vorlesung gemeinsam mit einem Dozenten einer anderen Hochschule räumlich verteilt zu erstellen, zu pflegen und an den verschiedenen Standorten in der Lehre einzusetzen.

Im Rahmen des Projekts wurde über nun mittlerweile zwei Jahre eine Konzeption entworfen und evolutionär weiterentwickelt. Die Materialien für ein Themengebiet wurden entsprechend aufbereitet und in Lehrveranstaltungen eingesetzt. Der Einsatz wurde evaluiert und aus den erkennbaren Defiziten wurden weitere Anforderungen an die Architektur abgeleitet und diese für den darauf folgenden Einsatz umgesetzt.

Damit das Skript in verschiedenen Veranstaltungen eingesetzt werden kann, erstellen die Dozenten für ihre Kurse unterschiedliche Sichten durch eine für den Kurs geeignete Auswahl von Materialien. Die zugrundeliegenden Dokumente bleiben dabei unverändert, werden jedoch gegebenenfalls erweitert. Das Hyper-Skript enthält alle für die Durchführung der Lehrveranstaltungen notwendigen Materialien. Diese werden verteilt erstellt, indem die Autoren neben abgestimmten Lehrinhalten auch ihre unterschiedlichen Kompetenzen und Forschungsschwerpunkte einbringen. So ist es möglich, die Materialien in unterschiedlichen Veranstaltungen zu nutzen, aber auch eigene, nicht geteilte Ansätze dort vorzustellen.

Im HyperSkript werden somit je nach Erfordernis gemeinsame und individuelle Materialien verwaltet.

Das HyperSkript unterstützt unterschiedliche multimedial aufbereitete Materialien. Wir gehen jedoch davon aus, dass den „konventionellen" Darstellungsformen Text und Bild auch in computerbasierten Umgebungen eine zentrale Rolle in der wissenschaftlichen Ausbildung zukommt, während Bewegtbild und Animationen ergänzende und unterstützende Aufgaben übernehmen. Aber auch hierbei stehen die inhaltliche Aufbereitung sowie die Änderbarkeit und nicht so sehr ein Produkt im Vordergrund, das mit von professionellen Designer-Teams entworfenen „Hochglanz-Multimedia"-Anwendungen konkurrieren kann. Auch um den Produktionsaufwand für die Bereitstellung multimedialer Materialien zu rationalisieren und damit unter alltagspraktischen Bedingungen in großem Umfang überhaupt erst zu ermöglichen, sehen wir die kooperative Erstellung und Pflege des Materials als zentral an. Das Angebot soll so konzipiert sein, dass es jederzeit leicht geändert oder erweitert und somit schnell an neue Forschungsergebnisse angepasst werden kann. Dies geht einher mit der Forderung, dass das Material nicht nur entsprechend der jeweiligen Bedürfnisse durch die Lehrenden, sondern auch durch die Lernenden individualisiert werden kann. Aus diesem Grund muss auch die Bearbeitbarkeit der Unterlagen durch die Studierenden sichergestellt sein, wobei das Originalmaterial in einem konsistenten Zustand bleibt.

Die Lehrmaterialien sollen somit aus einem kooperativ erstellten qualitativ hochwertigen Kern bestehen, der von individuellen und teilweise auch nur kurzzeitig vorhandenen Materialien umgeben ist. Dies können individuelle Ergänzungen der Dozenten für spezielle Veranstaltungen, persönliche Annotationen der Lernenden oder Audioannotationen (vgl. Grimm, Hoff-Holtmanns 1999) zu einer Vorlesung sein. Dementsprechend müssen für die Autoren und unterschiedliche Nutzergruppen (Studierende verschiedener Lehrveranstaltungen) unterschiedliche Sichten auf die Materialien angeboten werden. Ziel ist es keine große beliebige Materialsammlung aufzubauen, sondern jeweils an die Lehrzwecke möglichst optimal angepasste Dokumente bereitzustellen. Nach den bis dato gemachten Erfahrungen sollten die Materialien modular aufgebaut werden und einzelne Module mehrfache Verwendung finden. Für die Umsetzung mussten eine Reihe von Fragen geklärt werden, die sich in der Architektur des HyperSkripts niederschlagen.

- Welche „Granularität" sollen die Module haben?
- Wie werden Materialien klassifiziert, aufgeteilt und von den Dozenten bearbeitet?
- Welche Funktionalität ist zur kooperativen Erstellung und Pflege notwendig und wie wird sie umgesetzt?

Architektur des HyperSkripts

Für die Materialien innerhalb der Module wird kein festes Format vorgegeben, sie können aus verschiedenen Dokumenttypen zusammengesetzt sein. Diese waren teilweise schon zu Projektbeginn vorhanden, größtenteils wurden sie jedoch im Laufe des Projekts erstellt. Es stellte sich als vorteilhaft heraus, einzelne Module als *inhaltlich abgeschlossene Einheiten*, also mit allen Materialien, die zur Vermittlung eines abgrenzbaren Themengebiets notwendig sind (Folien aus der Vorlesung, Texte, Animationen, ...) zu entwerfen. Die Module sind dabei in der Regel kleiner als einzelne Vorlesungseinheiten, umfassen aber mitunter mehrere Dutzend Dokumente. Die Module sind also nicht möglichst klein gehalten, wie beispielsweise im Projekt CHAMELEON (siehe Friedrich et al. 1999), wo „Lehr-Lern-Komponenten" bereits aus einem Bild mit erläuterndem Text bestehen können. Dies würde zwar die Möglichkeit einer Mehrfachverwendung erhöhen, da jedoch der Einsatzkontext für das HyperSkript recht fest liegt, ist es einfacher größere Module zu verwalten.

Die Auswahl des Stoffes und die Aufteilung auf die Module sowie die multimediale und didaktische Aufbereitung erfordern dabei eine Abstimmung zwischen allen Autoren und erfolgen somit *kooperativ*. Neben den gemeinsam aufbereiteten Modulen werden auch nicht weiter zu bearbeitende (Hintergrund-)Materialien wie Gesetzestexte oder wissenschaftliche Artikel in das gemeinsame Skript integriert. Bei deren Verwaltung ist keine Abstimmung erforderlich, vielmehr kommt es auf Aktualität der Gesetze oder der Literatur an. Solche Aktualisierungen können *arbeitsteilig* (von einzelnen Autoren ohne Zustimmung der Anderen) erfolgen und erfordern nur einen Benachrichtigungsmechanismus, der Änderungen mitteilt. Schließlich können die Module von den einzelnen Autoren zusammen mit weiteren Materialien zu verschiedenen Kursen zusammengestellt werden. Dieser Teil der HyperSkript-Nutzung ist *individuell*. Die Autorenumgebung zur Erstellung von HyperSkripten muss somit unterschiedlichen Aspekten genügen. Hierfür werden sämtliche Dokumente in einem Repository verwaltet, das sich in drei Schichten (Kursschicht, Verbundschicht und Basisschicht) aufteilt, welche die jeweils notwendigen Funktionen bereitstellen (siehe Abbildung 2):

- Die Kursschicht wird vom jeweiligen Dozenten entsprechend seiner persönlichen Anforderungen produziert und verwaltet. Der Dozent wird meist selber auch einer der Autoren des HyperSkripts sein; dies ist jedoch nicht unbedingt notwendig. Die Kursschicht enthält Dokumente, die kursspezifisch sind, sowie Container, die Dokumente – auch aus den beiden anderen Schichten – sowie Verweise auf Dokumente innerhalb und außerhalb des HyperSkripts aufnehmen.

- Die *Verbundschicht* wird von den Autoren gemeinsam produziert und verwaltet. Ein Hauptverantwortlicher kann festgelegt werden, potenziell sind jedoch alle Autoren an der Produktion beteiligt, so dass der Erstellung und Bearbeitung von Dokumenten dieser Schicht alle Autoren zustimmen müssen. Die Schicht besteht aus inhaltlich in sich abgeschlossenen Modulen. Jedes Modul besteht seinerseits aus Dokumenten und Containern, die auch Dokumente der Basisschicht enthalten können. Zusätzlich werden zu jedem Modul gewisse Meta-Informationen wie beispielsweise eine Beschreibung des Inhalts sowie ggf. Schlüsselworte verwaltet.

- Die *Basisschicht* wird von den Autoren arbeitsteilig produziert und verwaltet. Sie ist in Bereiche untergliedert, denen jeweils ein Verantwortlicher zugeordnet ist. Dieser darf als einziger Änderungen und Aktualisierungen vornehmen; Benachrichtigungsmechanismen stellen sicher, dass alle Autoren informiert werden. Neue Bereiche können nur in Absprache mit den anderen Autoren eingerichtet werden. Jeder Bereich enthält Elemente, die durchaus umfangreich sein können: beispielsweise kann dies ein größeres Dokument – wie ein Gesetzestext – oder ein Lernprogramm sein. Jedes Element ist in sich abgeschlossen und kann bestenfalls Querverweise zu anderen Elementen oder Dokumenten außerhalb des HyperSkripts enthalten.

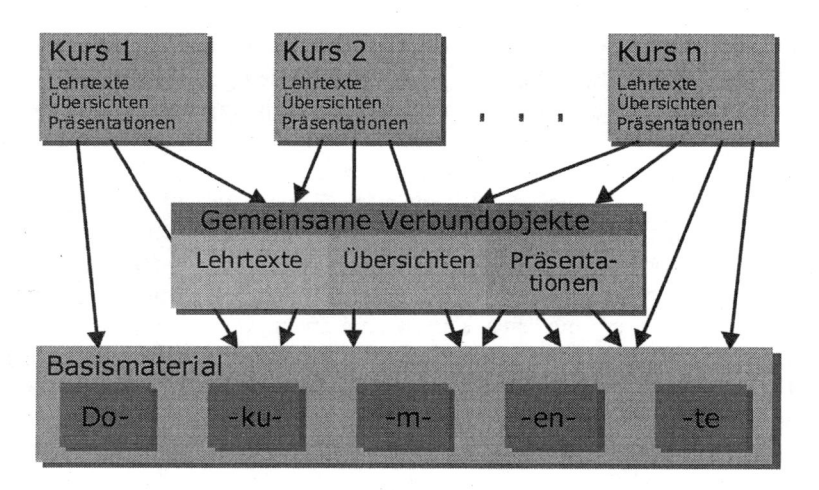

Abbildung 2: Ein HyperSkript besteht aus drei Schichten, die unterschiedlichen Kooperationsaspekten genügen.

Die *gemeinsamen Verbundobjekte* bilden zusammen mit dem *Basismaterial* den gemeinsamen Datenbestand. Vor allem die kooperative bzw. arbeitsteilige Erstellung sowie die Pflege und Aktualisierung dieser Dokumente sollen durch die Autorenumgebung effektiv unterstützt werden.

Im Gegensatz zu Systemen zur Unterstützung großer räumlich verteilter Organisationen, bei denen sehr stark die Koordinierung verteilter Arbeit im Vordergrund steht und wo bspw. Workflow Management Systeme für formal geregelte Arbeitsabläufe eingesetzt werden, handelt es sich bei der Erstellung eines HyperSkripts zunächst um ein kleines überschaubares Autorenteam (einige Dozenten sowie ihre Mitarbeiter – vergleichbar mit der Autorenschaft eines Lehrbuchs), das in dieser freiwilligen Zusammenarbeit gemeinsame Ziele (ein qualitativ hochwertiges Skript, effiziente Erstellung multimedialer Lehrveranstaltungsunterlagen, ...) verfolgt. Daher implementiert die HyperSkript-Autorenumgebung nicht formal geregelte Abläufe, sondern legt mehr Wert auf die Nachvollziehbarkeit und Durchschaubarkeit der Erstellung der Dokumente. So kann eine Abstimmung beispielsweise auch fernmündlich erfolgen, lediglich Stand und Ausgang der Abstimmung müssen im System dokumentiert werden. Dazu ist es ausreichend, wenn dieses ein Autor vornimmt und die Zustimmung der anderen Autoren einträgt, wobei das System die Zustimmung im Namen eines Anderen nachvollziehbar vermerkt. Damit verfolgen wir einen „optimistischen" Ansatz, der ein hohes Maß gegenseitigen Vertrauens voraussetzt. Dieser ist für kleine sich beispielsweise durch gemeinsame Forschungsgebiete selbst findende und einander persönlich bekannte Autorenteams sicher sinnvoll. Wird die Zahl der Autoren jedoch größer, muss es auch möglich sein die Vergabe von Schreibrechten strikter zu regeln.

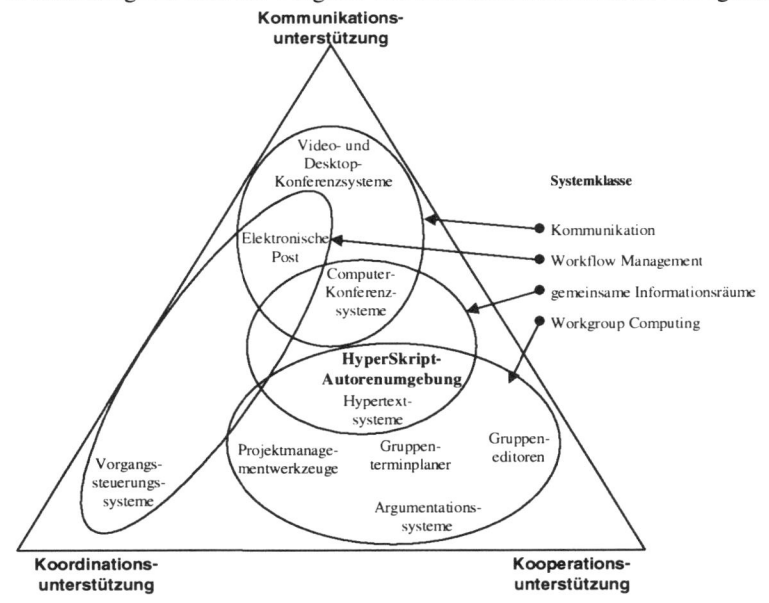

Abbildung 3: Klassifizierung der HyperSkript-Autorenumgebung nach der Unterstützungsfunktion (nach Teufel et al. 1995, S. 27); die HyperSkript-Autorenumgebung fällt im Wesentlichen in die Systemklasse „gemeinsame Informationsräume".

Die Arbeitsumgebung ist offen konzipiert. Soweit möglich werden weder spezielle Werkzeuge zur Erstellung von Dokumenten noch bestimmte synchrone oder asynchrone Kommunikationsformen vorgeschrieben. Die Autoren können daher weitestgehend die Programme verwenden, mit denen sie schon vorher gearbeitet haben und müssen sich nur über gemeinsame und für die Lernenden lesbare Formate einigen. Insbesondere die Kommunikation kann aber auch außerhalb des Rechners beispielsweise telefonisch erfolgen, hier sollen die Autoren eine jeweils angemessene Kommunikationsform wählen können. Die HyperSkript-Autorenumgebung stellt im Wesentlichen ein Dokumentenmanagement-System sowie Funktionen für die kooperative Arbeit, z. B. die Unterstützung von Diskussions- und Abstimmungsprozessen bereit.

Auch die gemeinsam produzierten Materialien sind überschaubar und entsprechen inhaltlich dem Umfang eines Lehrbuchs. Dabei muss das zugrundeliegende Dokumentenmanagement-System auch die individuellen Dokumente – insbesondere die Materialien der Studierenden der einzelnen Kurse – verwalten können. Der Hauptteil der Arbeit für die Erstellung eines HyperSkripts fällt unter asynchrone dokumentenbasierte kooperative Arbeit. Die HyperSkript-Autorenumgebung lässt sich bei einer Klassifizierung von Systemen nach den Unterstützungsfunktionen: Kommunikation, Koordination und Kooperation (vgl. Teufel et al. 1995, S. 27f) im Wesentlichen in die Systemklasse „gemeinsame Informationsräume" einordnen (siehe Abbildung 3). Der Informationsraum wird dabei im Wesentlichen durch ein Hypertextsystem gebildet, das aber um Funktionen für die kooperative Arbeit erweitert wird. Dieses hat wesentliche Konsequenzen für die Wahl eines datenbankbasierten WWW-Servers als Ausgangssystem.

Für die Lernenden wird das selbe Grundsystem verwandt. Die Funktionalität ist aber eine andere. HyperSkript ermöglicht den Lernenden den Zugriff auf Lernmaterialien sowie ein kooperatives Erschließen und aktives Bearbeiten (Strukturieren und Ergänzen) der bereitgestellten Materialien. Die Aufteilung des HyperSkripts in die beschriebenen drei Schichten ist für die Lernenden nicht sichtbar, sie erhalten einen Einstieg über die Strukturierung, die ihnen ihr Dozent auf der Kursschicht zur Verfügung stellt und können darüber auf die verschiedenen Module und Basismaterialien zugreifen (vgl. Bader et al. 1999 sowie Meier, Holl 1999).

Kooperationsunterstützung

In der Autorenumgebung können Dokumente unterschiedlicher Art kooperativ verwaltet und bearbeitet werden. Neben verschiedenen Dokumentformen (Texte, Bilder, Tondokumente, ...) gehören dazu auch komplexe, aus mehreren Objekten zusammengesetzte Dokumente wie Multimedia-Anwendungen oder Hypertexte, die aus mehreren Einzeldokumenten bestehen. Für die kooperative Erstellung von Dokumenten hat Koch (1997) vier Strategien identifiziert, von denen im Rahmen unseres Projekts aufgrund der oben beschriebenen Konzeption die ersten drei relevant sind:

- Das Dokument wird von einem einzelnen Autor bearbeitet. In diesem Fall übernehmen die anderen Gruppenmitglieder eher beratende Tätigkeiten, schreiben aber nicht selbst. Das Dokument ist allen Teilnehmern, wenn nicht ständig, so zumindest zu bestimmten Zeitpunkten in verschiedenen Bearbeitungszuständen verfügbar. Der Autor sammelt die Rückmeldungen und Anmerkungen und lässt diese in eine überarbeitete Version des Dokuments einfließen.

- Das Dokument wird in Zuständigkeitsbereiche aufgeteilt. Jeder Autor schreibt seine Teile in Eigenverantwortung, stimmt sie aber mit den anderen Teilnehmern ab. In diesem Fall erfolgt ein ähnlicher Zyklus von Bearbeitungen und Rückmeldungen wie im vorhergehenden, jedoch bezogen auf kleinere Dokumententeile und in Form einer „Mehrweg-Kommunikation", da mehrere Autoren beteiligt sind.

- Das Dokument wird von verschiedenen Autoren nacheinander bearbeitet. Ein Autor schreibt zunächst einen Teil oder auch einen ersten Entwurf des Gesamtdokuments. Anschließend reicht er es an den nächsten Autor weiter, so dass zu jedem Zeitpunkt immer nur ein Autor schreibend auf das Dokument zugreifen kann. Auch hier erfolgt die Erstellung meist in Zyklen, wobei der genaue Ablauf der einzelnen Bearbeitungsschritte in einem Workflow formal festgelegt oder einem eher informellen Vorgehen der Vorzug gegeben werden kann.

- Das Dokument wird von den Autoren „echt gemeinsam" erstellt. In diesem Fall kann jeder Teilnehmer zu beliebigen Zeitpunkten auf alle Teile des Dokuments zugreifen, so dass ein Mechanismus erforderlich wird, der gleichzeitige Schreibzugriffe verwaltet oder unterbindet. Eine synchrone kooperative Bearbeitung ist durch die Benutzung geeigneter Software denkbar. Diese vierte Art der kooperativen Dokumenterstellung muss aufgrund der Vergabe von Zuständigkeiten in der HyperSkript-Umgebung nicht unterstützt werden.

Weitere wesentliche Anforderungen an die Autorenumgebung ergeben sich aus der Notwendigkeit, Informationen über den Arbeitsfortschritt zu erhalten (sog. *Awareness*). Dazu lassen sich in Anlehnung an Gutwin und Greenberg (1997) die folgenden Fragestellungen identifizieren:

- Wer arbeitet derzeit an den Dokumenten? Zu diesen Teilnehmern kann beispielsweise eine synchrone Kommunikation per Chat, Telefon oder Videokonferenz aufgenommen werden. Außerdem ist eine zeitlich synchrone Bearbeitung von Dokumenten mit diesen Personen möglich.

- Wer arbeitet an welchen Teilen? Einerseits ist zu vermuten, dass sich die Aufmerksamkeit eines Autors auf das gerade von ihm bearbeitete Dokument bezieht, so dass sich beispielsweise eine Diskussion zu diesem anbieten könnte.

Andererseits kann auf diese Weise festgestellt werden, dass mehrere Teilnehmer Dokumente bearbeiten, die inhaltlich zusammenhängen. In einer solchen Situation könnte sich Kommunikationsbedarf (synchron oder asynchron) ergeben.

- Welche Änderungen haben andere Autoren vorgenommen bzw. nehmen sie vor? Sowohl bei synchroner als auch bei asynchroner Kooperation ist es für die Autoren wichtig, über den Stand der einzelnen Dokumente informiert zu sein. Dazu kann eine Benachrichtigung erfolgen – beispielsweise durch Versand einer E-Mail, die eine Liste der geänderten bzw. neuen Dokumente enthält – oder eine entsprechende Suchfunktionalität bereitgestellt werden. Unabhängig von einer Benachrichtigung müssen die Autoren jederzeit feststellen können, in welchem Bearbeitungsstand sich ein Dokument befindet. Um Änderungen leicht auffindbar zu machen, werden die geänderten Dokumente oder gar einzelne Passagen in den Dokumenten als geändert markiert.

Wie in Tabelle 1 dargestellt, benötigen die einzelnen Schichten des HyperSkripts unterschiedliche Mechanismen zur Kooperationsunterstützung. Da in der Kursschicht die Bereitstellung und Bearbeitung von Materialien individuell erfolgt, besteht dort kein Bedarf an Kooperationsunterstützung innerhalb der Autorenumgebung. Allerdings muss hier sichergestellt sein, dass die in die einzelnen Lehrveranstaltungen eingebundenen Versionen der Dokumente zu jedem Zeitpunkt aktuell sind, d. h., weder eine veraltete Version noch eine Arbeitskopie referenziert wird. Auf diese Weise wird sichergestellt, dass für die Leser stets ein konsistentes und abgestimmtes HyperSkript zugänglich ist.

HyperSkript-Schicht	Arbeitsform	Unterlagen
Kursschicht	individuell	spezifisch
Verbundschicht	kooperativ	übertragbar
Basisschicht	arbeitsteilig	universell

Tabelle 1: Die einzelnen Schichten der HyperSkript-Architektur sind mit unterschiedlichen Arbeitsformen verbunden.

Die beiden anderen Schichten benötigen neben elementaren Mechanismen – wie Zugriffsschutz und Verhinderung gleichzeitiger Schreibzugriffe –, die beiden gemeinsam sind, jeweils eine spezifische Unterstützung. In der Basisschicht beschränkt sich diese aufgrund des arbeitsteiligen Ansatzes im Wesentlichen auf die Benachrichtigung der beteiligten Autoren. Diese könnte automatisch durch einen Dienst erfolgen, der die Ereignisse innerhalb des Dokumentenmanagement-Systems überwacht und im Fall einer Änderung z. B. eine Nachricht per E-Mail verschickt. Im Rahmen der HyperSkript-Autorenumgebung erschien dies nicht angebracht, da zahlreiche marginale Änderungen (wie redaktionelle Überarbeitungen bei Tipp- oder Scan-Fehlern) zu erwarten sind, die keiner Benachrichtigung bedürfen. Statt dessen wird die Benachrichtigung aus der Autorenumgebung heraus vom bearbeitenden Autor in dem Moment angestoßen, wo er dies für angebracht hält. Bei einer Benachrichtigung per E-Mail ist zu bedenken, dass die Ereignisse auch zu Zeitpunkten anfallen, an denen keine Bearbeitung des HyperSkripts durch den Empfänger erfolgt. Die Ereignisse müssen dann im E-Mail-System für die spätere Arbeit verwaltet werden.

Die Bearbeitung von Dokumenten der Verbundschicht erfolgt stets anhand einer Arbeitskopie. Auf diese Weise wird sichergestellt, dass die Leser zu jedem Zeitpunkt die zuletzt freigegebene Version der einzelnen Module zu sehen bekommen. Soll ein neues Modul erstellt werden, so wird dieses zunächst in einem speziellen Arbeitsbereich innerhalb der Autorenumgebung erzeugt. In ähnlicher Weise wird eine Arbeitskopie eines vorhandenen Moduls dort angelegt, wenn ein Modul überarbeitet werden soll. Die Erstellung bzw. Überarbeitung dieses Moduls kann in jeder der drei oben als relevant genannten Arten der kooperativen Dokumentenerstellung erfolgen. Aufgrund des primären Einsatzkontexts in der Hochschullehre ist eine eher informelle Kooperation zu erwarten, so dass auf die Implementierung eines formalen Bearbeitungsablaufs verzichtet wird. Jedoch muss das Vorhandensein einer Arbeitskopie sowie der aktuelle Bearbeitungszustand für alle Autoren einfach erkennbar sein.

Ein Modul der Verbundschicht kann jederzeit zur Abstimmung gestellt werden. Notwendig ist dies spätestens zu dem Zeitpunkt, wo einer der Autoren (der Hauptveranwortliche, falls ein solcher festgelegt wurde, oder ein beliebiger Beteiligter) das Modul zur Aufnahme in das für die Lernenden sichtbare HyperSkript freigeben möchte. An dieser Stelle ist eine Zustimmung aller beteiligten Autoren notwendig. Dazu ist neben einer Verwaltung des Abstimmungsstandes (wer hat zugestimmt, wer abgelehnt, wer hat sich noch nicht geäußert) auch eine Möglichkeit zur Diskussion im System vorgesehen, um eventuelle Kritikpunkte mitteilen zu können. Sobald alle Autoren der Freigabe zugestimmt haben, wird das Modul in das HyperSkript aufgenommen; die Diskussion dazu wird archiviert. Eine Archivierung der einzelnen Bearbeitungsversionen sowie – im Falle der Überarbeitung eines Moduls – der alten im HyperSkript vorhandenen Version ist innerhalb der Autorenumgebung nicht vorgesehen, kann aber bei Auswahl einer geeigneten technischen Plattform (s. u.) unabhängig von der hier beschriebenen Konzeption erfolgen.

Technische Umsetzung

Als technische Plattform für die HyperSkript-Autorenumgebung wurde der Hyperwave Information Server ausgewählt; die Konzeption sollte sich jedoch auch auf anderen Plattformen wie BSCW oder Lotus Domino/Notes umsetzen lassen.

(Wesentliche Konzepte der drei genannten Systeme werden in Schulte et al. 1999 diskutiert.) Ausschlaggebend für den Einsatz des Hyperwave Information Servers waren neben seiner starken Ausrichtung auf das Dokumentenmanagement und einer guten Unterstützung asynchroner Kooperation vor allem die weitgehend freie Programmierbarkeit sowohl der Serverfunktionalität als auch der Client-seitigen Darstellung. Insbesondere die letztere ermöglicht die Bereitstellung von auf die jeweiligen Bedürfnisse angepassten Benutzungsoberflächen für die Autoren sowie für die Leser (letztere wird in Bader et al. 1999 beschrieben). Die Umsetzung der unterschiedlichen Funktionen erfolgt über das Hyperwave Application Programmer's Interface in serverseitigem JavaScript in Kombination mit der Hyperwave-eigenen Programmiersprache PLACE.

Um eine gute Integration in das Arbeitsumfeld der Autoren zu erreichen, ist es möglich, mit Standard-Software auf die Funktionalität der Autorenumgebung zuzugreifen. Die Bereitstellung von Dokumenten kann dazu über alle von Hyperwave unterstützten Clients erfolgen (dies sind neben WWW-Browsern der sogenannten 4. Generation insbesondere Erweiterungen von MS-Windows-Programmen wie beispielsweise des Explorers, über den sich der Server wie eine Festplatte präsentiert).

Da also verschiedene Clients unterstützt werden, die über unterschiedliche Protokolle mit dem Server kommunizieren und keine dedizierte HyperSkript-Funktionalität besitzen, waren entsprechende Erweiterungen auf der Serverseite notwendig, um Informationen über den Zustand des HyperSkripts zu gewinnen. Die Implementierung eines „Kooperationsfilters" zur Erzeugung von Awareness-Informationen, wie von Mariani (1997) vorgeschlagen, würde aufgrund der verschiedenen zu unterstützenden Protokolle einen erheblichen Aufwand bedeuten. Statt dessen wird über eine regelmäßig erfolgende – aber auch zu beliebigen Zeitpunkten vom Benutzer durchführbare – Kontrolle der Datenbank überprüft, wo sich Änderungen ergeben haben und es werden gegebenenfalls notwendige Aktionen ausgelöst. Die Implementierung dieser Funktion erfolgt auf der Serverseite.

Während die Lernenden, aber auch die Autoren bei der Benutzung in den Lehrveranstaltungen, auf das HyperSkript über den Standard-WWW-Port des Servers zugreifen, verwenden die Autoren zur Bearbeitung von Dokumenten einen Zugang über einen separaten Port, der die speziellen Funktionen der Autorenumgebung bereitstellt. Dies ermöglicht zum Einen die Umsetzung einer einfach zu bedienenden Oberfläche; zum Anderen ist es so möglich, in einem Fenster die Autorensicht, in einem weiteren die Benutzersicht zu präsentieren, um beispielsweise die Darstellung der Materialien für die Lernenden zu überprüfen. In er Autorensicht stehen die Funktionen zur Erstellung und Bearbeitung von Modulen der Verbundschicht und von Bereichen für Dokumente der Basisschicht sowie Werkzeuge zur Administration zur Verfügung. Dabei beschränken sich die zu implementierenden Funktionen auf das Management der Dokumente (Suche nach neuen und geänderten sowie zur Freigabe oder Löschung vorgeschlagenen Dokumenten, Freigabe von Modulen, Erstellung von Arbeitskopien usw.). Die Bearbeitung der einzelnen Objekte erfolgt mit gewöhnlichen Werkzeugen. In beiden Fällen kann zusätzlich der volle Umfang der Hyperwave-Funktionalität genutzt werden, so dass eine automatische Speicherung alter Versionen sowohl auf dem Server als auch in Archivdateien möglich ist.

Neben den angesprochenen Informationen über den Bearbeitungsstand von Dokumenten werden auch Informationen über die Autoren bereitgestellt, soweit sie dies wünschen. Derzeit kann lediglich abgerufen werden, welche Autoren gerade am Server angemeldet sind. Über ein spezielles Benutzerobjekt werden den Co-Autoren externe Kommunikationsmöglichkeiten (angebunden über Anwendungen wie E-Mail und Konferenzsysteme) zur Verfügung gestellt.

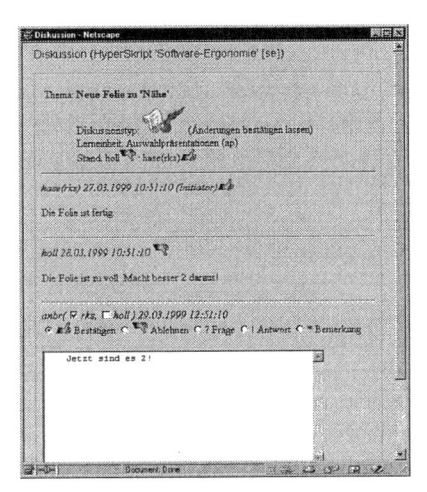

Abbildung 4: Eine Diskussion im Forum des HyperSkripts. Neben dem aktuellen Zustand der Abstimmung wird auch der zeitliche Verlauf der Diskussion vermerkt. Im unteren Teil kann der Autor einem Modul zustimmen oder die Diskussion fortführen.

Diskussionsprozesse können so bei Bedarf über diese externen Kommunikationsmöglichkeiten erfolgen oder auch durch ein Diskussionsforum, das in den Server integriert ist. Die eigentliche Abstimmung erfolgt über spezielle, jeweils an die einzelnen Module gebundene HyperSkript-Foren, in denen neben kleineren Diskussionsbeiträgen insbesondere der Stand der Diskussion in Form von Zustimmung oder Ablehnung der einzelnen Autoren vermerkt wird (siehe Abbildung 4). Um eine informelle Kooperation auch über andere Medien und Werkzeuge zu ermöglichen, erlaubt es der zunächst implementierte offene Ansatz, eine Zustimmung oder Ablehnung im Namen eines anderen Autors abzugeben. Dabei wird protokolliert, wer an wessen Stelle abgestimmt hat. Nach Beendigung des Abstimmungsprozesses erfolgt eine Benachrichtigung des verantwortlichen Autors, der daraufhin die Freigabe bzw. Löschung veranlasst. Wahlweise kann dies auch automatisch erfolgen, sobald ein eindeutiges Abstimmungsergebnis vorliegt (siehe Kleim 1999).

Zusammenfassung

HyperSkript ist kein neues Kooperationskonzept sondern ein Ansatz, der verschiedene theoretische Ansätze verknüpft. HyperSkript bietet Unterstützung bei praktischen Problemen, die in der Lehre auftreten, wie beispielsweise bei der Erstellung und langfristigen Pflege von Dokumenten oder beim aktiven Umgang der Lernenden mit elektronischem Material. In einem evolutionären Entwicklungsprozess wurde für die Produktion elektronischer Skripten der schon vorher von uns eingesetzte Datenbank-orientierte WWW-Server (Hyperwave) zu einer verteilten Autorenumgebung erweitert. Dabei wurden zusätzliche Werkzeuge zur Unterstützung von Abstimmungsprozessen, Benachrichtigungsmechanismen und zur möglichst komfortablen Verwaltung von Zugriffsrechten implementiert.

Neben der Entwicklung einer Autoren- und Lernumgebung sowie von Zusatzwerkzeugen zur Erstellung multimedialen Materials wird prototypisch ein verteilt erstelltes und verteilt nutzbares Skript von zwei Dozenten entwickelt, eingesetzt und getestet. Dieses ist für die Ausbildung in den Bereichen „Software-Ergonomie" und „Gestaltung von Multimediasystemen" konzipiert. Die bisherige Evaluation zeigt, dass die Studierenden die Materialien/das HyperSkript (welches kontinuierlich erstellt und erweitert wurde) zunehmend besser beurteilen. Die damit zuletzt in Paderborn durchgeführte Veranstaltung „Software-Ergonomie" im Wintersemester 1998/99 wurde von den Studierenden als beste Veranstaltung des Fachbereichs bewertet. Dieses hängt sicher auch von weiteren Faktoren ab, deren exakte Ermittlung mit einem aufwendigen Evaluationsverfahren aber nicht unser Ziel war. Vielmehr versuchen wir für Probleme technischer Natur (Verfügbarkeit von Materialien für die Studierenden, Aufwand bei der Erstellung multimedialer Dokumente, ...), Lösungen zu finden, diese im Alltag einzusetzen und zu untersuchen, welchen Aufwand sie von den Beteiligten erfordern. Durch die Möglichkeit für die Produktion auch vorher genutzte Standard-Software einzusetzen und für die Verwaltung der Materialien möglichst wenig formale Vorgaben zu machen, scheint uns der HyperSkript-Ansatz geeignet zu sein, elektronische Skripte ohne zusätzliche Ressourcen im universitären Alltag zu produzieren, zu pflegen und einzusetzen.

Literatur

Bader, O., Holl, F.-L., Meier, J.: HyperSkript — Designing a new Learning Environment. In: *Proceedings of HCI International'99 — 8th International Conference on Human-Computer Interaction*, Stuttgart: IRB-Verlag, 1999, S. 239-240.

Brennecke, A., Keil-Slawik, R.: Notes on the "Alltagspraxis" of Hypermedia Design. In: H. Maurer (ed.): *Educational Multimedia and Hypermedia, Proceedings of ED-MEDIA 95*. Charlottesville (Va.): AACE 1995, pp. 115-120.

Brennecke, A., Engbring, D., Keil-Slawik, R., Selke, H.: Das Lehren mit elektronischen Medien lernen – Erfahrungen, Probleme und Perspektiven bei multimediagestütztem Lehren und Lernen. *Wirtschaftsinformatik* 39 (6), 563–568 (1997).

Brennecke, A., Holl, F.-L., Keil-Slawik, R., Meier, J., Selke, H.: Hyper-Skript – Entwicklung und Nutzung von verteilten Multimediaskripten. In: Arend, U., Eberleh, E., Pitschke, K. (Hrsg.): *Software-Ergonomie '99 – Design von Informationswelten*. Stuttgart Leipzig: Teubner 1999, S. 387–388.

Friedrich, S., Lippmann, L., Meißner, K., Wehner F.: Kommunikation und Kooperation in komponentenbasierten Lehr-Lern-Systemen. In: *Proceedings of „ICL99"*. International Workshop, Interactive Computer aided Learning – Tools and Application, Villach, Austria, 7. - 8. 10. 1999.

Grimm, R., Hoff-Holtmanns, M.: Evaluating a Simple Realization of Combining Audio and Textual Data in Educational Material — Making Sense of Nonsense. In: Collis, B., Oliver, R. (ed.): *Proceedings of ED-MEDIA 99*. Charlottesville (Va.): AACE 1999, pp. 1390-1391.

Gutwin, C., Greenberg, S.: *Workspace Awareness*. Position paper for the ACM CHI'97 Workshop on Awareness in Collaborative Systems, Atlanta, Georgia, March 22-27 1997.

Keil-Slawik, R., Selke, H.: Der Aufbau von lernförderlichen Infrastrukturen. *Bibliothek* 22 (1), 51–59 (1998).

Kleim, St.: *Konzeption und Entwicklung von Mechanismen zur Unterstützung von Abstimmungsprozessen bei der Erstellung und langfristigen Pflege von verteilten Multimediaskripten*. Diplomarbeit, Universität Paderborn, 1999.

Koch, M.: *Unterstützung kooperativer Dokumentenbearbeitung in Weitverkehrsnetzen*. Dissertation, Fakultät für Informatik der Technischen Universität München, 1997.

Mariani, J. A.: SISCO: Providing a Cooperation Filter for a Shared Information Space. In: Hayne, St. C., Prinz, W. (eds.): *GROUP'97. Proceedings of the International ACM SIGGROUP Conference on Supporting Group Work: The Integration Challenge*. 16.-19. November 1997, Phoenix, Arizona, USA. New York: ACM Press 1997, S. 376-384.

Meier, J., Holl, F.-L.: HyperSkript: eine multimediale Intranet-Lernumgebung. In diesem Band, 1999.

Schulte, C., Selke, H., Huth, C.: Kooperative Arbeitsplattformen — CSCW-Systeme (BSCW, Hyperwave und Lotus Notes) in Lehr- und Lernkontexten. *LOG IN* 19 (3/4), 42–55 (1999).

Teufel, St., Sauter, Ch., Mühlherr, Th., Bauknecht, K.: *Computerunterstützung für die Gruppenarbeit*. Bonn: Addison-Wesley 1995.

Das Projekt „Entwicklung und Nutzung von verteilten Multimediaskripten" (HyperSkript) wird in Kooperation von der Fachhochschule Brandenburg und der Universität Paderborn durchgeführt und als Modellvorhaben durch die Bund-Länder-Kommission und die Länder Nordrhein-Westfalen und Brandenburg gefördert (FKZ: 311-41009-F 0654.00).

Teil V

Erfahrungen und Evaluationen

Evaluation der CASTLE Umgebung für kooperatives Lernen[1]

Christine Koppenhöfer, Tilo Böhmann, Helmut Krcmar

Universität Hohenheim
Lehrstuhl für Wirtschaftsinformatik (510H)
70593 Stuttgart

{ckoppenh, boehmann, krcmar}@uni-hohenheim.de

1 Einleitung

Unbestritten und in zahlreichen Publikationen in den letzten Jahren aufgegriffen, bietet Distance Learning zahlreiche Vorteile für unsere Gesellschaft: Lernen zu Zeiten und an Orten, die optimal in den persönlichen Rhythmus passen, Lernen in selbst gewählter Geschwindigkeit, oder die Auswahl individueller lerntypengerechter Vermittlungsformen sind nur einige der beschriebenen Vorteile. Dies ist gerade unter dem Aspekt „lifelong learning" und in diesem Zusammenhang für Menschen, die aufgrund beruflicher und familiärer Verpflichtungen nur über ein sehr stark eingeschränktes Zeitbudget verfügen, interessant. Distance Learning ermöglicht dieser bedeutenden Zielgruppe eine Weiterqualifizierung, die in traditionellen Seminaren mit vielen Präsenzveranstaltungen nicht möglich wäre. Der direkte Austausch mit Mitlernenden bringt jedoch gerade aus pädagogisch-didaktischer Sicht unbestreitbare Vorteile mit sich (Schulmeister 1996; Reinmann-Rothmeier/Mandl 1996), die durch die gängigen individuellen Distance Learning-Formen (Computer-Based Training (CBT) bzw. Web-Based Training (WBT)) verloren gehen (Mittrach 1999). Die Forschung zu computergestütztem, kollaborativem Lernen (CSCL) schlägt hier verschiedene Lösungen vor, um kooperatives Lernen mit der Flexibilität von Distance Learning zu verbinden: Zum einen könnte das individuelle Lernen durch zeitversetzte Kommunikation und Kooperation verbessert werden (vgl. Hiltz/Turoff 1992; Hesse/Giovis 1997; Nistor/Mandl 1997; Kunth 1997). Ein weiterer vielversprechender Ansatz stellen synchrone, virtuelle Seminare dar, die eine direkte Kommunikation und Kooperation zwischen den Lernenden und somit die Umsetzung konstruktivistischer Lerntheorien ermöglichen.

---

[1] CASTLE steht für *Computer Aided System for Tele-Interactive Learning in Environmental Monitoring*. Das Projekt wurde im Rahmen des EU-Programmes *Environment and Climate*, DG XII, Nr. ENV4 CT96 0312 von August 1997 bis Juli 1999 gefördert.

Im Rahmen des CASTLE Projektes haben die Projektpartner[2] eine Internet-Lernumgebung entwickelt, die selbstgesteuertes, individuelles Lernen mit verteilten, synchronen Lernsitzungen kombiniert, um die Stärken beider Lernformen zu nutzen. Umweltfachleute aus Behörden, Forschungseinrichtungen und Firmen können damit Grundlagenkenntnisse über die Verwendung von Daten von Erdbeobachtungssatelliten im Umweltschutz und in der Umweltbeobachtung erwerben. Die Lernumgebung bietet Zugang zu Kursmaterialien für das Selbststudium (auch verfügbar unter http://castle.nlr.nl) sowie zu verteilten, kooperativen Lernsitzungen.

Das Konzept der CASTLE Lernumgebung wurde zum Abschluss des Projektes in einem Evaluationskurs in die Praxis umgesetzt und untersucht. Ziel des Kurses ist die Vermittlung von Grundbegriffen der satellitengestützten Fernerkundung. Für die Gestaltung des Evaluationskurses wurde dabei besonders auf Erkenntnisse zurückgegriffen, die zu Beginn des Projektes in Workshops mit Studenten der Fernuniversität und Anbietern von Telelearning gewonnen wurden (vgl. dazu Koppenhöfer et al. 1999). Darin wurden Zeitmanagement und Motivation als kritische Erfolgsfaktoren für das Fernstudium identifiziert. Der Kurs „Introduction to Remote Sensing" stützt sich auf fünf Module für individuelles Lernen und sieben virtuelle Seminare, die die Inhalte der Module vertiefen. Die virtuellen Seminare sollen zur kontinuierlichen Teilnahme motivieren und helfen, das Arbeiten im Selbststudiumsteil zeitlich zu strukturieren.

Der Schwerpunkt dieses Berichtes liegt auf Erfahrungen, die mit verteiltem, synchronem Computer-Supported Cooperative Learning im Projekt CASTLE gewonnen wurden. Im Folgenden wird zunächst die technologische Basis für die Durchführung der gemeinsamen Lernveranstaltungen erläutert. Wir stellen dann kurz dar, wie für den Evaluationskurs das Selbststudium und gemeinschaftliches Lernen kombiniert wurden. Zum Abschluß berichten wir über erste Erkenntnisse aus der Evaluation des Kurses und des Softwaresystems durch die Teilnehmer.

2 Softwareunterstützung für verteilte Lernsitzungen

Die CASTLE Software bietet über eine integrierte Oberfläche Zugang zu den Kursmaterialien für das Selbststudium und stellt die erforderlichen Werkzeuge für die Arbeit in synchronen Lernsitzungen bereit. Drei Kernpunkte sind mit der Software realisiert worden:

---

[2] Mitglieder des Konsortiums waren: Christian-Albrechts-Universität Kiel (D), C.I.C.E.M. Huelva (E), Universität Dundee (UK), Deutsches Zentrum für Luft- und Raumfahrt (D), Niederländisches Luft- und Raumfahrtlabor NLR (NL) und die Universität Hohenheim (D).

(1) Die Schaffung eines virtuellen Arbeitsraumes für gemeinsames Lernen mit geeigneten Kommunikationskanälen

(2) Die Bereitstellung von aus computerunterstützten Sitzungen bewährten Werkzeugen für die Arbeit am gemeinsamen Material (zum gemeinsamen Material vgl. Schwabe 1995).

(3) Die Möglichkeit zur Fernsteuerung des Arbeitsraumes und der verfügbaren Werkzeuge durch einen Tutor oder Moderator während der Lernsitzung.

Diese Schwerpunkte ergänzen andere Forschungsvorhaben und Produkte gut, die vor allem andere Werkzeuge für die Kooperation in den Mittelpunkt stellen und die Betonung weniger auf die Steuerungsmöglichkeiten für Tutoren legen (z.B. CROCODILE: Pfister et al. 1999) .

Um eine rasche Evaluierung und den Einsatz der Software auf Standard-PC-Umgebungen zu ermöglichen, sollte in der Entwicklung so weit wie möglich auf vorhandenen Technologien aufgebaut werden. So verwendet das System als Kommunikationsplattform zwischen den Clients Microsoft NetMeeting[3]. Da zum Zeitpunkt der Entwicklung noch keine qualitativ überzeugenden und überall einsetzbaren Werkzeuge für Multipunkt-Audiokonferenzen bereit standen, haben wir uns auf einen Audiokanal für den Tutor beschränkt, der über Broadcast-Technologien von RealNetworks zu den Teilnehmern sprechen kann. Für die Speicherung und den Zugriff auf die in den Gruppendiskussionswerkzeugen bearbeiteten Dokumente wurde ein Lotus Notes/Domino Server eingesetzt.

Der **virtuelle Arbeitsraum** (vgl. **Abbildung 1**) stellt zunächst die Kommunikationskanäle für die synchrone, verteilte Zusammenarbeit zur Verfügung. Dazu zählt zunächst der Chat, zu dem alle Teilnehmer einer Sitzung gleichermaßen Zugang haben. In ihm können öffentliche und private Nachrichten versendet werden. Dazu ist ein zwischen verschiedenen Sendestationen umschaltbarer Audiokanal verfügbar, durch den der sendende Teilnehmer zu allen anderen sprechen kann. Im Arbeitsraum werden weiterhin Informationen über den Kontext der Zusammenarbeit dargestellt, wie z.B. der Titel der aktuellen Sitzung und eine Übersicht über die Namen aller Teilnehmer. Diese wichtigen Informations- und Kommunikationselemente sind fest in der Oberfläche angeordnet, um sie jederzeit und immer an der gleichen Stelle für die Teilnehmer verfügbar zu halten. Die größere, verbleibende Bildschirmfläche ist der Arbeitsbereich, in dem die verschiedenen Werkzeuge für die Gruppenarbeit plaziert werden können. Diese Arbeitsfläche kann geteilt werden, um bis zu zwei Werkzeuge anzuzeigen. Die Auswahl und Aufteilung der Werkzeuge kann dabei

---

[3] NetMeeting ist ein eingetragenes Warenzeichen von The Microsoft Corporation, RealPlayer, RealEncoder und RealNetworks sind eingetragene Warenzeichen der RealNetworks, Inc. Lotus, Lotus Notes und Domino sind eingetragene Warenzeichen der Lotus Development Corporation.

frei konfiguriert werden, um sie an die jeweils für die Sitzungsphase notwendige Unterstützung anzupassen. Diese feste Grundstruktur des Bildschirmaufbaus erzeugt bei allen Teilnehmern den gleichen Arbeitskontext. Unterschiedliche Kontexte können leicht zu Missverständnissen führen und so die Kommunikationskanäle überlasten sowie vom Inhalt ablenken.

Die Benutzeroberfläche weist insgesamt ein einfaches, klar gegliedertes Design mit der minimalen Zahl von Bedienelementen auf. Dies soll einerseits auch Menschen mit geringer Computer-Erfahrung die Teilnahme an virtuellen Lernsitzungen ermöglichen, zum anderen aber vor allem die Einarbeitungszeit stark verkürzen. Insbesondere berufstätige Teilnehmer haben ein knappes Zeitbudget. Verlangt ein System erst eine umfangreiche Einweisung, so wird das ganze Angebot für diese Gruppe oft uninteressant, da der Zeitaufwand zu hoch ist.

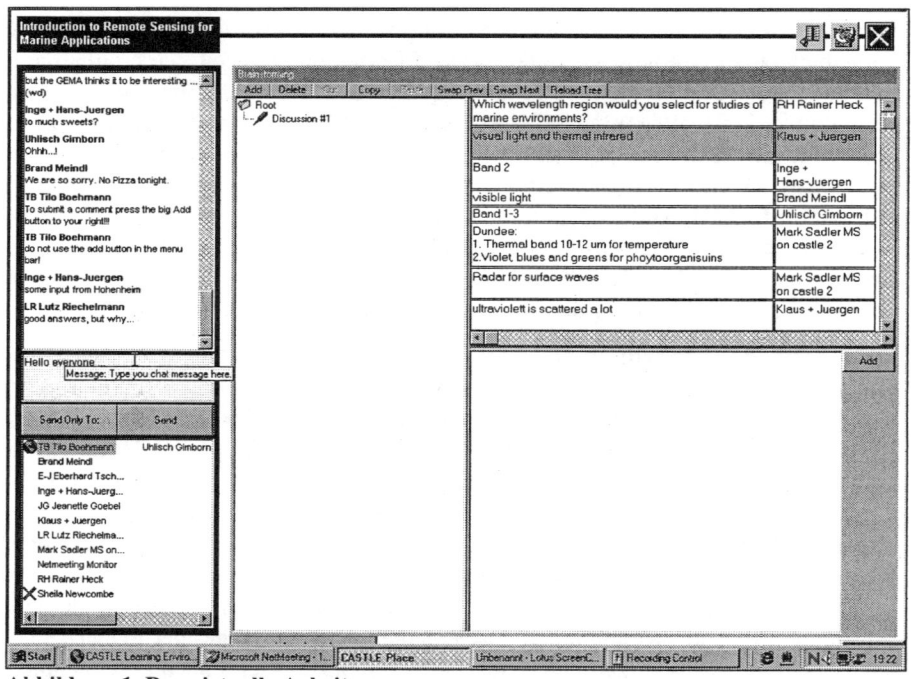

Abbildung 1. Der virtuelle Arbeitsraum

Werkzeuge: Aus Sicht der Pädagogik liegt der Hauptvorteil des kooperativen Lernens in der gemeinschaftlichen Konstruktion von Wissen in der Gruppe der Lernenden (Gräsel et al. 1998; Döring 1997). Aus der Forschung über computerunterstützte Gruppenarbeit (CSCW) lassen sich nun wertvolle Hinweise für die Unterstützung dieser Aufgabe gewinnen (Koschmann 1994), z.B. durch die Integration von Werkzeugen zur Ideengenerierung und -strukturierung. Diese für das Projekt aus der Forschung über Sitzungsunterstützungssysteme (z.B. Lewe/Krcmar 1992) übernommenen Werkzeuge unterstützen Kreativphasen (Brainstorming), Strukturierungsprozesse (Gemeinschaftliches Erarbeiten von

Gliederungshierarchien) und Abfragen von Meinungs- und Wissensständen (Abstimmungskomponente). Zur Ansicht gemeinsamen Lernmaterials stellt das System ferner einen integrierten Web-Browser zur Verfügung und für das Arbeiten mit grafischen Elementen kann ein Zeichenwerkzeug (Whiteboard) genutzt werden.

Diese Werkzeuge eröffnen allen Teilnehmern den Zugriff auf das gemeinsame Arbeitsmaterial der Sitzung. Die themenbezogene Interaktion über die Arbeit am gemeinsamen Material fokussiert dabei auf den Inhalt und entlastet die allgemeinen Kommunikationskanäle. Gleichzeitig erlauben einige Werkzeuge paralleles Arbeiten der Teilnehmer, so dass auch in der Sitzung ein Wechsel zwischen Phasen individueller und gemeinsamer Art durch die entsprechende Auswahl der verwendeten Werkzeuge möglich ist.

Diese im Projekt implementierten Werkzeuge decken zunächst grundlegende Kommunikations- und Kooperationsprozesse der Gruppenarbeit ab. Alle Werkzeuge werden über ein standardisiertes Interface eingebunden, das den Zugang zum Kommunikationsdienst zwischen den Clients einer Sitzung und zur lokalen Benutzerschnittstelle definiert. So ist eine Ergänzung um Werkzeuge mit spezielleren Aufgaben zu einem späteren Zeitpunkt leicht möglich.

Fernsteuerung für Tutoren: Um das Potential einer solchen Palette an Werkzeugen ausschöpfen zu können, müssen diese den entsprechenden Teilschritten einer Sitzung gemäß kombiniert und angepasst werden können. Für diese Aufgabe stellt das CASTLE System ein Tagesordnungswerkzeug zur Verfügung. In ihm lassen sich die geplanten Aktivitäten einer Sitzung festlegen. Jedem dieser Schritte kann dann eine Kombination von Werkzeugen im Arbeitsbereich zugeordnet werden.

Während der Sitzung kann der Tutor über das Tagesordnungswerkzeug Aktivitäten bei allen Teilnehmern verfügbar machen oder verbergen und auf diesem Wege den Teilnehmern größere oder kleinere Freiheitsgrade in der gemeinsamen Arbeit geben. So behält er auch in der verteilten Lernsituation die Möglichkeit, seine persönlichen Lehr-/Lernmodelle umzusetzen und in der Sitzung einen Spannungsbogen zu erzeugen, der bei allen Teilnehmern das Interesse wach hält und sie inhaltlich weiter bringt.

3 Evaluationsergebnisse und Diskussion

Von März bis Mai 1999 wurde ein europaweiter Evaluationskurs zum Thema „Introduction to Remote Sensing" mit insgesamt 15 Teilnehmern aus Großbritannien und Deutschland durchgeführt. Der Kurs setzte sich aus einem individuell zu bearbeitenden Web-based Training und sieben virtuellen, synchronen Seminaren sowie einem Evaluationsworkshop zusammen. Die

Teilnehmer kamen aus den Bereichen Biologie (7), Geographie (5), Physik (3) und arbeiteten in wissenschaftlichen Institutionen (6), bei Behörden (3), waren selbständig (1) oder Studenten (5). Eine Teilnehmerin musste aufgrund beruflicher Verpflichtungen den Kurs nach der Hälfte der Seminarsitzungen beenden. Die Tutoren zu den einzelnen Seminaren kamen je nach Thematik von den Standorten Dundee (UK), Huelva (E), Kiel, Köln und Stuttgart (D).

3.1 Vorgehensweise und Methodik

Zielsetzung der Evaluation war eine Analyse des Softwaredesigns, seiner Auswirkung auf den Lernprozess sowie die Gewinnung neuer Erkenntnisse für seine Weiterentwicklung. Die Studie wurde als formative Evaluation durchgeführt, d.h. es wurde keine abschließende Bewertung des Prototypen oder des Lerndesigns angestrebt. Vielmehr sollten Stärken, Schwachstellen und Entwicklungspotentiale aufgedeckt werden. Die formative Evaluation ist immer dann sinnvoll, wenn neue Wege eingeschlagen werden, die neuartige Entwicklungsprozesse verlangen und zu neuartigen Ergebnissen führen (Bortz/Döring 1995, Schulmeister 1996). Computer Supported Collaborative Learning stellt sich als äußerst dynamisches Forschungsfeld dar, da die zugrundeliegenden Technologien sich in schneller Folge ändern und entwickeln. Weiterhin existieren relativ wenig Forschungsergebnisse über die Auswirkung von Telelearning auf die Lern- und Lehrprozesse, so daß die eingeschlagene Forschungsmethodik als sinnvoll erachtet wurde. Auf Basis der Eindrücke und Bewertungen der Teilnehmer wurden die Eigenschaften des Systems und des Lernkonzeptes evaluiert. Aufgrund des niedrigen Forschungsstandes sahen wir zu diesem Zeitpunkt die Formulierung von Hypothesen und deren Prüfung auf Generalisierbarkeit als einen zweiten, zukünftigen Schritt an. An erster Stelle stand für uns eine explorative Untersuchung im Vordergrund, um erste Erkenntnisse zu gewinnen, die eine folgende Hypothesenformulierung ermöglicht. In diesem Sinne müssen auch die von uns angeführten Zahlenwerte interpretiert werden. Aus ihnen können Anregungen für eine anforderungsgerechte Weiterentwicklung der verwendeten Software, Lehr-/Lernmethoden sowie weiterführende Forschungsfragen gewonnen werden.

Aufgrund der europaweiten Verteilung der Teilnehmer wurden web-basierte, elektronische Fragebögen als Erhebungsinstrumentarium gewählt. Die Teilnehmer wurden gebeten zu Beginn des Kurses einen Einführungsfragebogen, nach jedem virtuellen Seminar einen speziellen Seminarfragebogen sowie am Ende einen Abschlussfragebogen auszufüllen. Die Teilnehmer wurden zu den Bereichen Technologie, Organisation und Didaktik befragt, wobei diese Bereiche jeweils in die Ebenen Lernumfeld, Lernarrangement und einzelne Lernepisode unterteilt wurden (vgl. auch Koppenhöfer et al. 1999). Die Fragebögen beinhalteten sowohl offene als auch geschlossene Fragen, deren Antwortskalen nach Lickert konzipiert wurden (Atteslander 1984).

Zusätzlich wurde nach Beendigung des Kurses ein virtueller Evaluationsworkshop mit allen Teilnehmern durchgeführt. Die Eindrücke und Bewertungen der Tutoren wurde auf der folgenden CASTLE Projektteamsitzung aufgenommen.

3.2 Ergebnisse zum kooperativen Lernen (virtuelle Seminare)

Im Laufe des Kurses wurden insgesamt sieben virtuelle Seminare durchgeführt. Je nach Thematik wurden die Tutoren von den verschiedenen Standorten zugeschaltet. Als Veranstaltungsform wurde eine Mischung zwischen Vortrag, Diskussionsrunde der Teilnehmer und Gruppenarbeit von den Tutoren gewählt. Im Folgenden werden einige erste, interessante Ergebnisse vorgestellt und daraus resultierende Forschungsfragen diskutiert.

3.2.1 Werkzeuggestaltung und -einsatz

Die Teilnehmer bewerteten mit einem Mittelwert von 5,7 (Skala von 1 bis 7, mit sieben als positivster Wert) die Gestaltung der Benutzeroberflächlich als tauglich für Lernprozesse. Dabei wurde auch der Aneignungsprozess der CASTLE Software als leicht angesehen (Mittelwert=5,8). Obwohl keinerlei Schulungsmaßnahmen durchgeführt wurden, traten nach der ersten Sitzung kaum noch Fragen an die Betreuer bezüglich der Bedienung der Software auf. Damit wurde auch das Designkonzept der CASTLE Software bestätigt, dass auf eine klar strukturierte Oberfläche mit möglichst wenigen Symbole setzte.

Wichtige Erkenntnisse brachte auch ein direkter Vergleich von Kommunikations- (Chat) und Kooperationswerkzeugen im Hinblick auf die wahrgenommene Unterstützung des Lernens. Während aus Sicht der Teilnehmer sich gerade der Chat als sehr funktional für das Lernen in den Sitzungen erwiesen hat, wird gleichzeitig deutlich, dass von der unfokussierten Interaktion im Chat auch eine starke Ablenkung ausgehen kann. Einzelne Teilnehmer hoben in ihren Kommentaren besonders die Möglichkeit zum Stellen von Fragen, zur spontanen Reaktion auf das Geschehen und zur Wahrnehmung anderer Teilnehmer in der Gruppe hervor. Andererseits wiesen die selben Personen auch darauf hin, dass im Chat auch Gesprächsfäden verfolgt wurden, an denen sie sich nicht beteiligen wollten und durch die sie sich gestört fühlten (z.B. Klärung technischer Probleme bei einzelnen Teilnehmern, soziale Konversation).

Werkzeuge	Lernunterstützung (7=hohe Unterstützung; Mittelwert)	Fokussiert auf Inhalt (% der Teilnehmer)
Kommunikation		
Chat	5,7	58%
Kooperation		
Ansicht		
Web-Browser	6,0	83%
Bearbeitung		
Gliederungswerkzeug	4,4	92%
Brainstorming	4,6	86%
Abstimmung	4,3	89%

Tabelle 1. Teilnehmerbewertung der Werkzeuge für Kommunikation und Kooperation

Diese Beurteilung kehrt sich bei den **Kooperationswerkzeugen** um. Mit Ausnahme des Web-Browsers wird zwar die Lernunterstützung etwas verhalten positiv bewertet, aber alle Werkzeuge halfen einer großen Mehrheit der Teilnehmer, sich auf den Inhalt der Sitzung zu konzentrieren (vgl. Tabelle 1). Zwei Faktoren mögen dafür verantwortlich sein. Zum einen werden bei Verwendung der Kooperationswerkzeuge mit Bearbeitungsfunktion Beiträge der Teilnehmer themenspezifisch strukturiert. Zum anderen werden die Werkzeuge immer im Kontext von Sitzungsaktivitäten vom Tutor verfügbar gemacht, so dass ihre Freigabe bei den Teilnehmern eine Aufforderung zur themenbezogenen Interaktion darstellt. Die hohe Bewertung des Web-Browsers bei der Lernunterstützung im Vergleich zu den positiven, aber relativ niedrigen Werten bei den Kooperationswerkzeugen ist vermutlich auf zwei Ursachen zurückzuführen. In der Evaluationsphase traten bei einigen Werkzeugen Probleme bei der technischen Stabilität und Antwortgeschwindigkeit auf, weil das System als Prototyp auf eine geringere Zahl von Teilnehmern ausgelegt war, aus personellen Gründen die Sitzungen aber nicht mehrfach für eine kleinere Personenzahl angeboten werden konnten. Das führte dazu, dass die Kooperationswerkzeuge zwar in allen Sitzungen eingesetzt wurden, aber dort nicht als hauptsächliches Werkzeug. Die Tutoren haben viel mit einer Kombination von Bildern oder Stichpunktfolien und dem Chat gearbeitet. Die Bilder und Folien wurden dabei im integrierten Web-Browser dargestellt, der so zu einem Ersatz für den Tageslichtprojektor wurde. Zudem mussten auch die Tutoren erst ein Gefühl für eine sinnvolle Aufgabengestaltung mit den Kooperationswerkzeugen gewinnen. In der Bewertung der Werkzeuge finden sich somit wahrscheinlich Aussagen über die (technische) Stabilität und Performanz der Werkzeuge, ihre Nützlichkeit im Lernkontext sowie auch über die mit Hilfe der Werkzeuge zu bearbeitende Aufgabenstellung. So mögen sich die Teilnehmer durch einige Fragestellungen unter- oder überfordert gefühlt haben. Eine verbesserte Aufgabenstellung sowie technische Performanz und Stabilität vorausgesetzt, lassen sich aber wie in anderen Studien positive Ergebnisse beim Einsatz der aus Sitzungsunterstützungssystemen entlehnten Werkzeuge erwarten (vgl. Johannsen et al. 1999, Vogel et al. 1999).

Die deutliche Trennung von allgemein verfügbarer Kommunikationsunterstützung und aufgabenbezogen einsetzbarer Kooperationswerkzeuge scheint aber ein vielversprechender Ansatz für virtuelle Lernsitzungen. Als Frage bleibt jedoch, bis zu welcher Granularität diese Aufteilung zwischen Kommunikation und Kooperation sinnvoll ist, bevor negative Effekte durch den „Channel Overload" (Moore et al. 1996) auftreten. Dabei handelt es sich um die Überforderung durch die Notwendigkeit zum schnellen Wechsel zwischen verschiedenen Medien zur Verarbeitung dort eingegangener Nachrichten. Einige Teilnehmer fühlten sich beispielsweise überfordert, wenn sowohl im Chat mit dem Tutor und zwischen den Teilnehmern kommuniziert wurde, als auch der Tutor über den Audiokanal sprach, während sie gleichzeitig in einem Kooperationswerkzeug gearbeitet haben.

3.2.2 Moderation

Im Laufe des Kurses zeigte sich die Relevanz der Moderationsrolle des Tutors deutlich. So bewerteten die Teilnehmer die Tutormoderation mit einem Mittelwert von 6,17 als äußerst wichtig für den Seminarerfolg. Im Rahmen der CASTLE Seminare stieg die Zufriedenheit mit der Moderation nach einem Einbruch beim zweiten Seminar von 3,29 (zweites Seminar) auf 6,17 (letztes Seminar). Die schlechte Bewertung des zweiten Seminars erklärt sich aber auch dadurch, dass es aufgrund technischer Probleme abgebrochen und zu einem späteren Zeitpunkt wiederholt werden musste. Das weist natürlich auch darauf hin, dass sich in dieser Bewertung der Teilnehmer auch andere Faktoren als die Moderation zum Ausdruck kommen können, so dass eine gewisse Vorsicht bei der Interpretation angebracht ist. Allerdings wird diese positive Bewertung der Rolle der Moderation auch durch offene Kommentare der Teilnehmer gestützt.

Zusammen mit den Kommentaren der Tutoren kann man davon ausgehen, dass zum einen ein Rollenwechsel des Tutors vom Wissensvermittler zum Betreuer stattfindet, auf den die Tutoren am Anfang nicht vorbereitet waren. Weiterhin muss beachtet werden, dass eine Tele-Moderation sich in starkem Maße von einem traditionellen Seminar unterscheidet. So gaben einige Teilnehmer an, dass die Reaktionszeiten der Tutoren zu Fragen oftmals sehr lange waren bzw. Fragen in einigen Fällen überhaupt nicht beachtet wurden.

Auf Basis der Ergebnisse und den Kommentaren der Teilnehmer zeigt sich, dass bei der Durchführung von virtuellen Seminaren verschiedenste Rollen besetzt sein müssen. Neben der traditionellen Wissensvermittlung und Beantwortung von inhaltlichen Fragen, muss eine technische Betreuung gewährleistet sein.

Teilnehmer müssen die Chance haben, technische Probleme schnell und ohne Störung der Mitlernenden zu lösen. Hier empfiehlt sich die Einführung eines technischen Facilitators wie er sich in der Sitzungsunterstützung (vgl. Schwabe 1995) bewährt hat. Aufgrund der vielfältigen Aufgaben des Tutors, sollte diese Rolle von einer weiteren Person übernommen werden (vgl. Berkel/Mittrach 1997). Erfolgreich zeigte sich am Ende des CASTLE Kurses auch die Einführung eines Interaktionsbrokers, der Fragen und Rückmeldungen kanalisierte und zu neuen Interaktionen aufforderte. Dies stellte die Basis für den Aufbau eines effizienten Interaktionsnetzes dar. Ähnliche Erfahrungen konnten Mark et al. (1999) für synchrone Sitzungen verteilter Projektteams aufzeigen. Die Untersuchung der vielfältigen Unterstützungsrollen der Moderation von virtuellen Seminaren birgt somit noch zahlreiche unbeantwortete Fragen.

3.2.3 Soziale Präsenz

Bei der Abschlussbefragung der Teilnehmer zeigte sich, dass nur eine mittelmäßige soziale Präsenz zwischen den Teilnehmern aufgebaut werden konnte. So ergab sich ein Mittelwert von 4,7 auf die Frage nach dem Gruppengefühl. Auf die Frage inwieweit die Teilnehmer sich gegenseitig kennen, fiel der Wert jedoch auf 1,92. Damit wurden auch Erfahrungen aus anderen Teleseminaren bestätigt (vgl. Nistor/Mandl 1997, Wulf/Schinzel 1997). Die niedrigen Werte können auf das Fehlen sozialer Hintergrundinformationen zurückgeführt werden, da eine Einschätzung mittels wahrgenommener sozialer Gesichtspunkte (Kleidung, Sprache etc.) nicht möglich ist (Hesse et al. 1995). Die zu Beginn des CASTLE Kurses durchgeführte Vorstellungsrunde erwies sich nicht als die gewünschte Basis zum Aufbau sozialer Beziehungen. Auch die durchaus über alle Seminare hinweg lebhafte Kommunikation im Chat war unzureichend. Dies kann auch auf den sehr eingeschränkten informellen Austausch zwischen den Lernden zurückgeführt werden, der für gruppendynamische Prozesse sehr wichtig ist (Kaye 1992, Kerres/Jechle 1999).

An dieser Stelle ist die Wissenschaft verstärkt gefragt, nach Methoden und Handlungsweisen zu forschen, die eine Etablierung von sozialer Präsenz in virtuellen Umgebungen ermöglicht. Ein erster, einfacher Lösungsbaustein wäre zum Beispiel die Integration von Homepages der Lernenden in die Lernumgebung, die als Nachschlagewerke von Hintergrundinformationen dienen könnten (Mittrach 1999). Letztlich müssen sich Forscher jedoch auch die Frage stellen, wieviel soziale Präsenz überhaupt vonnöten ist, um einen effektiven und effizienten Lernprozess zu ermöglichen.

3.3 Lernarrangement

Die Ergebnisse zum Aufbau des CASTLE Kurses stellten einen wichtigen Teilberich in den Evaluationsergebnissen dar. Wichtig für die Projektpartner war die Frage, ob sich die Kombination von individuellem (Web-based Training) und kollaborativem (virtuelle Seminare) Lernen bewährt hat. Einen starken Impuls für diese gegenseitige Ergänzungen gab ein Workshop mit erfahrenen Teilnehmern an traditionellen Fernlernangeboten zu Beginn des Projektes. Sie sahen diesen Weg als sinnvoll an, weil gemeinsame Veranstaltung den Lernprozess strukturieren können und der Kontakt zu anderen Lernenden von ihnen als motivierend angesehen wurde, ohne jedoch die zeitliche Flexibilität des Fernlernens aufzugeben. Nur auf die intrinsische Motivation der Teilnehmer aufzubauen, war ihrer Meinung nach ein zu wackliges Fundament. Alle Workshopteilnehmer wiesen eindrücklich und selbstkritisch auf das sehr hohe Maß an Selbstdisziplin hin, dass für das erfolgreiche Absolvieren eines klassischen Fernlernkurses notwendig ist. Daher überrascht es nicht, dass die Teilnehmer des Evaluationskurses die Kombination von webbasierten Einheiten für das selbstgesteuerte Lernen mit deren Vertiefung in virtuellen Seminaren grundsätzlich positiv aufgenommen haben (Mittelwert von 4,9). So würde die Mehrheit der Teilnehmer an einem weiteren Kurs mit dieser Struktur teilnehmen (Mittelwert = 5,5). In ihren Kommentaren haben die Teilnehmer besonders die virtuellen Seminare als Hilfe zur Strukturierung ihres eigenen Lernprozesses und als Anreiz zum regelmäßigen und konzentrierteren individuellen Lernen beschrieben. Es helfe, wenn man weiss, dass man nicht alleine lernt. Ein anderer hob die Möglichkeit zur Anwendung gelernten Wissens in den Seminaren als positiv hervor. Vor allem das direkte Feedback durch andere Teilnehmer und den Tutor sei hilfreich, bemerkten zwei andere Teilnehmer. Ähnliche Erfahrungen wurden auch im Rahmen der Virtuellen Universität der Fernuniversität Hagen gemacht (Mittrach 1999). Auf der anderen Seite wurde die Abstimmung zwischen den Selbststudieneinheiten und den virtuellen Seminaren im Evaluationskurs als verbesserungswürdig empfunden, so dass das volle Potential der Verknüpfung beider Lernformen, d.h. ein motivierender, interaktiver Lernprozess mit hoher zeitlicher Flexibilität, noch nicht zum Tragen kam.

Man sollte aber nicht glauben, dass die Teilnehmer ausschließlich an Interaktion und konstruierendem Lernen interessiert waren. Die Bewertung verschiedener Interaktionsformen lässt die Präsentation von Wissen (klassischer Frontalunterricht) relativ gut wegkommen. Dies mag zum einen mit den technischen Problemen bei Werkzeugen für die Gruppenarbeit zu tun haben, aber einzelne Teilnehmerkommentare zeigen auch eine deutliche Präferenz für die traditionelle Wissensvermittlung im virtuellen Seminar.

Für die CSCL- bzw. Telelearning-Forschung bleibt die Frage, wieviel Strukturierung ein Lernarrangement braucht. Eine schnelle Abfolge von virtuellen Seminaren entfaltet eine große Strukturierungswirkung, reduziert aber gleichzeitig die zeitliche Flexibilität der Teilnehmer. Zeitliche Flexibilität ist aber gerade bei berufstätigen Teilnehmern eines der wichtigsten Argumente für Fernlernen (vgl. auch Mittrach 1999). Vor diesem Hintergrund hat sich eine klare Mehrheit der

Teilnehmer des Evaluationskurses für einen zweiwöchigen Abstand der virtuellen Seminare ausgesprochen.

4 Ausblick

Das Lernen mit neuen Technologien und die Möglichkeit, mit Personen quer durch Europa zusammenzuarbeiten, begeisterte die Teilnehmer. Insgesamt waren sie mit der Kombination aus individuellem und kooperativem, verteiltem Lernen zufrieden. Insbesondere hoben die Teilnehmer die Zeitersparnis dieses Fortbildungsweges hervor.

Die Bewertung des Arbeitsraumes und der Kommunikationskanäle zeigt, dass verteiltes, synchrones Lernen auch jenseits des High Tech funktionieren kann. Um einen Information Overload zu vermindern, sollte jedoch bei der Gestaltung von CSCL-Systemen auf ein übersichtliches und einfaches Design geachtet werden. Aus Gruppenarbeitsicht zeigte sich die Übernahme von Electronic Meeting Systems-Werkzeugen als vorteilhaft für den Lernprozess. Offen ist bisher die Forschungsfrage nach den konkreten Anforderungen kooperativen Lernens an die Werkzeuggestaltung, der noch weiter nachgegangen werden muss. Als äußerst interessant erwiesen sich die Erfahrungen zur Tutorenrolle. Neben der reinen Wissensvermittlung, stehen das Coaching der Lernenden, die Betreuung der technischen Infrastruktur wie auch die Förderung von Interaktion (Interaktion-Broker) als weitere Aufgaben gegenüber traditionellen Seminaren da. Es erscheint zweifelhaft, dass nur eine Person diese Vielfalt an Rollen übernehmen kann. Im Zusammenhang mit der Interaktion muss auch die soziale Präsenz gesehen werden. Ein konsequenter Aufbau einer virtuellen Lerncommunity muss durch die Lernumgebung z.B. durch individuelle Homepages wie auch via Moderation beispielsweise durch Interaktionsförderung erfolgen, um die erforderliche Basis für kooperatives Lernen zu schaffen.

Eine der Hauptfragen für die CSCL-Forschung bleibt jedoch, vor dem Hintergrund dieser Erfahrungen, die Entwicklung eines „idealen" Kurskonzeptes für die Kombination von individuellem Lernen und internetbasierten virtuellen Seminaren. Erste Hinweise können aus den CASTLE Evaluationsergebnissen gezogen werden (vgl. Abbildung 2). Diese sind dabei nicht als empirisch ermittelte „Gesetze" zu verstehen, sondern als erstes Destillat der gemachten Erfahrungen, das durch weitere Kurse und Evaluationen überprüft werden muss.

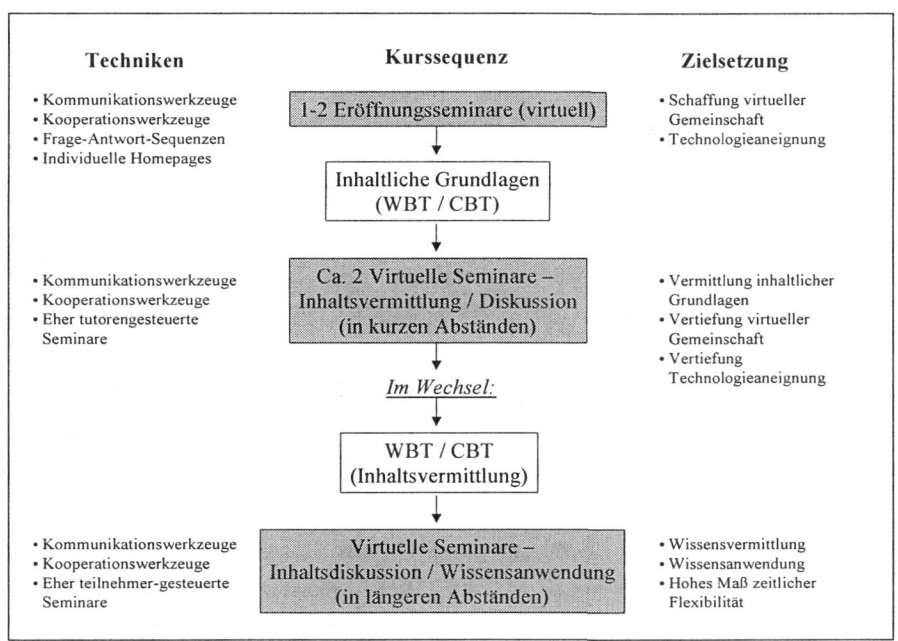

Techniken	Kurssequenz	Zielsetzung
• Kommunikationswerkzeuge • Kooperationswerkzeuge • Frage-Antwort-Sequenzen • Individuelle Homepages	1-2 Eröffnungsseminare (virtuell) ↓ Inhaltliche Grundlagen (WBT / CBT) ↓	• Schaffung virtueller Gemeinschaft • Technologieaneignung
• Kommunikationswerkzeuge • Kooperationswerkzeuge • Eher tutorengesteuerte Seminare	Ca. 2 Virtuelle Seminare – Inhaltsvermittlung / Diskussion (in kurzen Abständen) ↓ *Im Wechsel:* ↓ WBT / CBT (Inhaltsvermittlung) ↓	• Vermittlung inhaltlicher Grundlagen • Vertiefung virtueller Gemeinschaft • Vertiefung Technologieaneignung
• Kommunikationswerkzeuge • Kooperationswerkzeuge • Eher teilnehmer-gesteuerte Seminare	Virtuelle Seminare – Inhaltsdiskussion / Wissensanwendung (in längeren Abständen)	• Wissensvermittlung • Wissensanwendung • Hohes Maß zeitlicher Flexibilität

Abbildung 2: CSCL-Kurskonzept

Am Anfang des Kurses sollte eine schnelle Folge von Seminaren stehen. Das erste Seminar sollte schwerpunktmäßig zum Schaffen einer virtuellen Gemeinschaft unter den Teilnehmern dienen. Dazu sollten diese bereit sein, sich durch eine individuelle Homepage vorzustellen, die auch später immer wieder abrufbar ist. Auch Frage-Antwort-Sequenzen, bei denen man die Möglichkeiten zur Interaktion mit den virtuellen Teilnehmern ausloten kann, sind wichtig. Dabei erlernen die Teilnehmer auch den Umgang mit der Technologie. Unserer Erfahrung nach hat es sich bewährt, die Bedienung des Systems durch das System selbst zu erklären. Zusätzliche Materialien lenken nur ab, denn die Teilnehmer müssen viele Informationen gleichzeitig verarbeiten. Weiterhin sollten die Grundfunktionen eines System zur Unterstützung von Interaktion in Echtzeit so einfach gestaltet sein, dass es sich auch ohne große Erklärungen bedienen lässt. Wie Grudin schon betonte, gelten für kollaborative Systeme andere Entwurfsregeln als für Einzelplatzsysteme (Grudin 1994).

Nach der Einstiegssitzung kann nun in einer kurz darauf folgenden Sitzung mit dem inhaltlichen Arbeiten begonnen werden, wobei das Programm nicht zu straff gestaltet sein sollte, damit das Erlernen der Systembedienung und der virtuellen Interaktionsmuster vertieft werden kann. Nach etwa zwei Sitzungen sollte sich die virtuelle Lerngemeinschaft so etabliert haben, dass dann auf einen längeren Abstand zwischen den Veranstaltungen umgestellt werden kann, damit die Teilnehmer ein größeres Maß an zeitlicher Flexibilität erhalten. Parallel dazu kann die Interaktion der Teilnehmer durch zeitversetzten Kontakt, z.B. durch E-Mail verstärkt werden. Hier ist sicherlich auch der Einsatz einer Software zur Organisationsunterstützung von virtuellen Lerngruppen wie z.B. Lotus LearningSpace sinnvoll, da so der Austausch von Informationen über die Kursinhalte und -organisation unterstützt werden kann. Man sollte an dieser Stelle aber nicht das Zeitbudget der Teilnehmer überschätzen und auch im Auge behalten, dass meist nicht das Entstehen einer virtuellen Gemeinschaft mit hoher sozialer Präsenz sondern der Lernfortschritt Ziel der Veranstaltung ist. Wieviel Gemeinschaft für das erfolgreiche Lernen im virtuellen Seminar notwendig ist, bleibt zunächst eine offene Forschungsfrage.

5 Literatur

Atteslander, P. (1984): Methoden der empirischen Sozialforchung. 5. Aufl.; Berlin, New York: de Gruyter.

Berkel, T.; Mittrach, S. (1997): Internet Technologies for Teleteaching – Report on an Internet-Based Seminar in the Virtual University. In: Proceedings of ICCE97, Malaysia.

Bortz, J.; Döring, N. (1995): Forschungsmethoden und Evaluation. 2. Aufl., Berlin, Heidelberg, New York: Springer-Verlag

Döring, N. (1997): Lernen und Lehren im Internet. In: Batinic, B. (Hrsg.): Internet für Psychologen. Hofgrefe-Verlag, S. 359-388.

Gräsel, C.; Fischer, F.; Bruhn, J.; Mandl, H. (1997). Ich sag' Dir was, was Du schon weißt. Eine Pilotstudie zum Diskurs beim kooperativen Lernen mit Computernetzen. Forschungsbericht Nr. 82. München: Ludwig-Maximilians-Universität, Lehrstuhl für Empirische Pädagogik und Pädagogische Psychologie.

Grudin, J. (1994): Groupware and social dynamics: Eight Challenges for developers. Communications of the ACM, 37(1), S. 92-105.

Hesse, F.W.; Grasoffky, B.; Hron, A. (1995): Interface-Design für computergestütztes kooperatives Lernen. In: Issing, L.J.; Klimsa, P. (Hrsg.): Information und Lernen mit Multimedia. Weinheim: Psychologie Verl. Union, S. 253ff.

Hesse, F.W.; Giovis, C. (1997): Struktur und Verlauf aktiver und passiver Partizipation beim netzbasierten Lernen in virtuellen Seminaren. In: Unterrichtswissenschaften, 25 (1), S. 34-55.

Hiltz, S.R.; Turoff, M. (1992): Virtual Meetings: Computer Conferencing and Distributed Group Support. In: Bostrom, R.P.; Watson, R.T.; Kinney, S.T.

(Hrsg.): Computer Augmented Teamwork. New York: Van Nostrand Reinhold, S. 67-85.

Johannsen, A.; Diggelen, v.W.; Vreede, d.G.-J.; Krcmar, H. (1999): Effects of Telepresence on Cooperative Telelearning Arrangements – Results of a Field Study. In: Vreede, d.G.-J.; Ackermann, F. (Hrsg.): Proceedings of the 10th EuroGDSS Workshop, S. 45-61.

Kaye, A.R. (1992): Learning Together Apart. In: Collaborative Learning Through Computer Conferencing. Berlin u.a.: Springer, S. 1ff.

Kerres, M.; Jechle, Th. (1999): Betreuung des mediengestützten Lernens in multimedialen Lernumgebungen. In: Unterrichtswissenschaften, 27 (4).

Koppenhöfer, C.; Böhmann, T., Krcmar, H. (1999): Lernerzentriertes Design einer internet-basierten kollaborativen Telelearning-Umgebung. In: Zentralstelle für Weiterbildung TU Braunschweig: Tagungsband „Elektronische Medien in der wissenschaftlichen Weiterbildung", TU Braunschweig 1999, S. 181-192

Koschmann, T. (1996): Paradigm shifts and instructional technology. In: Koschmann, T. (Hrsg.), CSCL: Theory and practice of an emerging paradigm. Mahwah, NJ: Lawrence Earlbaum, S. 1-23.

Lewe, H.; Krcmar, H. (1992): GroupSystems: Aufbau und Auswirkungen. In: Information Management, Vol. 7, Nr. 1, Januar, S. 32-41.

Lewe, H. (1994): Computer Aided Team und Produktivität. Wiesbaden: Deutscher Universitäts-Verlag.

Kunth, A. (1997): Projekt Internet-Fernstudium, Zwischenbericht. Http: hydra.informatik.tu-chemnitz.de/dfn/dfn2/dfn2.html.

Mark, G.; Grudin, J.; Poltrock, S.E. (1999): Meeting at the Desktop: An Empirical Study of Virtually Collocated Teams. In: Proceedings of ECSCW`99, Denmark.

Mittrach, S. (1999): Lehren und Lernen in der Virtuellen Universität: Konzepte, Erfahrungen, Evaluation. Aachen: Shaker.

Moore, D. M.; Burton, J. K.; Myers, R. J. (1996): Multiple-Channel Communication: The Theoretical and Research Foundations of Multimedia, in: Jonassen, D. H. (Hrsg.): Handbook of Research for Educational Communications and Technology. New York: Macmillan, S. 851-879

Nistor, N.; Mandl, H. (1997): Lernen in Computernetzwerken: Erfahrungen mit einem virtuellen Seminar. In: Unterrichtswissenschaften, 25 (4), S. 19-33.

Pfister, H.-R.; Wessner, M.; Beck-Wilson, J. (1999): Soziale und kognitive Orientierung in einer computergestützten kooperativen Lernumgebung, In: U. Arend, E. Eberleh, K. Pitschke (Hrsg.): Software-Ergonomie '99. Design von Informationswelten, Stuttgart: Teubner, S. 265-274.

Reinmann-Rothmeier, G.; Mandl, H. (1996): Wissen und Handeln. Eine theoretische Standortbestimmung. Forschungsbericht Nr. 70, Lehrstuhl für Empirische Pädagogik und Pädagogische Psychologi. München: Ludwigs-Maximilians-Universität.

Schulmeister, R. (1996): Grundlagen hypermedialer Lernsysteme. Bonn: R. Oldenbourg.

Schwabe, G. (1995): Objekte der Gruppenarbeit. Ein Konzept für das Computer Aided Team. Wiesbaden: Gabler

Vogel, D.; Wagner, C.; Ma, L. (1999): Student-Directed Learning: Hong Kong Experiences. In: Proceedings of the 32nd Hawaii International Conference on System Science.

Wulf, V.; Schinzel, B. (1997): Erfahrungsbericht zur Televorlesung und Teleübung „Informatik und Gesellschaft". In: IIG-Bericht, 3/97, Universität Freiburg.

Von rollenden Schreibtischstühlen und virtuellen Studenten — Ethnographie einer Televeranstaltung

Andrea Buchholz

Centre for Research into Innovation, Culture and Technology

Brunel University, West London

Uxbridge, Middlesex

UB8 3PH, U.K.

Zusammenfassung

Um neue Lernformen in telematisch-gestützten Kursen zu entdecken, wird eine teilnehmende Beobachtung am entfernten Ende einer Televeranstaltung durchgeführt. Die implizite Prämisse bislang durchgeführter Studien, Technologie sei als feste Entität und isoliert vom Kontext ihres Einsatzes zu betrachten, wird als kritisch herausgearbeitet. Es wird gezeigt, wie sich Studierende die zur Verfügung stehende Technologie in überraschender Art und Weise zu eigen machen: So verfolgt eine Gruppe von Studierenden eine Televeranstaltung fernab vom offiziell dafür vorgesehenen Übertragungsort, einem Multimediaraum. Im speziellen wird auf zwei interessante Aspekte aufmerksam gemacht, die die durchgeführte Studie zutage gebracht hat: Parallele Tätigkeiten Studierender während der Veranstaltung (sog. "Multitasking") und das Aufbrechen von herkömmlichen Lehrformen wie Vorlesung und Übung. Es wird argumentiert, dass hier die Idee der "Domestizierung" von Technologie, die Aneignung eines technologischen Systems und seine Integration in einen schon bestehenden Kontext, das Verständnis hilfreich erweitern kann. Der Bericht schließt mit einem Plädoyer für die vermehrte Anwendung explorativer Methoden, wie sie unter anderem in der Ethnographie zu finden sind.

Schlüsselworte: Televeranstaltung, Ethnographie, Domestizierung von Technologie

1 Einleitung

Dieser Beitrag beschäftigt sich mit dem Einsatz von Informations- und Kommunikationstechnologien (IKT) in der Lehre, im speziellen mit dem Phänomen der Televeranstaltung, d.h. eine Lehrveranstaltung wird von dem Ort, an dem sie gehalten wird, an entfernte Standorte mit Hilfe von Video-, Audio- und eventuell Whiteboardverbindung übertragen. Aus diesem Szenario ergeben sich eine Vielzahl von interessanten Fragestellungen, z.B. bezüglich der organisatorischen Infrastruktur, den entstehenden Kosten, den verschiedenen Formen der Interaktion (z.B. kooperatives Lernen), des Lernerfolges, etc. Obgleich all diese Problemfelder auch von Bedeutung sind für eine erfolgreiche Einbindung von IKT in den Lehrbetrieb, ist ein wichtiger Teil, die tatsächliche Nutzung und Akzeptanz von seiten der Studierenden, bislang erstaunlich vernachlässigt worden. Mit diesem Beitrag sollen solche verschiedenen und überraschenden Nutzungsweisen von IKT (d.h. den telematischen Aspekten der Veranstaltung) von seiten der entfernten Studierendenschaft in den Mittelpunkt gerückt werden. Aufbauend darauf kann dann über entsprechende Handlungen von Televeranstaltern zur Förderung von alternativen (und möglicherweise kooperativen) Lernformen nachgedacht werden.

2 Stand der Forschung

Der vermehrte Einsatz von IKT, den momentan viele Bereiche der Bildung erfahren, erfordert ein verstärktes Augenmerk auf wissenschaftliche Begleitforschung, die sich der alltäglichen, routinemäßigen Anwendung und Integration der IKT in den Lehr/Lernbetrieb widmet. Diese hat im Laufe des letzten Jahrzehnts eine tiefgreifende Veränderung erlebt: Die vorwiegend technische Orientierung (Harasim, 1990) wurde auf erziehungswissenschaftlich-psychologische Aspekte ausgeweitet (Issing & Klimsa, 1997). Erst kürzlich sind auch organisatorische (Eckert, 1997) und kontextuelle Fragestellungen (Bryson & de Castell, 1998, Light et al., 1998) mit aufgegriffen worden. Nichtsdestotrotz orientiert sich die Forschung nach wie vor recht stark an technologisch-determinierten Ansätzen, d. h. es wird angenommen, dass ein technologisches Artefakt Eigenschaften besitzt, die seinen Einsatz bestimmen und festlegen. Das sozio-kulturelle Umfeld wird als Kontext in manchen Ansätzen wahrgenommen, ihm wird jedoch wenig Bedeutung beigemessen, was die Funktion und den Inhalt von IKT anbelangt.

Zudem steht sehr häufig das *Potential* und weniger die tatsächliche *Nutzung* von IKT im Vordergrund. Das technische Augenmerk hat dies möglich gemacht, da die Performanz der zu erforschenden Technologie im experimentellen Raum erprobt werden kann. Bei psychologischer Forschung sind menschliche Subjekte vorausgesetzt, doch auch hier hat man sich vermehrt auf das mögliche Potential der Lehr-/Lerntechnologie konzentriert und weniger auf die Eingliederung in den Lehr- und Lernalltag der Beteiligten (Mason, 1989). Machte es zu Beginn Sinn, sich auf isolierte Aspekte von IKT zu konzentrieren (wie z. B. Vor- und Nachteile von CD-ROM, Videokonferenz, Mailinglisten und ihre Auswirkungen auf den Lernerfolg), wird es nun Zeit, den Kontext der Technologien in das spezielle Umfeld mit einzubeziehen, in dem sie eingesetzt werden. Erst dieser weitere Schritt erlaubt eine aussagekräftige und zukunftsweisende Begleitforschung.

Solche Fragestellungen finden sich etwa ansatzweise in Patrick (1999), der eine Reihe von kontextuellen Parametern erarbeitet hat, die die Akzeptanz gegenüber und das erfolgreiche Abhalten von Videokonferenzen determinieren (Funktion des Treffens, verwendete Medien und Kommunikationsmodi). Patrick argumentiert, dass der Entwickler von IKT Einblicke in die Natur der Kommunikation haben sollte, die in einem bestimmten Umfeld stattfindet. Er hebt zudem die Wechselwirkung hervor, die insofern zwischen dem technologischen Apparat und den Benutzern besteht, als dass sich einerseits die Tätigkeit der Benutzer durch den Einsatz von Technologie verändert und andererseits der Einsatz und das Nutzungsfeld der Technologie durch den Benutzer beeinflusst wird. Dem letzteren Punkt soll in diesem Beitrag besondere Beachtung geschenkt werden. Resultate der vorliegenden Forschung legen es zum Beispiel nahe, per se Unterscheidungen wie Rettinger (1995) sie trifft, zwischen "Vorlesung" (formell, nicht interaktiv) und "Zusammenarbeit" (nicht formell, interaktiv), in Frage zu stellen. Dies kann nur erreicht werden, indem die komplexe Wechselwirkung von Benutzer und Technologie stärker in den Fokus gerückt wird als bisher.

Eine weitere Charakteristik bislang durchgeführter Forschungsarbeit äußert sich in der zugrunde liegenden Annahme eines kompletten Technologie-Szenarios. Äußerst selten finden semi-virtuelle Formen der Lehre und des Lernens Beachtung. Diese sind jedoch mindestens genauso erforschungswürdig, zumal organisatorische und wirtschaftliche Gründe es nahelegen, dass es diese Formen der Lehre sein werden, die die nahe Zukunft des Bildungssektors bestimmen werden. In Zusammenhang damit wird in der vorhandenen Literatur häufig vom isolierten Lernenden ausgegangen: Jedem Lernenden steht ein vernetzter Computer zur Verfügung, mit Hilfe dessen er/sie sich mit anderen Kommilitonen, dem Tutor oder dem Informationsnetz in Verbindung setzt und austauscht (das virtuelle Universitäts-Szenario). Wie jedoch IKT in *schon bestehende* Lehr-/Lernumgebungen eingesetzt und genutzt wird, soll im folgenden nachgegangen werden. Hierbei werden einige der oben beschriebenen Annahmen in Frage gestellt werden, was ein Interesse für diese Studie von Seiten der Entwickler von telematischen Lehr/Lernmodulen bekräftigen sollte.

Die bislang verwendete Methodik der Begleitforschung ist vorwiegend quantitativer Natur. Um erfolgreich quantitativ zu arbeiten, bedarf es wohlformulierten Hypothesen, die auf gewissen Annahmen beruhen. In unserem speziellen Fall, dem Einsatz von IKT in der Lehre, geht es jedoch gerade darum, zu erfahren, wie die Beteiligten, sprich die Studierenden, *selbst* mit dem technologischen System umgehen. In einem so neuen Gebiet wie Teleteaching bedarf es mehr explorativer Methoden, die auftretende Problematiken, Umgehensweisen und Lösungswege aus dem Alltag zutage bringen. Qualitative Forschungsstudien kommen somit zu kurz, so dass die Vielseitigkeit (semi-) virtueller Lehre ungewiss bleibt (Hara, 1999). Auch diesem Mangel soll mit der vorliegenden Studie Rechnung getragen werden.

3 Theoretische und methodische Annahmen

Dem diesem Beitrag zugrunde liegende theoretische und somit auch methodische Annahme geht zurück auf konstruktivistische Ansätze (siehe beispielhaft Bijker, Hughes & Pinch, 1987) und sieht daher auch den Inhalt von IKT als zur Debatte stehend. Dies bedeutet, dass IKT für unterschiedliche Menschen Unterschiedliches bedeuten und somit auch unterschiedlichen Einsatz finden. Silverstone et al. haben hierfür den Ausdruck "Domestizierung von Technologie" geprägt (1989). Es geht also um die Frage, wie IKT in die Strukturen und Routinen des Tagtäglichen (im Fall von Silverstone et al. geht es um das Häusliche, das Daheim) integriert werden, wie sie die „spezielle Semantik des Tagtäglichen" (Bausinger, 1984) ausmachen. Der vorliegende Beitrag möchte basierend auf diesem Ansatz auf die Vielseitigkeit und Ambiguität von IKT aufmerksam machen, in dem Sinne, als dass Annahmen von Seiten des Entwicklers über den Inhalt von IKT (wozu dienen IKT und was machen sie aus) unter Umständen in Konflikt damit stehen, wie Studierende IKT benutzen und wie sie der Technologie ihre Funktion zuschreiben.

In dem interdisziplinären Forschungsgebiet Computer Supported Cooperative Work (CSCW) (ähnlich wie in CSCL auch) soll eine zufriedenstellende Reaktion des Benutzers von IKT (des Lerners) gewährleistet werden, um somit das volle Potential der Technologie ausschöpfen zu können, was ultimativ zu einer Verbesserung (Erhöhung des Lernerfolgs) führen soll. Hier scheint ein ausgereifteres Verständnis von dem Umfeld, in dem IKT eingesetzt werden soll, mittlerweile unabdingbar (Hughes et al, 1997; Thomas, 1995). Ein solches Verständnis kann durch verschieden ausgerichtete Studien vermittelt werden; sehr erfolgreich hat sich hier Ethnographie (Hammersley & Atkinson, 1995; Silverman, 1997) herausgestellt. Das Interesse an Ethnographie hat in den vergangenen Jahren stark zugenommen, obgleich Interviews und Fragebögen weiterhin die gebräuchlichsten Methoden in den Sozialwissenschaften sind.

Das Grundprinzip von Ethnographie kann folgendermaßen charakterisiert werden: Das ethnographische Augenmerk rückt den sozialen Akteur und seine subjektive Orientierung in den Mittelpunkt der Betrachtung. Der dadurch ermöglichte explorative Charakter wird dem Formen von Theorie und Hypothesen vorgezogen, so wie es in klassischen Forschungsmethoden (wie standardisierte Interviews oder

Fragebögen) zu finden ist. Diese basieren auf vorgefertigten Annahmen und Kategorien, die zum Entwurf und zur Bewertung einer Studie nötig sind, unter Umständen jedoch weniger die Natur des zu erforschenden Phänomens berücksichtigen.

Wenn man der Bedeutung des Ereignisses *aus Sicht der Beteiligten* nachgehen und besondere Aufmerksamkeit der Komplexität von Verhalten und Bedeutung widmen möchte, und zwar so, wie sie "tatsächlich" in den Alltagsroutinen auftreten, scheint die direkte Einbindung des Forschenden in Form von z.B. teilnehmender Beobachtung unabdingbar. Bei seiner Begegnung mit der zu erforschenden Welt lässt der Ethnograph also theoretische Annahmen und eigene Erwartungen soweit wie möglich hinter sich und folgt stattdessen den Akteuren und ihrer Art und Weise, den Geschehnissen Sinn zu geben. Basierend darauf wird später in der Auswertung versucht, zugrundeliegende und teilweise unbewusste Normen, Werte und Annahmen zu Tage zu bringen, und das Zusammenspiel von individuellen und kollektiven Sichtweisen zu verdeutlichen.

Die Stärke von Ethnographie liegt somit in ihrer Fähigkeit, eine authentische Darstellung basierend auf detaillierten Beschreibungen der tagtäglichen Aktivitäten der Akteure in ihrer speziellen Umgebung zu geben und weniger darin, zu verallgemeinerbaren Aussagen zu kommen. Der narrative Text ist daher wichtiger Bestandteil einer Ethnographie (Van Maanen, 1995).

Warum und inwiefern also kann Ethnographie den Entwicklungsprozess von telematischen Lehr/Lerneinheiten illuminieren?

☐ Die Entwicklung und Eingliederung von technologischen Systemen ist ein Eingriff in schon bestehende, soziale Organisationen; diese können den Entwicklern häufig einen Strich durch die Rechnung machen und die intendierte Effektivität des technologischen Apparats extrem verringern. Hier kann Ethnographie durch eine liefernde Realitätskontrolle den formalen Modellierungsprozess, der zur Entwicklung von IKT nötig ist, sinnvoll ergänzen.

☐ Eine ethnographische Studie hat auch ein wichtiges erzieherisches Potential: sie kann Entwickler für die Anliegen der Welt „dort draußen" sensibilisieren und Problemfelder aufzeigen, die vorher unbeachtet geblieben sind.

☐ Ethnographie kann neue Entwicklungsmöglichkeiten eröffnen. In der Regel besteht die Intention einer Entwicklung in der Lösung eines Problems. Ein erhöhtes Verständnis von Prozessabläufen und Kommunikationsmustern in dem existierenden System wird hier meiner Meinung nach einen erfolgsversprechenderen Bezugspunkt zum Festmachen von Problemfeldern darstellen als ein dekontextualisierter Ansatz.

In diesem Artikel sollen diesen drei Anspruchskriterien an Ethnographie durch meine eigene Vorgehensweise und den gezogenen Schlussfolgerungen Rechnung getragen werden.

4 Vorgehen

Der vorliegende Beitrag ist Teil einer Forschungsarbeit, die ich im Rahmen meiner Doktorarbeit ("Students and Users in the Construction of the Virtual University") im Projekt Virtuelle Universität Oberrhein (VIROR) 1998/99 durchgeführt habe. Im speziellen werde ich im folgenden Bezug nehmen auf meine Begleitforschung zur Televeranstaltung "Rechnernetze", die von Professor Effelsberg, Praktische Informatik IV, Universität Mannheim im Wintersemester 1998/99 gehalten und an die drei Partneruniversitäten Heidelberg, Karlsruhe und Freiburg übertragen wurde. Die Studie erstreckte sich über drei Monate von Januar bis März 1999 und wurde von mir allein durchgeführt.

Den unter Abschnitt 3 formulierten methodischen Annahmen wurde in dieser Studie durch qualitative Methodik wie halboffene Gespräche und Beobachtungen und einem offenen Untersuchungsfokus Rechnung getragen. Die diesem Bericht zugrundeliegenden Daten stammen aus sechs Vorlesungsbesuchen und einem Übungsbesuch in Freiburg, sowie zwei Vorlesungsbesuchen und einem Übungsbesuch in Mannheim. Mein Interesse konzentrierte sich schnell auf Freiburg als eine der entfernten Seiten mit der höchsten Besucherzahl. Gespräche führte ich mit den Übungsgruppenleitern in Mannheim, der technischen Unterstützung in Freiburg, den Veranstaltern auf beiden Seiten und ca. 10 Freiburger Studierenden, die an der "Rechnernetze"-Veranstaltung teilnahmen. Ich werde mich in diesem Artikel jedoch vorwiegend auf die Studierenden-Kommentare beziehen.[1]

Was in der zugrundeliegenden Forschungsarbeit praktiziert wurde, kommt einer ethnographisch-*ausgerichteten* Forschung nahe: zeitliche und finanzielle Restriktionen standen in Konflikt mit der ganzheitlichen Untersuchung eines so umfangreichen Forschungsfeldes wie „Student-Sein in einer telematischen Lehreinheit" und haben es mir nicht ermöglicht, eine alles umfassende Ethnographie durchzuführen (wie in Abschnitt 3 skizziert wurde). Nichtsdestotrotz kann der Anspruch erhoben werden, dass die durchgeführte Studie erste wertvolle und kenntnisreiche Eindrücke für die Entwickler und Veranstalter von Telemodulen gibt. Im folgenden möchte ich einen speziellen Aspekt herausgreifen: Die alternative Poolhörerschaft.

---

[1] Der interessierte Leser sei für den vollen Bericht an VIROR (http://www.viror.de) verwiesen.

5 Die Veranstaltung, Version 1

Die Veranstaltung "Rechnernetze" umfasst eine vierstündige Vorlesung. Sie findet vor Ort in Mannheim statt und wird mit MBone-Tools, die eine Multicast Verbindung von Video, Audio, Chat und Whiteoboard zur Verfügung stellen, über das Internet an die drei Partneruniversitäten Freiburg, Karlsruhe und Heidelberg übertragen. Auf Mannheimer Seite "besuchen"[2] im Durchschnitt 50-60 Studierende die Vorlesung, in Freiburg finden sich 7-9 Studierende in dem offiziell für die Televeranstaltung ausgeschriebenen Multimediaraum ein. Da die "Rechnernetze"-Veranstaltung in Freiburg den Status einer Spezialveranstaltung hat, ist die scheinbar niedrige Teilnehmerzahl durchaus durchschnittlich im Vergleich zu anderen Spezialveranstaltungen in Freiburg zu sehen. Hinzu kommt, dass es wegen des geringen Alters der Fakultät Informatik ohnehin eine recht überschaubare Anzahl von Studierenden im höheren Semester gibt. Es lässt sich somit festhalten, dass eine zufriedenstellende Teilnahme und Akzeptanz der Televeranstaltung in Freiburg von seiten der Studierenden gegeben ist.

Die beteiligten Orte verfügen über unterschiedliche Studentenprofile, wie später noch von Interesse sein wird. Diese Heterogenität liegt zum Beispiel begründet in der Tradition des Fachbereichs (in Freiburg ist die Informatik extrem jung, somit kann dort von mehr "Pioniergefühl" ausgegangen werden als in etablierten Fachbereichen), den individuellen Strukturen der Studierendenschaft oder der fachlichen Ausrichtung. Zum Beispiel hören in Freiburg "reine" Informatiker "Rechnernetze", in Mannheim sind es vorwiegend Wirtschaftsinformatiker. Was den Stellenwert der Veranstaltung im Studienplan anbelangt und somit eine wichtige Randbedingung für die Resonanz der Studierenden darstellt, ist für Mannheimer Studierende "Rechnernetze" eine Wahlpflichtveranstaltung und wird schriftlich am Semesterende geprüft, in Freiburg kann sie als Spezialvorlesung mit vier Stunden (statt besuchten sechs) in der mündlich abgehaltenen Fachprüfung angerechnet werden. Außerhalb der gehaltenen Veranstaltung sollten die Studierenden nach Aussagen der Veranstalter zeitunabhängigen Zugriff auf die abgelegten Vorlesungsaufzeichnungen haben, was jedoch im vergangenen Semester mit erheblichen technischen Schwierigkeiten behaftet war. Als Online-Lehrmaterial sind für Studierende die Folien der Veranstaltung verfügbar.

Ein typischer Ablauf der Vorlesung sieht folgendermaßen aus. Ca. 15 Minuten vor Veranstaltungsbeginn schließt die betreuende Person in Freiburg den Multimediaraum auf, der für solche Televeranstaltungen ausgestattet ist. Sie startet das System, stellt den Kontakt zu den anderen Standorten her und überprüft die Tonqualität der Verbindungen. Diese stellt sich immer wieder als kritisch heraus, was nach Meinung der Veranstalter u. a. daran liegen kann, dass der

---

[2] Wie sich im Laufe dieses Beitrags zeigen wird, ist die Terminologie "besuchen" nicht so eindeutig, wie sie zunächst scheint.

Mannheimer Hörsaal für Televeranstaltungen jedesmal erneut vorbereitet werden muss und somit keine stabile Ausgangssituation gewährleistet. Es kommt einige Male zu technischen Übertragungsschwierigkeiten, die in den Beginn der Veranstaltung hineinragen. Der betreuende Dozent auf Freiburger Seite nimmt zu Veranstaltungsbeginn in dem mit ca. 25 Stühlen ausgestatteten Seminarraum Platz; die Person der technischen Unterstützung verweilt während der Veranstaltung am Rechner. Zu beobachten ist, dass die Studierenden unpünktlich eintreffen und die Übung auch verlassen, während sie noch im Gange ist. Abgesehen davon scheint das Szenario vom Aufbau her einer herkömmlichen Veranstaltung zu gleichen, wie in Abbildung 1 deutlich wird.

Abbildung 1: Studierende der Televorlesung "Rechnernetze" im Freiburger Multimediaraum

Der Vortragende lädt die Folien, hängt sich ein Mikrophon um und beginnt - ähnlich wie in einer klassischen Veranstaltung auch - seine Vorlesung. Über einen Beamer wird das Computerbild auf eine Leinwand projiziert (im Laufe des Semesters wird dies durch ein Smartboard ersetzt), so dass das elektronische Whiteboard für alle Studierenden gut ersichtlich ist. Links neben den einzelnen Folien ist ähnlich einem Inhaltsverzeichnis ein Ablauf der vorbereiteten Folien zu sehen. Somit ist die Vorlesung anschaulich strukturiert und der zeitliche Rahmen gut überschaubar. Zu sehen sind außerdem Kamerabilder der Teilnehmer aus Mannheim und Karlsruhe, eine Liste von angemeldeten entfernten Personen[3], der

---

[3] In den Veranstaltungen, bei denen ich anwesend war, umfasste die Anzahl bis zu 10 entfernte Zuhörer; diese setzten sich vorwiegend aus Mitarbeitern der vier Standorte und anderen an der *Form* der Veranstaltung Interessierte zusammen, wie etwa Mitarbeiter von Rechenzentren.

Audioregler und das Video des Dozenten. Die projizierten Folien nehmen mit Abstand den größten Raum auf der Leinwand ein.

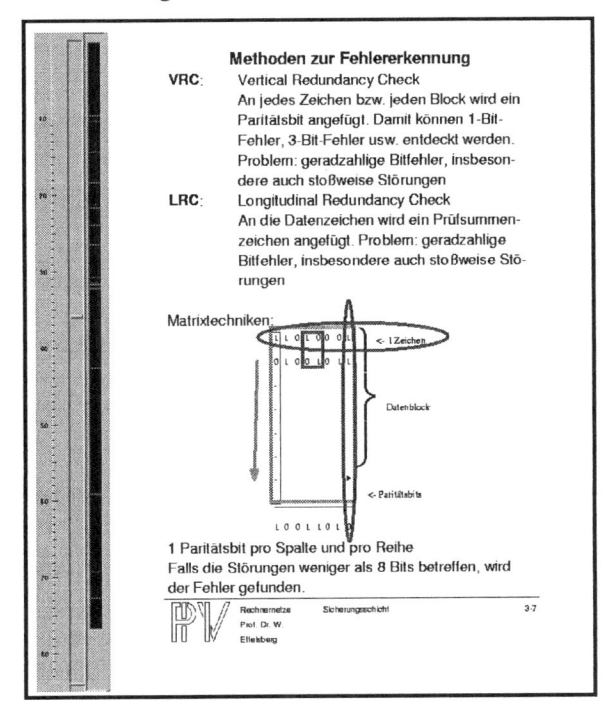

Abbildung 2: Bildschirmabzug einer AOF Aufzeichnung mit Annotationen des Dozenten (in Farbe)

Um zu verdeutlichen, worauf sich seine Kommentare beziehen, benutzt der Vortragende Pfeile oder Umrahmungen, um auf die jeweiligen Zeilen im Text oder auf Teile einer Abbildung hinzudeuten (s. Abbildung 2). Er vervollständigt seine Folien, berichtigt etwaige auftretende Fehler oder fügt Zusatzbemerkungen hinzu. Auf Freiburger Seite kommt es während der Veranstaltung hin und wieder zu Kommentaren zum Geschehen an den anderen Standorten (z.B. spaßiger Art, wenn über den einzigen Karlsruher Studenten, den man auf einer verkleinerten Videoeinstellung sieht, sagt "*Na, der kommt aber heute spät!*" oder fachlicher Art, wenn man das Besprochene des Dozenten hinterfragt "*Was meint er denn jetzt genau?!*"), die in diesem Maße wahrscheinlich nur durch den telematischen Charakter der Veranstaltung möglich sind. Hin und wieder beschäftigen sich Studierende auch auf eine Weise mit anderen Tätigkeiten, wie man es von klassischen Veranstaltungen nicht kennt: Einer der Studierenden hat zum Beispiel einen Stapel Kopien mit in die Vorlesung gebracht, um ihn während der Veranstaltung zu sortieren, was in dem Ausmaß in einer lokalen Veranstaltung nicht denkbar gewesen wäre. Hinzu kommt die Tatsache des eingeschränkten

Sichtfelds des Dozenten durch die Kamera: Wenn man sich außerhalb des Kamerafeldes setzt, kann man sich unbeobachtet und nur der anwesenden Gruppe zur Rechenschaft verpflichtet fühlen.

Der Dozent bemüht sich, Möglichkeiten zum Nachfragen einzuräumen. Prof. Effelsberg erklärt in einem Gespräch, dass man als Dozent nicht mehr den Überblick haben und jederzeit spontan Zwischenfragen beantworten kann, wenn man vier Hörsäle gleichzeitig bedient. Deshalb wurde ein Fragezyklus in die Veranstaltung eingeführt: Zwischenfragerunden finden mindestens ein Mal pro Vorlesungshälfte statt und werden von dem Dozenten eingeleitet mit *"Gibt es noch Fragen aus ...?"*. Prof. Effelsberg gibt zu Bedenken, dass diese Lösung jedoch kein Ideal darstellt, was sich an der Tatsache zeigt, dass von den entfernten Standorten sehr selten Fragen gestellt werden. Gelegentlich kommen Fragen aus Mannheim, weniger hingegen aus Freiburg (wenn, dann vorwiegend vom dortigen Betreuer), und nie aus Karlsruhe oder Heidelberg. Der Fragemodus wird somit häufig schon fast routinehaft mit einem *"Nein, keine Fragen aus ...!"* an Mannheim zurückgegeben.

Die zweistündige Übung wird in derselben Weise übertragen wie die Vorlesung. Auch hier soll kurz die Resonanz von seiten der Studierenden wiedergegeben werden, um einen authentischen Eindruck zu vermitteln. Wie von den Übungsgruppenleitern berichtet, haben sich ursprünglich über die vier Standorte hinweg 95 Studierende für die Übung eingetragen, 60 nehmen aktiv teil, indem sie Übungszettel lösen und abgeben, und ca. 30 sind in der Übung tatsächlich anwesend. Am Ende des Semesters haben 53 Studierende den Übungsschein gemacht, genauso viele wie vorgerechnet haben (davon waren 12 aus Freiburg, 41 aus Mannheim). Der Schein ist für Freiburger Studierende bedingt nutzbar, da dort insgesamt (nur) ein Schein für den Spezialvorlesungsteil nötig ist, für Mannheimer Studierende ist er nicht von Nutzen.

Bevor der Ablauf der Übung kurz beschrieben wird, sei auf Aspekte aufmerksam gemacht, die außerhalb der Veranstaltung liegen und von Bedeutung sind. Übungsaufgaben liegen in elektronischer Form vor, werden auch elektronisch abgegeben und mit einem automatisierten Verfahren korrigiert. Die Resultate werden ebenfalls automatisch an eine sogenannte "Highscore"-Liste weitergegeben. Zur Scheinvergabe muß man unter die besten 70% fallen. Um diese relative Bewertung zu realisieren, hat man sich entschieden, den Studierenden die aktuelle Rangfolge transparent zu machen, um so gehäuften Anfragen vorzubeugen.

Ein typischer Ablauf der Übung sieht folgendermaßen aus. Auch hier wird die Technik schon vorab von dem Übungsgruppenleiter in Mannheim und der Betreuerin in Freiburg betriebsbereit gemacht, die Übertragung aus und nach Freiburg getestet und die Übungsaufgaben geladen. Übertragen wird die Übung nur nach Freiburg, daher gibt es auch keine Bilder aus Karlsruhe oder Heidelberg. Zum Vorrechnen können sich Studierende in Freiburg entweder über die betreuende Person vor Ort oder vorab elektronisch bei dem Übungsgruppenleiter anmelden. So gehen sie sicher, dass sie tatsächlich zum Vorrechnen dran kommen. Wenn Studierende vorrechnen, sitzen sie an dem Rechner des jeweiligen Standortes (Multimediaraum in Freiburg), haben ein Mikrophon um, schreiben ihre erarbeitete Lösung an das elektronische Whiteboard und kommentieren dies.[4] Das Vorrechnen entfacht in der Regel ausschließlich auf Mannheimer Seite Diskussionen mit dem dort anwesenden Übungsgruppenleiter.

6 Die Veranstaltung, Version 2

Über einen Studierenden habe ich die Bekanntschaft mit einer Gruppe von vier Informatikstudenten gemacht, die regelmäßig an der "Rechnernetze"-Veranstaltung teilnehmen, dies jedoch gemeinsam von einem benachbarten Computerraum aus tun. Mit diesem Vorgehen wird die Eindeutigkeit des Wortes "besuchen" (wie in Fußnote 1 erwähnt) in Frage gestellt, da diese Studierenden für den Vortragenden nicht sichtbar sind. Da sich nur einer der vier im System anmeldet, geben auch die Zahlen auf dem Display eine verzerrte Sicht auf die Teilnehmerzahl. Diese "virtuellen" Studierenden erscheinen gegebenenfalls in der Scheinerwerbs- und der Prüfungsstatistik.

Einer der vier Interessierten meldet sich zu den Veranstaltungszeiten an und lässt die Veranstaltung (komplett mit Audio, Video und Whiteboard) auf seinem Rechner laufen. Hierbei scheint ihm das Video nicht allzu wichtig zu sein, denn ich habe beobachtet, wie es einige Male im Hintergrund belassen wird. Die restlichen Besucher des Poolraumes (neben den an "Rechnernetze" Interessierten sind auch andere Informatiker anwesend) arbeiten an ihren Computern. Der Ton der Veranstaltung ist aber für alle hörbar. Bei der Frage, ob das Audio eventuell störend sei für andere im Poolraum, meldet sich ein "Unbeteiligter" zu Wort und meint *"Und ob!"*. Die Teilnehmer der "Rechnernetze"-Veranstaltung verteidigen sich, in dem sie auf den demokratischen Entscheidungsprozess hinweisen, der dem vorangegangen sei: *"Wenn vier 'Rechnernetze' sehen wollen und zwei nicht, ist das doch demokratisch, oder?!"*.

---

[4] Die Anordnung des Whiteboards ist ähnlich wie bei der Vorlesung auch, ausser dass die Folien nur die Aufgabenstellung enthalten.

Abbildung 3: Das alternative Hörerszenario im benachbarten Poolraum

Es finden "Wellenbewegungen" zwischen den Studierenden und dem Rechner statt, an dem die Veranstaltung läuft (s. Abbildung 3). Da die Studierenden auf rollenden Schreibtischstühlen sitzen, fällt es ihnen leicht, sich zu dem "Vorlesungscomputer" zu bewegen, gemeinsam zu gucken, was der Dozent bespricht und schreibt, fachliche, lustige, zynische oder gar lästernde Anmerkungen zu machen, Fragen aufzuwerfen, zu diskutieren, weiter zuzuschauen und sich dann wieder ihren eigenen Rechnern zuzuwenden. Die Poolraum-Studierenden scheinen sich wie Wassertropfen zu einem Fluss hin zum Vorlesungscomputer zu vereinen, was mit dem Begriff "Wellenbewegung" ausgedrückt werden soll. Diese Bewegung ist in beide Richtungen (hin und weg vom Vorlesungscomputer) zu beobachten. Zurückgekehrt an ihren eigenen Rechner scheinen die Studierenden vorwiegend anderen (Programmier-)Arbeiten im Rahmen ihres Studiums nachzugehen. Einige Male ist es vorgekommen, dass einer der Studierenden zu seinem eigenen Computer zurückgekehrt ist, um eine Unklarheit aus der Vorlesung im Netz weiter zu recherchieren. Das Ergebnis hat er dann den anderen Kommilitonen mitgeteilt.

Wie ich aus Gesprächen mit diesen Studierenden erfahren konnte, waren sie ursprünglich im Multimediaraum anwesend, um von dort aus die Veranstaltung zu besuchen. Ihren Erklärungen zufolge empfanden sie die Veranstaltung jedoch als zu schleppend, als zu viele Längen enthaltend. Als Grund hierzu führen sie an, dass ein unterschiedliches Studentenprofil zu abweichenden Leistungsniveaus führt und dass sie sich nicht ausschließlich als Zielgruppe verstehen (*"Wenn es für uns spannend wird, bricht Effelsberg ab und wechselt das Thema!"*). So haben sie sich entschlossen, die Veranstaltung von ihrem gewohnten Rechnerpool aus zu verfolgen. Dies hat sich so entwickelt und war keine planmäßige Vorgehensweise. Somit können sie ihre Flexibilität wahren und ihren eigenen Arbeiten nachgehen, wenn die Vorlesung es zulässt. Den Anfang einer Vorlesung zum Beispiel, bei der ich im Poolraum anwesend war, verbrachten zwei Studierende diskutierend an einer Tafel, obgleich die Übertragung aus Mannheim schon im Gange war und der Dozent mit der Vorlesung begonnen hatte. Einer der vier wendet jedoch auch ein, dass er hin und wieder in den Multimediaraum geht, da dort ein gewisser Rahmen gegeben sei, den er zum Lernen wichtig findet. Der von diesem Studierenden beklagte "Verlust an Atmosphäre" ist auch schon in anderen Evaluationsstudien zu Tage getreten (s. Literatur aus dem Projekt TeleTeaching Heidelberg-Mannheim, Effelsberg et al., 1997). Wie dieses Phänomen begründet werden kann, bleibt weiterhin offen. Jedoch sei darauf hingewiesen, dass dies als kein allgemein anerkanntes *Problem* gilt: Z. B. geht ein Studierender gar nicht zur Vorlesung, sondern will sich mit Hilfe der Aufzeichnungen auf die Prüfung vorbereiten. Ausserdem bleibt festzuhalten, dass Studierende einen unterschiedlichen Umgang mit dieser Thematik entwickeln und praktizieren, z. B. die Poolraum-Hörer: Sie lassen eine *neue* Atmosphäre entstehen.

Der Zwischenfragerunde wird im Poolraum in der Regel größere Beachtung geschenkt als Teilen der Vorlesung. Die Frage nach Freiburg betrifft eigentlich jedoch nur den Multimediaraum, denn die Studierenden im Poolraum nebenan haben kein Mikrophon angeschlossen und sind somit auch keine potentiellen Interaktionspartner. Wenn aus dem Multimediaraum hin und wieder Fragen von dem dort betreuenden Dozenten gestellt werden, tritt hier eine Art "Gruppengefühl" zutage. Wenn es zu der Zwischenfragerunde kommt, sind sie ganz gespannt, ob von "ihrer Gruppe" nebenan Fragen gestellt werden. Wenn dies geschieht, freuen sie sich und sympathisieren mit dem Fragenden. Sie fühlen sich hier persönlich eingebunden und raten eventuell gemeinsam, wer es ist, der fragt. Auf die Frage, warum sie selbst kein Mikrophon angeschlossen haben, entgegnet man mir, dass der Schwierigkeitsgrad der Veranstaltung so niedrig sei, dass man kaum Fragen zu stellen bräuchte. Auch die Übung schauen sie sich in der oben beschriebenen Weise im Poolraum an. Die Übungszettel werden in der Runde vorab besprochen, so dass Fragen vor der Übung geklärt werden können. Vorgerechnet haben alle vier aus der Gruppe, dafür sind sie im benachbarten Multimediaraum erschienen.

7 Diskussion

Was die "Entdeckung" des vorgestellten alternativen Lernszenarios zeigt, sind erste Ansätze, wie kreativ und unterschiedlich Studierende mit einer sich verändernden Lehr-/Lernsituation umgehen. Es findet eine "Domestizierung" von Technologie statt und somit ein Prozess, den Technologie-konzentrierende Ansätze nicht erklären können. Insgesamt deutet sich an, dass eine praktische Umsetzung der zur Verfügung stehenden Technologien in den Lehr-/Lernbetrieb und die erwartete Akzeptanz von seiten der Studierenden kein geradliniger Prozeß ist. In Gesprächen mit und bei der Beobachtung von Studierenden kommt es häufig zu konfliktreichen Aussagen bezüglich dieses Sachverhaltes: Verbal argumentiert wird zwar vorwiegend technik-determiniert, d. h. wenn die Technologie X bereitsteht, werde ich sie nutzen (müssen). Das Handeln sieht aber häufig anders aus, da Studierende Online-Diskussionsforen oder Aufzeichnungen nicht nutzen, obgleich sie solche vorab als wünschenswert und positiv bewertet haben, und da es zu neuen Formen der IKT-Nutzung kommt, wie im oben beschriebenen Poolraumszenario. Ein lineares Verhältnis von "besserer" Technik[5] zu höherer Akzeptanz ist durch Erfahrungen wie diesen somit nicht gegeben. Resultierend daraus lässt sich sagen, dass vor einer auf Technik fokussierten Betrachtung zu warnen ist.

Ein überraschender Aspekt, den diese Studie zutage gebracht hat, betrifft die von den Studierenden geleistete "Multitasking-Arbeit": Während sie die Veranstaltung "besuchen", gehen sie Arbeiten für andere Kurse nach, erledigen Programmiertätigkeiten für den Hiwi-Job oder halten email-Kontakt zu Freunden. Ein experimenteller Aufbau der Studie hätte solch vielschichtige, parallellaufende Tätigkeiten der Studierenden nicht zum Vorschein gebracht. Überhaupt scheint dies ein Aspekt des Studierenden-Seins zu sein, den die Forschung bislang sehr vernachlässigt hat.[6] Der Begriff "Multitasking" stammt ursprünglich aus der Welt des automatisierten Arbeitens. Doch wie die vorliegende Ethnographie zeigt, könnte diese Form des Vorgehens zusehends für menschliche Handlungen von Bedeutung sein. Fragen, die hieraus entstehen und denen dementsprechend nachgegangen werden sollte wären z. B.: Wie werden Tätigkeiten "multitaskingfähig"? Wie koordinieren Studierende diese vielfältigen Arbeiten? Was für eine Rolle spielen IKT in deren Organisation?

Eine weitere Fragestellung, die diese Studie aufwirft, betrifft die strikte Trennung zwischen Veranstaltungsformen wie Vorlesung, Übung und Seminar. Im Teleteaching-Bereich wurde bislang der klassische Vortragsstil übernommen und fernübertragen, was sich im Fall von Übungen als kritisch herausgestellt hat, die sich idealerweise durch Kommunikation, Interaktion und Zusammenarbeit auszeichnen. Eigentlich sollte unter Zuhilfenahme von technischen Mitteln die Interaktion in der Übung gefördert werden. Bislang jedoch haben verschiedene

---

[5] "Besser" ist natürlich relativ zu der Sichtweise zu sehen, von der diese Einschätzung ausgeht. Von daher ist eine einfache Proportionalität a priori nicht gegeben.

[6] Siehe hierzu das Projekt "Virtual Learning" im Virtual Society?-Programm (http://www.brunel.ac.uk/research/virtsoc/projects) was bezüglich Multitasking ein ähnliches Resultat aufweist.

Umstände die Möglichkeiten eher eingeschränkt. So haben in Freiburg einige Studierende ihre Übungsaufgabe in Latex (einem Texterstellungssystem) vorbereitet, sie in der Übung geladen und kurz kommentiert. Die Aufgaben waren so umfangreich (es ging um die Erstellung von Programmcode), dass man Schwierigkeiten gehabt hätte, dies am Whiteboard live zu erarbeiten. Die Synchronität der Übung wird durch solche Praktiken jedoch nicht ausgenutzt: Das Nachvollziehen von aufwendigen Rechnungen/Programmiercode geschieht asynchron zur Übung. Wenn es um das gemeinschaftliche Erarbeiten, den Austausch und die Diskussion geht, dann gleicht das hier beschriebene inszenierte Vorbereiten eher einer Vorlesung als der Idee einer Übung. So gibt der Veranstalter selbst zu bedenken, ob man nicht speziell eine neue Technik, neue didaktische Verfahren entwickeln muss, mit Hilfe derer man in der neuen Netzsituation Interaktionen verbessern könnte. Die beobachtete Nutzung der Televeranstaltung von den Poolraumstudierenden wirft hier neues Licht auf die Problemstellung: So diskutieren die Studierenden während der Vorlesung inhaltliche Fragen und schaffen somit eine neue Form der Wissensvermittlung und des Wissensaustauschs, indem sie Vorlesung und Übung miteinander verknüpfen.

Interessant ist auch, dass die Orts- und Zeitunabhängigkeit der Lehre (in Form von "Konserven") von den beobachteten Studierenden nicht in dem Maße genutzt wird, wie so häufig proklamiert. Geht es um das gemeinsame Verfolgen der Veranstaltung mit den Kommilitonen, werden Ort und Zeit nach wie vor von Bedeutung sein[7]. Hier hat die Poolraum-Variante gezeigt, dass der technologische Aufbau einer Televeranstaltung nicht nur interaktionsfördernd zwischen räumlich verteilten Kommunikationspartnern sein kann sondern auch in der Lage ist, Personen an demselben Ort zusammenzuführen. In dem hier beschriebenen Fall hat das technologische System die Interaktion und Kooperation der Poolraumhörer erst ermöglicht, da eine ausgiebige Diskussion während einer Vorlesung in der Regel nicht möglich ist. Für die Entwickler von Telemodulen gilt es also zu berücksichtigen, dass Lokalität nicht unbedingt nur zu überwinden ist, sondern gegebenenfalls eine mögliche Anforderung an ein erfolgreiches System sein kann. Die bewusste Entscheidung der Poolraumhörer gegen den Anschluss eines Mikrophons zeugt ebenfalls von ihrem Interesse, Lokalität zu bewahren und Raum und Zeit nicht unbedingt als Last zu verstehen. Eine weitere Anforderung an den Entwickler, die sich hieraus ableiten lässt, ist die Möglichkeit zur Abschottung einer (lokalen) Gruppe, ein Aspekt, der für den Bereich „kooperatives Lernen" sicherlich von Interesse sein kann.

---

[7] Eine damit in Verbindung stehende allgemeinere Aussage hat sich aus den Projekten im Rahmen des Virtual Society?-Programmes abgezeichnet, die besagt, dass der Weg zu einer Virtualisierung von sozialen Praktiken unter Umständen gerade eine Verstärkung realer und lokalitätsbezogener Handlungsweisen hervorruft (http://www.brunel.ac.uk/research/virtsoc/).

Letztendlich wirft die als zweite Version beschriebene Fassung der Veranstaltung "Rechnernetze", die Poolraum-Variante, die Frage auf, inwiefern neue Szenarien von Veranstaltern selbst aufgegriffen und gefördert werden können bzw. sollten. Im Falle der Poolraumhörer wäre es denkbar, einigen einzelnen Poolraum-Rechnern Zugang zur reservierten Bandbreite zu geben. Wie aus Freiburg eingeräumt wird, müsste man hier aber auch sicher sein, dass kein Dateitransfer oder sonstige aufwendige Prozesse auf den zugeschalteten Rechnern ausgeführt werden, da sonst die gesamte Veranstaltung beeinträchtigt wäre. Die Frage bleibt bestehen, ob es die Möglichkeit ist, nebenher noch zu arbeiten, die die Studierenden reizt, oder ob es der kommunikative Austausch ist. Im ersten Fall könnte man die zugeschalteten Poolraum-Rechner mit Kopfhörern (und Mikrophonen) versehen, so dass ein ungestörtes Arbeiten der anderen anwesenden Studierenden im Poolraum gewährleistet bliebe; im anderen Fall wäre das Verfolgen der Veranstaltung per Kopfhörer wahrscheinlich keine Variante, die angenommen werden würde. Überhaupt sei dahingestellt, ob man ein solches Szenario planen kann, das von diesen speziellen Studierenden in ihrer sehr eigenen Situation entwickelt wurde. Festgestellt werden kann nur, dass sich Studierende die technischen Möglichkeiten zu eigen machen, so wie sie es bedürfen und dass man dies - soweit überhaupt möglich - verfolgen sollte.

8 Schlussfolgerung

Mit der vorliegenden durchgeführten Studie wurde die Einführung eines (technischen) Systems in ein schon bestehendes (pädagogisch-didaktisches / sozio-kulturelles) beobachtet. Diskutiert wurde die Frage, welches der beiden dominieren wird. Es wurde festgestellt, dass dies nicht von Anfang an feststeht, sondern — wie in dem gezeigten Fall — sich etwas völlig neues ergeben kann: Die Poolraumhörer domestizieren die zur Verfügung gestellte Teleteaching-Technologie, indem sie einerseits die Veranstaltung in ihren schon bestehenden individuellen Arbeitsplan viel stärker integrieren als bisher (Multitasking) und andererseits die Veranstaltungsformen Vorlesung und Übung miteinander zu etwas Neuem kombinieren (eine kooperative Lernform). Obgleich es IKT sind, die einen solchen Einsatz ermöglicht, greift eine technologisch-determinierende Argumentation in dem besprochenen Fall nicht, denn eine komplexe Synergie von technologischen und sozialen Elementen geht der Domestizierung voraus.

Inwiefern dieses alternative Lernszenario Nachhaltigkeit und hohen Lernerfolg verspricht, kann hier nicht festgestellt werden. Ebenfalls ist nicht klar, ob die hier gemachten Erfahrungen aus dem Fachbereich Informatik übertragbar sind auf andere Disziplinen, denn Kies et al. (1996) zum Beispiel konnten in ihrer Forschung zeigen, dass eine hohe Korrelation besteht zwischen der Akzeptanz der Studierenden bezüglich dem technologischen Aufbau und ihrem Enthusiasmus,

Erwartungen und eingebrachten Erfahrungen. Wie mir Veranstalter von Teleseminaren im Fachbereich Informatik versicherten, scheinen Geduld und Verständnis der Technik gegenüber unter Studierenden der Informatik extrem hoch zu sein.

Schließlich gilt es, über die Förderung von alternativen Lernformen wie das entdeckte Poolraumszenario zu reflektieren und darüber, ob der Veranstalter solche Formen institutionell unterstützen kann und soll. Dem Positionspapier der GI (1996) zufolge, ist zur Verbesserung des Verständnisses von Lehrinhalten *"(f)ast wichtiger noch als erläuternde Beiträge von Dozenten und Betreuern dabei die Diskussion der Studierenden untereinander, die Engagement, Diskussionsfähigkeit, Selbständigkeit und soziales Verhalten der Studierenden und damit letztendlich das Entstehen einer Kommunikationsstruktur fördert"*. Unter diesem Aspekt scheint das beobachtete Poolraumszenario hohe Erfolgschancen zu versprechen. Durch das Verfolgen studentischer Nutzung von IKT kann somit ein recht großes Teleteaching-Potential ausgemacht werden.

Wenn man die Zukunft der semi-virtuellen Universität nicht nur mitgestalten, sondern aktiv lenken möchte, muss man sich von vorne herein der anteiligen Virtualität, d. h. des Grades der Übersetzung in telematisch-gestützte Elemente und ihrer Folgen für den face-to-face-Umgang im Universitätsbetrieb bewusst sein. Das Poolraumszenario hat hier gezeigt, dass dazu unvorhergesehene Nutzungsarten der zur Verfügung gestellten Lerntechnologien durch die Studierenden von Bedeutung sein können. Dieser Sachverhalt verlangt mehr denn je nach intensiven Studien und explorativen Forschungsarbeiten, die eine Vielzahl von Perspektiven aus den beteiligten Gruppen umschließen, um so die Qualität und Akzeptanz von Veranstaltungen feststellen und gewährleisten zu können. Die physische Begleitforschung eines (semi-)virtuellen Szenarios stellt sich hier als wichtig heraus, da sie Aufschlüsse über den Alltag der Veranstaltung für die entfernten Beteiligten geben kann. Dies kann auch als Chance gesehen werden, auf schon existierende Praktiken in der Universität, in der IKT eingesetzt wird, aufmerksam zu machen und sie zu überdenken.

Danksagung

Ich möchte mich bei den beteiligten Interviewpartnern in Mannheim und Freiburg dafür bedanken, dass sie meinen Fragen offen und ernsthaft begegnet sind und sich dafür viel Zeit genommen haben. Mein spezieller Dank gilt dem Projekt VIROR ohne dessen finanzielle Förderung diese Forschungsarbeit nicht möglich gewesen wäre. Schließlich möchte ich Ottokar Kulendik für die hilfreichen Kommentare zu früheren Versionen dieses Artikels danken.

Literatur

Bausinger, H. (1984) „Media, Technology, and Everyday Life", Media, Culture, and Society, Vol 6 (4).

Bijker, W., Hughes, T., Pinch, T. (Hrsg.) (1987) The Social Construction of Technological Systems: New Directions in the Sociology and History of Technology, London: MIT Press.

Bryson, M., de Castell, S. (1998) "Telling tales out of school: Modernist, critical, and postmodern „true stories" about educational computing", in: Bromley, H., Apple, M. (Hrsg.) Education/Technology/Power: Educational Computing as a Social Practice, New York: State University of New York Press, S. 65-84.

Eckert, A. (1997) "Multimediales TeleTeaching - Chancen und Probleme des Lehrens und Lernens in der virtuellen Hochschule", in: Zöller, M. (Hrsg.) Informationsgesellschaft - Von der organisierten Geborgenheit zur unerwarteten Selbständigkeit, Köln: Bachem, S. 179-186.

Effelsberg, W., Geyer, W., Eckert, A. (1997) "Project TeleTeaching Mannheim-Heidelberg", in: Proc. 21st Annual Conference of the Society for Classification e.V., Universität Potsdam, http://www.informatik.uni-mannheim.de/informatik/pi4/projects/teleTeaching/.

Hammersley, M., Atkinson, P. (1995) Ethnography: Principles in Practice, London: Routledge.

Hara, N. (1999) Students' Frustrations with a Web-based Distance Education Course: A Taboo Topic in the Discourse, http://php.indiana.edu/~nhara/.

Harasim, L. (Hrsg.) (1990) On-line Education: Perspectives on a New Medium, New York: Praeger/Greenwood.

Hughes, J.,.Prinz, W., Rodden, T., Schmidt, K. (Hrsg.) (1997) Proceedings of the Fifth European Conference on Computer Supported Cooperative Work, Dordrecht: Kluwer Academic Publishers.

Issing, L, Klimsa, P. (Hrsg.) (1997) Information und Lernen mit Multimedia, Weinhausen: Psychologie Verlag.

Kies, J.K., Williges, R.C., Rosson, M.B. (1996) "Controlled laboratory experimentation and field study evaluation of video conferencing for distance learning applications", HCIL Hypermedia Technical Report HCIL-96-02, http://hci.ise.vt.edu/~hcil/htr/HCIL-96-02/HCIL-96-02.html.

Light, V., Nesbitt, E., Light, P. (1998) "CMC in higher education: No more sulking around corridors?", Vortrag auf der Konferenz "Higher Education Close Up" (SRHE), Juli, University of Central Lancashire, Preston, UK.

Mason, R., Kaye, A. (Hrsg.) (1989) Mindweave: Communication, Computers and Distance Education, Oxford: Pergamon.

Patrick, A. (1999) "The human factors of Mbone videoconferences: Recommendations for improving sessions and software", Journal for Computer-Mediated Communication [online] 4 (3), http://www.ascusc.org /jcmc/issue4/patrick/essay.html.

Rettinger, L.A. (1995) "Desktop videoconferencing: Technology and use for remote seminar delivery",
http://www2.ncsu.edu/eos/service/ece/project/succeed_info/larettin/thesis/abs.html.

Silverman, D. (1997) Qualitative Research: Theory, Method and Practice, London: Sage.

Silverstone, R., Morley, D., Dahlberg, A., Livingstone, S. (1989) "Families, technologies and consumption: The household and information and communication technologies", CRICT Discussion Paper No. 2, Brunel University.

Thomas, P. (Hrsg.) The Social and Interactional Dimensions of Human-Computer Interfaces, Cambridge: Cambridge University Press.

Van Maanen, J. (1995) Representation in Ethnography

Seminare im Internet
Ein Werkstattbericht aus dem Projektverbund "Virtueller Campus Hannover - Hildesheim - Osnabrück"

Folker Caroli, Oliver Zandner

Universität Hildesheim
Marienburger Platz 22
31141 Hildesheim
e-mail: caroli@cl.uni-hildesheim.de

Der Artikel gibt einen Werkstattbericht über die Entwicklung des Lehrmoduls "Mensch-Maschine-Interaktion in der maschinellen und maschinengestützten Übersetzung", das im Rahmen des Projektverbunds "Virtueller Campus Hannover - Hildesheim - Osnabrück" erarbeitet wurde. Im Zentrum des Moduls steht ein virtuelles Seminar, in dem Studierende der unterschiedlichen Studiengänge der Projektpartner in standortübergreifenden Projektgruppen Fallstudien zu realen Anwendungsszenarien der Maschinellen Übersetzung bearbeitet haben. Der Artikel stellt die didaktischen Überlegungen zur inhaltlichen Konzeption, sowie zu den spezifischen Arbeitsformen eines virtuellen Seminars vor und beschreibt die für das Seminar entwickelte organisatorische und technische Infrastruktur. Weiterhin werden die Erfahrungen, die in dem ersten Durchgang dieses Seminars gesammelt wurden, ausgewertet und Perspektiven für die Generalisierung dieses Paradigmas netzgestützten Studierens diskutiert.

Einleitung

Die Diskussion über den Einsatz von multimedialen Systemen und netzgestützten Formen des Lernens in der universitären Lehre ist immer noch sehr stark technikzentriert; sie ist geprägt von technischen Visionen (vgl. z.B. Collis 1997), der Entwicklung von Konzepten für eine technische Infrastruktur für netzgestützte Lehre (vgl. z.B. Hegarty et al. 1998) oder der Diskussion über ein adäquates Design von Lehr- und Lernprogrammen, wie Schulmeister am Beispiel des Instruktionsdesigns gezeigt hat (Schulmeister 1997, S.115-175). In dieser Diskussion fehlt häufig die Perspektive der Betroffenen: der Studierenden und

Lehrenden, die in diesen neuen Formen des Lehrens und Lernens ihre Vorstellung von sinnvollen Lernprozessen realisieren wollen.

Aus dieser Perspektive berichtet der folgende Artikel über ein Experiment netzgestützter Lehre; er gibt einen Werkstattbericht über Konzeption und Durchführung eines Lehrmoduls zum Thema "Mensch-Maschine-Interaktion in der Maschinellen Übersetzung", das vom Institut für Angewandte Sprachwissenschaft der Universität Hildesheim als Beitrag zum Projektverbund "Virtueller Campus Hannover - Hildesheim - Osnabrück" entwickelt wurde. An dem Projektverbund sind beteiligt: Das Institut für Rechnergestützte Wissensverarbeitung der Universität Hannover, das Institut für Angewandte Sprachwissenschaft und das Zentrum für Fernstudium und Weiterbildung der Universität Hildesheim sowie das Institut für Semantische Informationsverarbeitung der Universität Osnabrück. Ziel des Projektverbunds ist es, Ressourcen und Verfahren zu entwickeln, die eine nachhaltige, auch über die Projektdauer hinausreichende netzgestützte Kooperation in der Hochschullehre unterstützen. Jeder Projektpartner entwickelt ein Lehrmodul, das von den anderen Partnern genutzt und in zwei Durchgängen erprobt und optimiert wird.

Das vom Institut für Angewandte Sprachwissenschaft entwickelte Modul besteht aus einem Grundlagenkurs, der im Sommersemester 1998 an allen drei Standorten gehalten wurde, und einem virtuellen Seminar, das im darauffolgenden Wintersemester durchgeführt wurde. In diesem Artikel stellen wir die Konzeption des Lehrmoduls dar (Kapitel 2), werten Erfahrungen der Erprobung des Moduls aus (Kapitel 3) und ziehen ein vorläufiges Fazit inwieweit der Ertrag netzgestützter Lehre den Aufwand für ihre Implementierung rechtfertigt (Kapitel 4).

Konzeption des Lehrmoduls

Inhalt des Lehrmoduls

Das Lehrmodul wurde konzipiert für Studierende der folgenden Studiengänge:

- Internationales Informationsmanagement (Institut für Angewandte Sprachwissenschaft, Universität Hildesheim)
- Internationale Fachkommunikation (Institut für Angewandte Sprachwissenschaft, Universität Hildesheim)
- Elektrotechnik / Informatik (Institut für Rechnergestützte Informationsverarbeitung, Universität Hannover)

- Computerlinguistik / Künstliche Intelligenz (Institut für Semantische Informationsverarbeitung, Universität Osnabrück)

Gegenstand des Lehrmoduls sind Fragen der Mensch-Maschine-Interaktion im Bereich der maschinellen und maschinengestützten Übersetzung. Mit dieser Fragestellung behandelt das Lehrmodul zum einen ein zentrales Problem der Software-Ergonomie, nämlich die Schaffung einer geeigneten Schnittstelle zwischen Mensch und Computer, das über den Bereich der Maschinellen Übersetzung hinaus von Interesse ist. Gleichzeitig greift es neuere Tendenzen der Maschinellen Übersetzung auf, in denen ein Perspektivenwechsel in der Entwicklung und Anwendung von Systemen zur maschinellen und maschinengestützten Übersetzung erkennbar wird. Vergleiche hierzu die Beiträge in (Hauenschild 1999).

Die Anstrengungen bei der Entwicklung von MÜ-Systemen haben sich in der Vergangenheit vor allem darauf konzentriert, die linguistischen Probleme der Maschinellen Übersetzung zu bewältigen. Es zeigt sich aber, dass operationale Lösungen für tatsächliche Anwendungen von MÜ-Systemen nur gefunden werden können, wenn die Anforderungen und Bedürfnisse der BenutzerInnen schon bei der Systementwicklung berücksichtigt werden. In dieser Sichtweise wird Mensch-Maschine-Interaktion nicht mehr nur unter dem Gesichtspunkt der Gestaltung einer möglichst funktionalen und intuitiv zu handhabenden Benutzeroberfläche gesehen; sie umfasst vielmehr eine genaue Analyse der Arbeitsabläufe und Aufgaben, die beim Übersetzen zu bewältigen sind, und leitet daraus ab, welche Teilaufgaben sinnvollerweise vom Computer übernommen werden können.

Diese umfassende Perspektive, unter der Mensch-Maschine-Interaktion in der Maschinellen Übersetzung heute gesehen wird, eröffnet unterschiedliche Zugänge zu dem Thema des Lehrmoduls und macht es somit für die Studierenden der verschiedenen im Lehrverbund beteiligten Studiengänge interessant.

Für Studierende des Studienganges Internationale Fachkommunikation, in dem FachübersetzerInnen ausgebildet werden, sind Systeme der maschinellen und maschinengestützten Übersetzung Werkzeuge, mit denen sie in ihrer späteren Berufstätigkeit kompetent arbeiten sollen. Sie müssen also in der Lage sein, Leistungsfähigkeit und Einsatzmöglichkeiten solcher Systeme realistisch einzuschätzen.

Ähnliches gilt für die Studierenden des Studiengangs Internationales Informationsmanagement. In ihm sollen Schlüsselqualifikationen vermittelt werden für die Planung und Optimierung von Informationsprozessen unter der Bedingung der interkulturellen Kommunikation und der Mehrsprachigkeit. Damit sind auch diese Studierenden in ihrer späteren Berufspraxis mit dem Übersetzungsproblem konfrontiert und müssen sich mit den Möglichkeiten und Grenzen des Einsatzes von maschinellen Übersetzungssystemen auseinandersetzen.

Innerhalb der Computerlinguistik und der Künstlichen Intelligenz gilt die Entwicklung von maschinellen Übersetzungssystemen als ein anspruchsvolles Anwendungsgebiet, an dem die Modelle und Formalismen, die zur Verarbeitung natürlicher Sprache entwickelt werden, erprobt werden können. Für Studierende dieses Studiengangs steht die Perspektive der Entwicklung und Implementierung formaler Modelle für die Behandlung der linguistischen Probleme des Übersetzens im Vordergrund.

Für die Informatik stellt Maschinelle Übersetzung ein besonders komplexes Problem der Systemintegration dar. Zum einen verlangt die Integration von Systemen zur maschinellen und maschinengestützten Übersetzung in eine funktionale Arbeitsumgebung für ÜbersetzerInnen die Entwicklung von Schnittstellen zwischen heterogenen Systemkomponenten. Zum anderen sind bei diesem Integrationsprozess komplexe Probleme der Softwareergonomie zu lösen.

Der Inhalt des Moduls ist somit relevant für alle der oben genannten Studiengänge; seine generelle Problemstellung kann aus den unterschiedlichen Perspektiven der jeweiligen Fachdisziplinen bearbeitet werden. Ein Ziel des Lehrmoduls ist es, diese Perspektivenvielfalt für alle Studierenden fruchtbar zu machen.

Das Lehrmodul besteht aus einem Grundlagenkurs, der in den Gegenstandsbereich der maschinellen und maschinengestützten Übersetzung einführt, und aus einem Virtuellen Seminar zum Thema "Mensch-Maschine-Interaktion in der Maschinellen Übersetzung".

Der Grundlagenkurs wurde in der ersten Phase des Projekts als Präsenzveranstaltung an allen drei Standorten angeboten. In ihm wurden Grundlagen der Maschinellen Übersetzung vermittelt. Die Inhalte des Kurses wurden an die spezifischen Studienziele der verschiedenen Studiengänge und an die unterschiedlichen Voraussetzungen der jeweiligen Studierenden angepasst. Die Materialien zu diesem Kurs sind den Studierenden der beteiligten Studiengänge über entsprechende WWW-Seiten[1] zugänglich und wurden im Sommersemester 1999 darüber hinaus in thematisch verwandten Lehrveranstaltungen genutzt. In der zweiten Projektphase soll diese Lehreinheit durch geeignete Modularisierung in der Form eines *Adaptive Hyperbooks*[2] auch weiteren Nutzergruppen zugänglich gemacht werden.

Im Zentrum des Lehrmoduls steht das Virtuelle Seminar. Es baut auf den Grundlagen auf, die den Studierenden aller vier Studiengänge in dem Grundlagenkurs vermittelt wurden. Im Mittelpunkt der Seminararbeit stand die Frage, wie Systeme der maschinellen und maschinengestützten Übersetzung für reale Übersetzungsaufgaben genutzt werden können.

---

[1] Cf. http://www.uni-hildesheim.de/~caroli
[2] Zum Konzept des Adaptive Hyperbooks siehe (Nejdl/Wolpers 1998).

Motivation für die Entwicklung des Lehrmoduls

Aus dieser Beschreibung der Relevanz des Lehrgegenstandes für die beteiligten Studiengänge wird die grundlegende Motivation für die Entwicklung und Erprobung des Lehrmoduls deutlich. Es geht in erster Linie nicht darum, virtuelle Lehre zu entwickeln, weil sie auf der Tagesordnung steht und weil die hierfür geeignete Technologie zur Verfügung steht und nun einmal genutzt werden soll; Ausgangspunkt des Projekts war die Überlegung, Felder der Hochschullehre zu definieren, auf denen die Zusammenarbeit der Projektpartner sinnvoll und lohnend erscheint. Solche Felder bestimmen sich dadurch, dass für einen Gegenstandsbereich der Lehre, der für alle beteiligten Studiengänge von Interesse ist, an einem Standort eine besondere Kompetenz und Kapazität in der Lehre vorhanden ist, die nicht oder nicht im notwendigen Umfang bei den anderen Projektpartnern zur Verfügung steht.

Ziel einer solchen Kooperation ist es, das Lehrangebot für die Studiengänge der Projektpartner um solche Komponenten zu ergänzen und zu erweitern, die in den einzelnen Studiengängen notwendig oder wünschenswert sind und die jeder Projektpartner alleine nicht in dem nötigen Umfang oder nicht in der wünschenswerten inhaltlichen Breite realisieren kann. Es geht darum, dass die Partner im wechselseitigen Austausch vorhandene Ressourcen bündeln nutzen und somit Synergieeffekte in der Hochschullehre erzielen können. Auf nachhaltige Nutzung angelegte Schaffung von gemeinsamen Ressourcen in der Lehre ist das Ziel. Diese Perspektive ist sehr eng verbunden mit dem Konzept der förderlichen Lerninfrastruktur, das von Keil-Slavik vorgeschlagen wird. (Keil-Slawik 1998). Nach diesem Konzept ist der Einsatz von Multimedialen Lernsystemen und von Techniken der Computergestützten Kommunikation nicht in erster Linie nach ihrer technischen Brillanz sondern nach ihrer Alltagstauglichkeit für Lehrende und Studierende zu bewerten.

Für die Akzeptanz solcher Lehrformen ist es notwendig, dass neben den Zielen, welche die Universität als Institution mit einem solchen Projekt verfolgt, auch die Ziele berücksichtigt werden, die virtuelle Lehrformen für Studierende attraktiv erscheinen lassen. Gegenüber der Präsenzlehre fordern alle Formen der virtuellen Lehre den Studierenden eine zusätzlich Anstrengung ab. Sie müssen sich die für diese Form der Lehre unabdingbaren technischen Kenntnisse aneignen und sie müssen vor allem eine erhöhte Eigenverantwortung für die Organisation des Lernprozesses übernehmen. Diesem erhöhten Aufwand sollte ein Mehrwert entsprechen, der sowohl in der besonderen Organisation der virtuellen Lehre liegen kann, wie auch in zusätzlichen Qualifikationen und Erfahrungen, die mit dieser Form des Studierens erworben werden. Nur wenn dieser Mehrwert deutlich zu erkennen ist, wird es für die Studierenden attraktiv sein, sich auf diese Form des Studierens einzulassen.

Zwei Perspektiven erscheinen uns hier wichtig zu sein. Die Studiensituation der Studierenden hat sich in den letzten zehn Jahren grundlegend verändert. Die Trennung zwischen Studium und Berufstätigkeit beginnt sich aufzulösen. Ein großer Teil der Studierenden muss während des Studiums einer Teilzeitbeschäftigung nachgehen, um den Lebensunterhalt zu sichern. Andere nehmen das Studium nach einer Berufsausbildung und anschließender Berufstätigkeit auf und haben in dieser Form der Lebensplanung möglicherweise bereits eine Familie gegründet. Wieder andere streben kein Vollzeitstudium an sondern wollen neben der Berufstätigkeit bestimmte Zusatzqualifikationen erwerben. Wenn virtuelle Lehrformen eine räumliche und zeitliche Flexibilisierung des Studiums ermöglichen, gewinnen sie für die Studierenden an Attraktivität, weil sie es leichter machen, den unterschiedlichen Anforderung von Studium, Erwerbsarbeit und Familie nachzukommen.

Eine weitere Perspektive liegt darin, dass in virtuellen Lehrveranstaltungen Arbeitsformen simuliert werden können, mit denen die Studierenden in ihrer späteren Berufspraxis sich zunehmend konfrontiert sehen: die Arbeit an Projekten, bei denen die Projektteilnehmer über verschiedene Standorte verteilt sind und bei denen unterschiedliche Formen und Techniken der netzgestützten verteilten Kooperation genutzt werden(Vgl. Caroli et al. 1995, van Haaren 1997) Wenn virtuelle Lehrveranstaltungen dazu dienen, solche Arbeitsformen einzuüben und die Prozesse und Probleme dieser Form der Projektarbeit zu reflektieren, vermitteln sie zusätzliche wichtige soziale und kommunikative Qualifikationen für eine zukünftige Berufstätigkeit.

Didaktisches Konzept

Aus der Zielsetzung, in dem virtuellen Seminar nicht nur den thematischen Gegenstand zu vermitteln, sondern auch Arbeitsformen vorzugeben, mit denen Formen der netzgestützten verteilten Kooperation simuliert werden, haben wir folgende didaktischen Prinzipien abgeleitet:

Authentizität der Themen

Die Vermittlung der Komplexität und der unterschiedlichen Perspektiven des Gegenstandes wird nur gelingen, wenn die Studierenden in die Lage versetzt werden, sich mit authentischen, möglichst realitätsnahen Fragestellungen auseinanderzusetzen. Diese Fragestellungen sollen einen genau bestimmbaren Anwendungsbezug haben, hinreichend komplex und in der Lösung offen sein.

Projektorientierung als Arbeitsform

Wir haben oben als Ziel formuliert, dass die unterschiedlichen Voraussetzungen der Studierenden der verschiedenen beteiligten Studiengänge und die damit verbundenen differenzierten Perspektiven auf den Lehrgegenstand, für die Arbeit in dem Lehrmodul fruchtbar gemacht werden sollen. Dies wurde dadurch realisiert, dass die Arbeit im virtuellen Seminar in einzelnen kleinen Projektgruppen geleistet wurde, in denen Studierende aus allen beteiligten Studiengängen vertreten waren. Mit dieser aus den zu bearbeitenden Gegenständen abgeleiteten Begründung der standortübergreifenden Projektarbeit erhält die für das Modul konstitutive Simulation des verteilten kooperativen Arbeitens eine realistische, inhaltlich ausgewiesene Motivation.

Selbstorganisation der Studierenden

Wenn die Projektorientierung der Arbeit ernst genommen wird, bedeutet dies, dass den Studierenden ein größeres Maß an Autonomie zugestanden wird und ihnen eine höhere Eigenverantwortung für das Arbeitsergebnis zuweist. Projektorientierung bedeutet einerseits, dass den Studierenden Raum gegeben wird für eigene Experimente, auch für Umwege, sowohl in der inhaltlichen Arbeit wie auch in der Bewältigung des gruppendynamischen Prozesses; andererseits gibt sie die Verbindlichkeit vor, in einem definierten Zeitrahmen ein Arbeitsergebnis vorzulegen.

Rolle der Lehrenden

Die Projektorientierung der Arbeit weist auch den Lehrenden eine veränderte Rolle zu. Sie sind nicht mehr die allwissenden Organisatoren des Seminars, die alle Vorgaben für die inhaltliche Arbeit geben, die von den Studierenden in ihren Referaten ausgeführt werden. Sie nehmen eher die Rolle von Moderatoren und Beratern ein.

Die Aufgabe der Moderation bezieht sich dabei auf unterschiedliche Ebenen des Arbeitsprozesses: Allgemeine Orientierung über den inhaltlichen und wissenschaftssystematischen Rahmen, in den die zu bearbeitenden Themen eingeordnet werden können, Input zu übergreifenden Themen, die für alle Arbeitsgruppen relevant sind, Hilfestellung, wenn eine Arbeitsgruppe eine inhaltliche oder organisatorische Frage nicht alleine lösen kann, Moderation bei Problemen im Gruppenprozess, Koordination der gesamten Seminararbeit, durch die sichergestellt wird, dass die Gruppen ihren Arbeitsplan einhalten, Support bei technischen Problemen.

Aus diesen Überlegungen haben wir in das Zentrum der Seminararbeit die Erarbeitung von Fallstudien zu Anwendungsszenarien maschineller und maschinengestützter Übersetzung gerückt. Diese Fallstudien wurden, wie oben ausgeführt durch Arbeitsgruppen bearbeitet, die aus Studierenden aller beteiligten Standorte zusammengesetzt waren. Sie behandelten folgende Themen:

Anwendung von maschineller und maschinengestützer Übersetzung in der Europäischen Kommission

In dieser Studie wurde untersucht, in welcher Weise der Übersetzungsdienst der Kommission sowie die Mitarbeiter in den einzelnen Generaldirektionen der

Kommission das maschinelle Übersetzungssystem SYSTRAN und weiterer Systeme zur maschinengestützten Übersetzung in ihrer täglichen Arbeit nutzen.

Für die Fallstudie hat die Arbeitsgruppe zwei Schwerpunkte gelegt: zum einen eine Black-Box-Evaluation von SYSTRAN, so wie es in der Kommission implementiert ist. Hierfür hatten die Studierenden eine Zugangsberechtigung zum System. Zum anderen eine Befragung von unterschiedlichen Nutzergruppen von SYSTRAN, mit dem Ziel, herauszuarbeiten, für welche Übersetzungszwecke das System genutzt wird und wie die erzielten Übersetzungsergebnisse bewertet werden.

Deutsch-französischer Stellenmarkt für die Region Saarland-Lothringen-Luxemburg

Diese Fallstudie hatte ein Entwicklungsprojekt des Institutes für Angewandte Informationsforschungs (IAI), Saarbrücken zum Gegenstand, das sich zum Ziel setzt, ein System zur automatischen Übersetzung von Stellenangeboten für den grenzüberschreitenden Arbeitsmarkt zu schaffen, so dass die in den Datenbanken der Bundesanstalt für Arbeit bzw. der Agence National pour l'Emploi gespeicherten Stellenangebote zweisprachig angeboten werden können. Die automatische Übersetzung soll durch ein hybrides System realisiert werden in dem das am IAI entwickelte maschinellen Übersetzungssystems CAT2 und Translation Memory integriert sind.

Schwerpunkte der Arbeit in dieser Gruppe waren eine genaue Analyse der sprachlichen und soziokulturellen Besonderheiten des Texttypus der Stellenausschreibung und der daraus resultierenden Übersetzungs- und Vermittlungsprobleme, sowie die Auseinandersetzung mit den Problemen der Systemintegration von vollautomatischem Übersetzungssystem und Translation Memory. Zur Realisierung ihrer Fallstudie konnte die Arbeitsgruppe eine erste Version des Prototypen testen sowie das Projektteam am IAI zur Konzeption und zur Implementierung des Systems befragen.

Kommerzialisierung von Systemen zur maschinengestützten Übersetzung

Gegenstand der Fallstudie war die Evaluation der von der Firma TRADOS vertriebnen *Translator's Workbench*. Dieses Softwarepaket integriert verschiedene Werkzeuge zur maschinengestützten Übersetzung, insbesondere ein Translation Memory sowie ein Terminologie-Verwaltungssystem. Schwerpunkt der Arbeitsgruppe war die Untersuchung der Frage, wie sich die Arbeitsabläufe und Arbeitsgewohnheiten von ÜbersetzerInnen durch die Einführung der *Translator's Workbench* in deren Arbeitsumfeld geändert haben. Hierzu wurde in enger Absprache mit den Verantwortlichen bei der Firma TRADOS eine Umfrage unter ausgewählten NutzerInnen durchgeführt. Darüber hinaus hat die Gruppe eine Evaluation der *Workbench* unter Aspekten der Softwareergonomie der mit den Werkzeugen erreichbaren Übersetzungsqualität vorgenommen.

Für jede Fallstudie konnten wir externe Experten gewinnen, die sich bereit erklärt haben, die Studierenden bei der Bearbeitung der Fallstudien zu beraten und bei der Beschaffung von zusätzlichen Informationen und bei der Vermittlung von Kontakten behilflich zu sein. Es waren dies MitarbeiterInnen aus dem Service de Traduction der Kommission der EU, MitarbeiterInnen des IAI in Saarbrücken sowie MitarbeiterInnen der Firma Trados in Stuttgart. Diese Kontaktmöglichkeiten war ein zusätzlich motivierendes Element für die Arbeit der Studierenden.

In Vorbereitung auf die Arbeit an den Fallstudien wurden allgemeine, übergreifende Themen erarbeitet, um die Arbeitsgruppen bei der Formulierung der für ihre Untersuchung relevanten Forschungsfragen zu unterstützen. Solche Themen waren: allgemeine Probleme der Mensch-Maschine-Interaktion, Kriterien zur Beurteilung der Qualität von Übersetzungen, Methoden zur Evaluation von Systemen zur Maschinellen Übersetzung.

Arbeitsformen, technische und organisatorische Infrastruktur

An dem Seminar haben 9 Studierende aus Osnabrück, 11 Studierende aus Hildesheim und 2 Studierende aus Hannover teilgenommen. Aus dieser Organisation des Seminars ergibt sich eine mehrfache Differenzierung der Gruppenstruktur. Neben dem Seminarplenum stehen die standortübergreifend zusammengesetzten Projektgruppen, wobei sich die Studierenden annähernd gleichmäßig auf die drei Arbeitsgruppen aufgeteilt haben. Weiterhin gibt es die lokalen Gruppen an den einzelnen Standorten, die zusammenkommen, wenn das virtuelle Seminarplenum tagt. Für das Seminarplenum, jede lokale Gruppe und für alle Arbeitsgruppen wurde je eine interne Mailing-Liste eingerichtet, um die asynchrone Kommunikation zu strukturieren und zu erleichtern.

Die Seminarleitung lag bei den Autoren dieses Artikels. Die lokalen Gruppen wurden in Hannover durch Heike Franosch und später durch Kabil Naceur, in Osnabrück durch Claus Rollinger als MentorInnen betreut. Diese haben nicht direkt in die inhaltliche Leitung eingegriffen. Sie haben die Studierenden vor Ort in technischen und organisatorischen Fragen beraten und die Seminarleiter in der Koordination der Seminararbeit unterstützt, indem sie Probleme der Studierenden, die in den lokalen Gruppen erkennbar waren, den Seminarleitern vermittelten. Eine wichtige Funktion der MentorInnen lag in der an jedem Standort nötigen technischen und organisatorischen Vorbereitung der für das Seminarplenum benutzten Videokonferenzen.

Ähnlich wie bei verteilten kooperativen Forschungsprojekten haben wir für den Ablauf des Seminars eine Kombination aus Präsenzphasen und virtuellen Arbeitsphasen gewählt. Das Seminar begann mit einem Workshop. Er sollte den TeilnehmerInnen vor allem die Möglichkeit geben, sich gegenseitig kennenzulernen; in ihm wurden die Themen der Fallstudien vorgestellt, die

Arbeitsgruppen gebildet, die erste Arbeitsziele und -pläne festlegten. In einem Abschlußworkshop haben die Arbeitsgruppen am Ende des Seminars die vorläufigen Ergebnisse ihrer Fallstudien vorgestellt sowie Ziele und Verfahren für die Redaktion der Abschlußberichte vereinbart. Ein breiter Raum wurde in diesem Workshop der Auswertung der Erfahrung der Studierenden mit der Seminarform eingeräumt.

Die beiden Workshops bildeten die Klammer für die virtuelle Arbeitsphase des Seminars, in der synchrone mit asynchronen Arbeitsformen alternierten.

Die synchronen Arbeitsformen dienten der Plenumsdiskussion der gesamten Seminargruppe. In ihr wurden die übergreifenden Themen bearbeitet sowie Zwischenergebnisse der Arbeitsgruppen vorgestellt und diskutiert. Die Plenumssitzungen wurden in Form einer Audio-Video-Konferenz zwischen entsprechend eingerichteten Seminarräumen der drei Projektpartner realisiert, d. h., die lokalen Gruppen an den einzelnen Standorten haben von diesen Seminarräumen aus über die Audio-Video-Konferenz an der Plenumssitzung teilgenommen. Die Konferenz wurde über das Forschungsnetz übertragen. An jedem Standort wurde ein Rechner benutzt, der mit einer speziellen Video-Audio-Karte ausgerüstet war. Für Video- und Tonaufnahme standen in jedem Seminarraum jeweils eine Videokamera und ein Konferenzmikrofon zur Verfügung. Als Software für die Vermittlung der Konferenz haben wir Classpoint von Whitepine benutzt. Diese Software integriert die Audio- und Videowerkzeuge für die Konferenz sowie ein Whiteboard und ein Application-Sharing Programm. Dieses wurde für die Präsentation der in den Sitzungen benötigten Materialien genutzt.

Die Konfiguration der Videokonferenz zeigt die folgende Grafik:

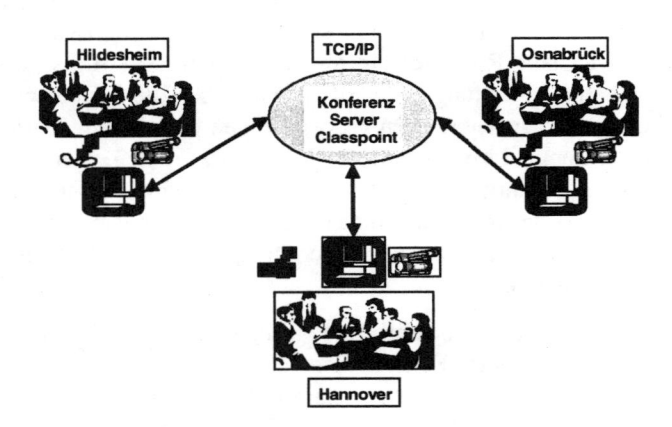

Abbildung 1: Konfiguration der Videokonferenz des virtuellen Seminars

Der Bildschirminhalt des Konferenzrechners wurde mittels Beamer projiziert. Auf diese Weise konnten die TeilnehmerInnen an jedem Standort die Konferenz und die Präsentationen, die über das Application Sharing vermittelt wurden, verfolgen

Die asynchronen Arbeitsformen dienten der Organisation und Abstimmung innerhalb der Arbeitsgruppen sowie der Beratung der Arbeitsgruppen durch die Seminarleiter. Zentrales Werkzeug für die Vermittlung der asynchronen Kommunikation innerhalb des Seminars war ein WWW-Server, der als geschützter Bereich des allgemeinen WWW-Servers der Universität Hildesheim mit eigener Benutzerkennung und Passwortschutz eingerichtet wurde. In ihn waren folgende Ressourcen integriert:

- Allgemeine Informationen zum Inhalt und zum Zeitplan des Seminars
- Informationen, Materialien und Literaturhinweise zu den Fallstudien
- Internet-Ressourcen zum Gebiet der maschinellen und maschinengestützten Übersetzung
- Alle Materialien der im Sommersemester durchgeführten Kompaktkurse
- Ein Bereich für die Plenumssitzungen, in dem Materialien und Präsentationen, die während der Plenumssitzungen genutzt wurden, abgelegt werden konnten.
- Interne Bereiche für die Arbeitsgruppen, in denen diese Dokumente und Arbeitsergebnisse austauschen konnten.
- Eine Liste der Teilnehmerinnen und Teilnehmer mit deren E-Mail Adressen und Telefonnummern, so daß diese direkt kontaktiert werden können.
- Interne Mailing-Listen für das Seminarplenum, die Arbeitsgruppen und die lokalen Gruppen des Seminars
- Eine Liste der externen Experten mit deren Adressen, Telefonnummern und E-Mail Adresse
- Eine interne Newsgroup

Die Lernumgebung, die sich aus der inhaltlichen und organisatorischen Struktur des Seminars ergibt, wird in der folgenden Graphik zusammengefasst:

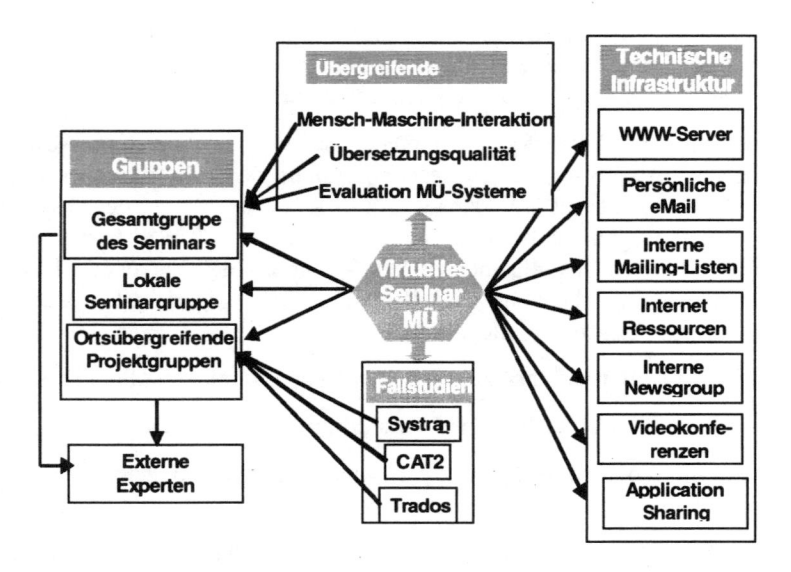

Abbildung 2: Lernumgebung des virtuellen Seminars

Unser Konzept der Lernumgebung für netzgestützte Lehre umfasst damit mehr als die Konfiguration einer technischen Infrastruktur. Eine Lernumgebung ist für uns die Gesamtheit von Materialien, personellen, organisatorischen und technischen Ressourcen, die benötigt werden, um die für eine spezifische Form des Lehrens und Studierens konstitutiven Interaktions- und Arbeitsformen zu realisieren. Ausgangspunkt für den Aufbau einer Lernumgebung sind für uns diese Arbeitsformen und nicht primär die technischen Möglichkeiten multimedialer Systeme und computergestützter Kommunikation. Eine Lernumgebung soll einen zwar strukturierten aber hinreichend offenen Raum schaffen, in dem exploratives Lernen möglich ist und in dem die Studierenden eigene Wege und Lösungen entwickeln können.

Erfahrungen

Der folgende Abschnitt bilanziert unsere Erfahrungen beim ersten Einsatz des Lehrmoduls im Wintersemester 1998/99. Grundlage der folgenden Ausführungen sind Aufzeichnungen in Projekttagebüchern, in denen wir die Ergebnisse regelmäßiger kritische Nachbesprechungen einzelner Seminarperioden und -sitzungen fixiert haben: Weiterhin können wir auf Berichte der Studierenden zurückgreifen, in denen diese insbesondere ihre Erfahrung mit der Handhabung der technischen Infrastruktur zusammengefasst haben. Das Seminar wird systematisch evaluiert in Zusammenarbeit mit dem Projekt "Evaluation 'Lernen im

Netz' - Lehr und Lernerfahrungen in internetgestützten Seminaren", das am Institut für Angewandte Sprachwissenschaftler Universität Hildesheim von Christiane Schmidt bearbeitet wird; erste Ergebnisse liegen vor und wurden für uns für die Optimierung des zweiten Durchgangs des virtuellen Seminars berücksichtigt.(Vgl. Schmidt 2000)

Projektorientierung

Aus unserer Sicht hat sich die Projektorientierung als Schlüsselelement erwiesen, das wesentlich zum Erfolg des Lehrmoduls beigetragen hat. Besonders deutlich wurde die positive Wirkung der Projektorientierung auf zwei Ebenen, nämlich jener der Strukturierung des Lehr-Lern-Prozesses und jener der Motivation der Studierenden.

Bedingt durch die Projektorientierung vollzog sich der Lehr-Lern-Prozeß im Lehrmodul im Wechsel von Plenums-, Gruppen- und Einzelarbeitsphasen mit ihren entsprechenden synchronen bzw. asynchronen Kommunikationsmodi. Das verbindende Element zwischen diesen einzelnen Phasen, das sich gewissermaßen wie ein 'roter Faden' durch die Veranstaltung zog und dem Seminar seine innere Logik verlieh, war die Projektarbeit der Studierenden an der von ihnen gewählten Fallstudie.

Im Unterschied zu anderen universitären Lehrveranstaltungen resultierte dies in einer außergewöhnlichen Kontinuität und Intensität der Auseinandersetzung der Studierenden mit dem Seminargegenstand: anstatt - wie in Präsenzseminaren häufig zu beobachten - ihren gesamten Arbeitsaufwand auf den Tag X einer Referatspräsentation hin auszurichten und sich anschließend für den Rest der Veranstaltung in die Zuhörerrolle zurückfallen zu lassen, arbeiteten die Studierenden in den Projektgruppen vielmehr kontinuierlich über das Semester hinweg auf ein gemeinsames Ziel am Semesterende hin, nämlich die Publikation ihres Projektberichtes auf dem seminareigenen WWW-Server.

Um dieses Ziel zu erreichen, waren die Studierenden in dreierlei Weise gefordert: in bezug auf ihre Sachkenntnis über den Seminargegenstand sowie den Gegenstand ihrer jeweiligen Fallstudien, ihre Fähigkeit zur Arbeitsorganisation und zum Zeitmanagement ihre Versiertheit im Umgang mit der computergestützten Informations- und Kommunikationstechnologie.

Wie aufgrund der 'Multidisziplinarität' in der Zusammensetzung der Seminargruppe zu erwarten war, herrschte hinsichtlich dieser Lern- und Arbeitsvoraussetzungen ein beachtliches Maß an Heterogenität in den einzelnen Projektgruppen. Anfänglich empfanden die Studierenden diesen Umstand als irritierend; sie erkannten im Laufe des Semesters aber zusehends die hierin liegende Chance zur Synergie, wodurch es innerhalb der Projektgruppen zu einem Wissenstransfer und somit zu Hilfe zur Selbsthilfe kam.

Der für die Seminararbeit fruchtbarste Unterschied zwischen den Studierenden der vier beteiligten Studiengänge bestand in ihrem unterschiedlichen methodischen und inhaltlichen Herangehen an den Seminargegenstand Maschinelle Übersetzung. Aufgrund der studiengangsübergreifenden Zusammensetzung der Projektgruppen entstand hieraus ein 'Perspektivenpluralismus', welcher der Vielschichtigkeit und der Komplexität des Gegenstandes Maschinelle Übersetzung gerecht wurde und der die Seminardiskussion äußerst facettenreich hat werden lassen.

Sehr heterogen war der Erfahrungshorizont der Studierenden im Hinblick auf ihre Erfahrung mit Projektarbeit; das Spektrum reichte hier von "sehr projekt-versiert" bis "gänzlich projekt-unerfahren". Die Studierenden erkannten jedoch sehr rasch die Synergiepotentiale und betrauten innerhalb der Projektgruppen die Projekterfahreneren mit den Aufgaben des Projekt- und Zeitmanagements.

Als anfänglich ausgesprochen hemmend für die Progression des Seminars erwiesen sich die unterschiedlichen Kenntnisse der Studierenden im Umgang mit den verschiedenen Internet-Werkzeugen zur synchronen und asynchronen Kommunikation, wie vor allem E-Mail, Chat und WWW. Ohne die sichere Handhabung dieser Kommunikationswerkzeuge sind die Studierenden vom virtuellen Teil des Seminargeschehens mehr oder weniger ausgeschlossen. Ist dies auch nur bei einem Teil der Studierenden der Fall, droht die Seminardiskussion im virtuellen Raum zu erlahmen bzw. erst gar nicht richtig in Gang zu kommen.

Aus den dargestellten Erfahrungen auf der Ebene der Projektorientierung leiten wir folgendes Fazit ab:

- Die semesterumspannende Arbeit an einem Projekt ist von positiver Wirkung auf Intensität und Kontinuität der Auseinandersetzung der Studierenden mit dem Seminargegenstand.

- Die standort- und fächerübergreifende Zusammensetzung der Projektgruppen führt zu Synergieeffekten, die ohne diese Zusammenarbeit nicht zu erreichen wären.

- Andererseits bedingt die standort- und fächerübergreifende Zusammensetzung des Seminars eine größere Heterogenität der Studierenden als in herkömmlichen Veranstaltungen. Dies erfordert eine genauere Analyse der Voraussetzungen, welche die SeminarteilnehmerInnen in die Arbeit einbringen. Bei einem zu starken Voraussetzungsgefälle innerhalb der Gruppe sollten für bestimmte Bereiche (z.B. zum Thema Projektmanagement oder Internet-Kommunikation) Propädeutika vorgesehen werden.

Insgesamt ist unsere Grundannahme, dass die Projektorientierung in entscheidendem Maße strukturierend und motivierend für die Seminararbeit sein würde, vollauf bestätigt worden

Kommunikationsformen

Das virtuelle Seminar fußte auf zwei Arten der Kommunikation, nämlich auf nicht medial vermittelter Kommunikation während der Präsenzphasen des Seminars (z.B. in Form von Präsentationen, Gruppendiskussionen, Demonstrationen, Beratungsgesprächen usw.) und auf internet-gestützter Kommunikation während der virtuellen Seminarphasen

Das Seminar bediente sich zwei unterschiedlicher Modi der computergestützten Kommunikation, und zwar der

- *synchronen* Internet-Kommunikation (internet-basierte Audio-Video-Konferenzen, Application-Sharing, Chat)
- *asynchronen* Internet-Kommunikation (seminareigener WWW-Server, E-Mail, seminareigene Newsgroup)

Für das virtuelle Seminar bestand die Notwendigkeit, für die grundlegenden kommunikativen Funktionen eines Seminars (Plenumsdiskussion, Referat, Präsentation, Gruppendiskussion, Beratung, informeller Austausch zwischen den Studierenden) adäquate Formen der netzgestützten Kommunikation zu finden. Daß hier nicht einfach eine Übertragung der Funktionen der Face to Face Kommunikation in ein anderes Medium stattfindet, zeigen die Erfahrungen, mit virtuellen Seminaren, die sich allein auf eine Diskussion in Newsgroups oder Diskussionsforen stützen; eine pointierte Analyse der Probleme und Paradoxien solcher Seminare findet sich in (Heidbrink 1997). Die folgenden beiden Abschnitte illustrieren exemplarisch einige Probleme, die es zu lösen gilt.

Plenumsdiskussion mit Hilfe der Audio-Videokonferenz

Eines der grundlegenden Probleme, dem wir uns bei der Gestaltung der synchronen Kommunikation im Seminar gegenüber sahen, lag darin, dass das deutsche Wissenschaftsnetz uns im WS 98/99 nur sehr eingeschränkte, stark schwankende Netzbandbreiten für die Übertragung der Audio-Video-Konferenzen zu Verfügung stellte. Dies hatte zur Folge, dass Bild und Ton während der Konferenzen nur mit unstetiger Qualität empfangen werden konnten und dass übertragene Applikationen nur mit stark eingeschränkter Ablaufgeschwindigkeit abliefen [3].

Aus der Sicht der TeilnehmerInnen des Seminars bedeutete dies, dass zur Visualisierung eingesetzte PowerPoint-Folien oder HTML-Seiten sich an den ent-

---

[3] Nach dem Ausbau des Deutschen Wissenschaftsnetzes am Ende des WS 1989/99 im Nordverbund der Länder Niedersachsen, Bremen und Hamburg und der damit verbundenen Erweiterung der Bandbreiten hoffen wir auf qualitativ bessere und schnellere Übertragung von Applikationen und Konferenzen beim nächsten Durchgang des Seminars im WS 1999/2000.

fernten Standorten nur mit Verzögerung aufbauten und dass sich die SprecherInnen in Konferenzen nie sicher sein konnten, ob ihre Äußerungen in voller Länge und Klarheit an den anderen Standorten zu hören waren[4].

Dies hatte zur Folge, daß die inhaltsbezogene Kommunikation in den Videokonferenzen immer wieder von kanalbezogener Kommunikation überlagert wurde, etwa durch Äußerungen wie "Habt Ihr verstanden, Osnabrück?", "Ist die Folie bei Euch in Hannover angekommen?", "Euer Beitrag ist nicht vollständig angekommen - könnt Ihr ihn bitte wiederholen?".

In der Absicht, die inhaltsbezogene Diskussion von diesen kanalbezogenen Störungen zu entlasten, haben wir zwischen den Standorten verabredet, kanalbezogene Mitteilungen über den Chat-Kanal der Konferenz-Applikation mitzuteilen. In dieser Konstellation hat es sich als sinnvoll erwiesen, einen Teilnehmer bzw. eine Teilnehmerin pro Standort damit zu betrauen, den so genutzten Chat-Kanals zu überwachen bzw. mit Meldungen von Kommunikationsstörungen zu beschicken.

Eine weitere Schwierigkeit, der wir uns in der Gestaltung der Audio-Video-Konferenzen gegenüber sahen, lag in dem Phänomen der Kanalreduktion begründet, d. h., in der Tatsache, dass Ton und Bild in den Konferenzen nur einen äußert partiellen Eindruck von Diskussionsgruppen an den entfernten Standorten vermitteln.

Folgte beispielsweise auf eine Präsentation eine Plenumsdiskussion, war es uns Gesamtmoderatoren unmöglich zu überschauen, welche Wortbeiträge an den entfernten Standorten im einzelnen vorlagen. In dieser Situation hat es sich als notwendig herausgestellt, an den entfernten Standorten einen lokalen Moderator bzw. eine lokale Moderatorin zu bestimmen, der/die uns via Chat-Kanal vorliegende Redemeldungen bekannt gibt, die dann von der Gesamtmoderation hintereinander abgerufen werden können.

Als ähnlich problematisch erwies sich der Umgang mit spontanem Feedback im Verlaufe von Präsentationen. Aufgrund der Kanalreduktion und aufgrund der Schwierigkeit, während des Sprechens gleichzeitig in die Kamera zu schauen und die empfangenen Videobilder der anderen Standorte zu verfolgen, war für den Präsentator bzw. die Präsentatorin während der Präsentation nicht möglich zu überschauen, welche Fragen und welches Feedback zum Vortrag im einzelnen an den verschiedenen Standorten vorlagen; siehe hierzu auch die Erfahrungen mit Anwendungen der Videokonferenz in anderen Bereichen, die von (Braun et al. 1999) berichtet werden.

---

[4] Unserer Erfahrung nach wirkt sich mangelnde Übertragungsqualität des Videobildes bzw. dessen kompletter Ausfall weniger störend auf die Kommunikation während der Konferenzen aus. Eine Konferenz ohne Bildübertragung ähnelt der Rundfunkübertragung eines Live-Ereignisses.

Hieraus ergab sich die Notwendigkeit, Feedback zu visualisieren. Wir haben für jeden Standort eine HTML-Seite eingerichtet, die per Application Sharing in die Konferenz eingebracht wurde und auf der Feedback zu Präsentationen online festgehalten und für alle sichtbar gemacht werden konnte. Hierzu war es jedoch erforderlich, einen Teilnehmer bzw. eine Teilnehmerin pro Standort zu bestimmen, der bzw. die das auf Metaplan-Kärtchen notierte Feedback der übrigen TeilnehmerInnen entgegennahm und auf die HTML-Seite übertrug[5].

Damit es überhaupt im Rahmen solcher Konferenzen zu Feedback seitens der TeilnehmerInnen kommt, damit sich im Anschluss an übertragene Präsentationen im virtuellen Plenum eine Diskussion entwickelt, müssen solche Präsentation noch stärker als in Präsenzveranstaltungen auf die bei den TeilnehmerInnen beabsichtigte Impulswirkung hin konzipiert sein. Das bedeutet, dass längere monologisierende Passagen immer wieder durch Zwischen-, Verständnis- oder Anwendungsfragen zäsiert werden müssen. Andernfalls droht die Gefahr, dass sich die Teilnehmer/innen an jenen Standorten, an denen der Sprecher bzw. die Sprecherin nicht physisch präsent ist, in der passiven Rolle von Fernsehzuschauern zurücklehnen.

Die Beispiele zeigen, daß für die virtuelle Plenumsdiskussion mit Hilfe der Audio-Vidoekonferenz neue Formen und Verfahrensweise der Moderation gefunden werden müssen, damit ein fruchtbarer Diskurs über den Seminargegenstand, in den alle einbezogen sind überhaupt zustande kommen kann.

Gruppendiskussion und Beratung

Während der Phasen zwischen den virtuellen Konferenzsitzungen vollzog sich die Kommunikation mit und zwischen den Studierenden in weiten Strecken asynchron via E-Mail und über den WWW-Server. Daneben gab es Absprachen über das Telefon, Treffen der lokalen Teilgruppen und gelegentliche Nutzung des Chat.

Dabei haben wir folgendes Paradox festgestellt: solange nicht gewährleistet werden kann, dass Studierende zuhause über die notwendigen Hard- und Software-Voraussetzungen für den Internet-Zugang verfügen, sind sie gezwungen, sich zum Zugriff auf ihre Mailbox oder auf den seminareigenen WWW-Server in die Rechnerpools der Hochschule zu begeben. Solange die Studierenden nicht über eine entsprechende Ausrüstung verfügen, kann ein virtuelles Seminar eines seiner wesentlichen Ziele, nämlich den Studierenden größere zeitliche und örtliche Flexibilität vom Hochschulstandort und -stundenplan zu ermöglichen, nicht erreichen. Im Gegenteil: unter solchen Umständen zwingt ein virtuelles Seminar

---

[5] In einem entsprechend ausgestatteten elektronischem Seminarraum wäre es denkbar, solches Feedback auf einer elektronischen Wandtafel zu visualisieren und in die Konferenz einzubringen.

seine TeilnehmerInnen zu mehr Präsenz an der Hochschule, als es eine herkömmliche Präsenzveranstaltung täte.

Vor allem bei der Beratung und Unterstützung der Studierenden während der ihrer Arbeit an den Fallstudien zeigten sich die prinzipielle Schwierigkeiten bei der Handhabung der asynchronen Kommunikation. Sie liegen auf zwei Ebenen:

Zum einen fehlt den KommunikationspartnernInnen dadurch, dass die Kommunikation sich asynchron und schriftlich vollzieht, die Möglichkeit der unmittelbaren Rückmeldung. Treten beispielsweise in der Kommunikation Missverständnisse auf und sind Klärungen oder Präzisierungen von Kommunikationsakten erforderlich, ist dies meist nur über eine mehr oder minder 'zähflüssige' Folge von Rückantworten möglich. Es vergeht also unter Umständen mehr Zeit, bevor eine initiierte Kommunikation als von beiden Partner als befriedigend abgeschlossen betrachtet werden kann.

Zum anderen gerät in der virtuellen Interaktion zwischen den Studierenden und den Lehrenden mittels E-Mail der Kommunikationszusammenhang, in dem eine Nachricht steht, leicht aus dem Blick: E-Mails sind im Handumdrehen gelöscht, gehen eventuell in einer Flut weiterer Mails in der Mailbox unter oder werden durch Ablegen in einen falschen Ordner nicht mehr bearbeitet.

Aufgrund dieser Besonderheiten gilt auch hier, dass die Kommunikation via E-Mail mit den Studierenden minutiös darauf hin konzipiert und befragt werden müssen, ob sie die intendierte Wirkung auch tatsächlich entfalten können. So sind E-Mails daraufhin zu prüfen, ob sie einerseits explizit genug sind, ohne gleichzeitig zu direktiv zu sein. Dies ist vor allem bei der Beratung und Unterstützung von Studierenden in ihren Lernprozessen wichtig. Andererseits ist genau zu überlegen, ob der zu kommunizierende Inhalt seine Wirkung am besten via E-Mail, via Newsgroup, via Telefon oder doch von Angesicht zu Angesicht in der Sprechstunde entfalten kann. Vor diese Fragen sahen wir uns beispielsweise bei dem Versuch einer Konfliktmediation innerhalb einer Arbeitsgruppe gestellt.

Internet-Kommunikation über den WWW-Server

Der WWW-Server war als zentrales Werkzeug konzipiert für den Zugang und Austausch der Materialien. Er erfüllt seine Aufgabe am besten, wenn er als 'Portal' gestaltet ist, über das die Studierenden auf alle Ressourcen und alle Kanäle der netzgestützten Kommunikation zentral zugreifen können. Die offene Gestaltung der Materialen und Ressourcen hat sich als wesentliche Unterstützung für die Arbeit der Projektgruppen erwiesen. Besonders wichtig war, daß die Gruppen eigene Materialein auf dem Server publizieren konnten.

Um für diese Informations- und Kommunikationsangebote - vor allem auch bei weniger internet-versierten Studierenden - die notwendige Akzeptanz zu schaffen, sollte die Benutzeroberfläche für die Interaktion zwischen dem Server und den

NutzerInnen auf Metaphern - wie z.B. der des Desktop - beruht, die den NutzernInnen bereits aus anderen Applikationen vertraut sind; insbesondere sollten sie nicht gezwungen sein für Up- oder Download von Dokumenten neben dem Browser andere Programme zu benutzen. Diese Forderung konnte im ersten Durchgang des Seminars nicht voll erfüllt werden. Für die Programmierung einer eignen Oberfläche für den Server stehen im Projekt keine Ressourcen zur Verfügung; Für den zweiten Seminardurchgang erproben wir *Trainingsspace,* eine auf dem *Hyperwave/Hyper-G* - Server aufsetzende Benutzeroberfläche, die für die Bedürfnisse netzgestützter Lehre entwickelt wurde.

Fazit: Lohnt sich ein virtuelles Seminar?

Nach den Erfahrungen des ersten Durchgang des Lehrmoduls "Mensch-Maschine-Interkation in der maschinengestützten und maschinellen Übersetzung" stellt sich die Frage, wie das Verhältnis zwischen Aufwand und Nutzen des Lehrmoduls zu beurteilen ist. Lohnt sich eine virtuelle Lehrveranstaltung?

Ein virtuelles Seminar bedeutet für die Lehrenden im Vergleich zu einem hergebrachten Präsenzseminar einen erheblichen zeitlichen und personellen Aufwand. Für die Implementierung der Seminarinhalte und der technischen und organisatorischen Infrastruktur. Für die Vorbereitung unseres virtuellen Seminars bedurfte es eines erheblichen zeitlichen Vorlaufes für

- die Suche nach geeigneten Szenarien für die Fallstudien und den dazu erforderlichen AnsprechpartnerInnen
- die Auswahl und Installation der erforderlichen Hard- und Software vor allem für die Audio-Video-Konferenzen und den seminareigenen WWW-Server
- die Zusammenstellung der Materialien und Ressourcen für die Seminararbeit und für das Design und die Pflege der seminareigenen HTML-Seiten auf dem Server

Dieser Aufwand ist nur zu rechtfertigen, wenn die Ressourcen mit der Perspektive einer nachhaltigen Nutzung geschaffen werden, so dass in weiteren Durchgängen des Seminars zum gleichen oder zu verwandten Themen auf die Ressourcen zurückgegriffen wird und diese erweitert und ergänzt werden können. Auf diese Weise wird sich der Aufwand für die Schaffung der Ressourcen für jede einzelne Veranstaltung deutlich verringern. Dabei ist zu beachten, dass ein Teil des Mehraufwands nicht aus der Form des virtuellen Seminars sondern aus der angestrebten projektorientierten Arbeitsweise resultiert. Er wäre auch für Projektseminare, die als Präsenzveranstaltung abgehalten werden, zu leisten.

Demgegenüber steht jener Mehraufwand, der dem oben beschriebenen Versuch geschuldet ist, vertraute Kommunikationsprozesse aus dem Bereich der

Präsenzlehre im virtuellen Kommunikationsraum nachzubilden. So erfordert es z.B. erheblich mehr Zeit, Studierende über E-Mail in einer 'virtuellen Sprechstunde' schriftlich zu beraten, als mit ihnen ein herkömmliches mündliches Beratungsgespräch zu führen. Desgleichen ist es, wie oben beschrieben, wesentlich personalintensiver, ein virtuelles Plenum in einer Audio-Video-Konferenz über Standortgrenzen hinweg zu moderieren, als eine Präsenzsitzung in einem herkömmlichen Seminarraum zu gestalten. Rekrutiert man jedoch die zusätzlich notwendigen HelferInnen - für die lokale Moderation, die Bedienung des Konferenzrechners, die Gestaltung der HTML-Feedback-Seiten usw. - aus den Reihen der TeilnehmerInnen, ist auf diese Weise zugleich ein höheres Maß an studentischer Mitwirkung und Mitgestaltung gegeben.

Ein weiterer zusätzlicher Aufwand für das virtuelle Seminar entsteht dadurch, dass die für die internetgestützte Arbeit an allen Standorten benötigte Hard- und Software sorgfältig gepflegt und gewartet werden muss, damit ein reibungsloser Ablauf gewährleistet ist. Weiterhin muss die didaktische und organisatorische Betreuung der lokalen Gruppen an den jeweiligen Standorten sichergestellt sein.

Es wäre deshalb verfehlt, von dieser Form der netzgestützten Kooperation in der Lehre hohe Einsparpotentiale zu erwarten etwa dergestalt, dass inhaltliche Lücken im Lehrangebot einer Universität dadurch geschlossen werden, dass ein entsprechendes Lehrangebote von einer anderen Universität über das Internet importiert wird. Ohne zusätzliche personelle Ressourcen würde dies zwangsläufig zu Qualitätseinbußen in der Lehre an beiden beteiligten Standorten führen[6].

Das größere Potential der netzgestützten Kooperation in der Lehre liegt in der flexiblen Erweiterung des Lehrangebots vor allem aber in der Qualitätssteigerung und Qualitätssicherung der Lehre. Nach unserer Erfahrung in der ersten Phase unseres Projekts lässt sich dieses Potential am wirkungsvollsten durch eine langfristige Kooperation in einem Verbund entfalten, in dem jeder Partner zugleich Ressourcen zur Verfügung stellt und Ressourcen der anderen Partner nutzt.

Durch eine solche Kooperation werden die Hochschulen in die Lage versetzt, durch importierte Module, die sie mit lokalen Ressourcen allein nicht würden realisieren können, bestehende Studiengänge zu erweitern und für Studierende attraktiver zu machen Auf der Seite der 'Exporteure' werden gerade kleinere Hochschulstandorte durch den Export von Spezialmodulen in die Lage versetzt, Nischen in der Hochschullandschaft zu besetzen und sich bei wachsender Konkurrenz zwischen den Hochschulstandorten gegenüber den großen Hochschulen zu behaupten.

---

[6] Zur Problematik den Zugewinn an Qualität verläßlich zu bestimmen vgl. (Keil-Slawik 1999).

Ein weiterer Nutzen, der nur durch diese Arbeitsform zu realisieren ist, liegt auf der Ebene der Qualifizierung der Studierenden. In einem globalisierten Wirtschaftssystem, in dem immer mehr Unternehmen über Standort- und Ländergrenzen hinweg agieren, wird für ArbeitnehmerInnen die Fähigkeit zur standortübergreifenden, internetbasierten Projektarbeit zu einer Schlüsselqualifikation für den Arbeitsmarkt. Angesichts dieser Entwicklung sind die Hochschulen gefordert, ihren Studierenden entsprechende Qualifikationen zu vermitteln. Ein Lehrmodul wie das hier beschriebene, in dem sich Projektorientierung mit verteilter standortübergreifender Kooperation verbindet, ist gut geeignet, solche Qualifikationen zu vermitteln.

Ein weiteres, bei weitem noch nicht ausgeschöpftes Potential liegt in der Fortentwicklung der Hochschuldidaktik. In der Vergangenheit hat sich gezeigt, daß die Verfügbarkeit neuer Unterrichtsmedien wie etwa des Sprachlabors im Fremdsprachunterricht zu einer kritischen Neubestimmung der didaktischen Positionen geführt hat: die einfache Übertragung bis dahin gängiger Unterrichtsformen auf das neue Medium führte zu einem Misserfolg und zwang zu einer kritische Reflexion dessen, was bis dahin als für den Fremdsprachenunterricht selbstverständlich und unangezweifelt galt. Zugleich kam es zu einer Relativierung überhöhter Erwartungen gegenüber dem neuen Medium, etwa der Vorstellung der vollständigen Programmierbarkeit des Fremdsssprachenunterrichts.

Eine solche Auseinandersetzung ist auch für den Einsatz von Multimedialen Lehr- und Lernsystemen und für die Entwicklung netzgestützter Formen des Studierens nötig. Sie wird, - wie die Bestandsaufnahme von Schulmeister zeigt, auf einer theoretischen Ebene geführt. (Schulmeister 1997 S. 71-90). Didaktische Theoriebildung ist Reflexion über geglückte oder weniger geglückte Prozesse des Lehrens und Lernens und sie muss solche Prozesse analysieren, um zu aussagekräftigen Modellen des Lehrens und Lernens zu gelangen.

In diesen Reflexionsrahmen ordnen wir unseren Werkstattbericht ein. Unsere Lehr- und Lernerfahrung lassen deutlich werden, dass es verfehlt wäre, gängige Paradigmen universitärer Lehre - etwa die stark dozentenzentrierten Formen der Vorlesung und des traditionellen Seminars - im virtuellen Raum nachzubilden. Umgekehrt liegt in der Projektorientierung der Arbeit und in der mit ihr verbundenen Erweiterung des Erfahrungs- und Lernraums der Studierenden ein Innovationspotential, das auch für die Qualitätssicherung der Präsenzlehre genutzt werden kann.

Literatur

Caroli, Folker et. al. (1996). Multimedia. Technologien, Entwicklungen, Chancen und Risiken für das Saarland. Saarbrücken: Arbeitskammer des Saarlandes. (AK Beiträge Jg. 9, H. 5).

Braun, Sabiene, Kurt Kohn, Hans Mikasa (1999). Kommunikation in der mehrsprachigen Videokonferenz: Implikationen für das Dolmetschen. In: Heidrun Gerzymisch - Arbogast, Daniel Gile, Juliane Hanse, Annely Rothkegel (Hrsg.). Wege der Übersetzungs- und Dolmetschforschung. Tübingen: Narr. S. 267 - 305.

Collis, Betty (1997).Tele-learning in a digital world : the future of distance learning London: International Thomson Computer Press.

von Haaren, Kurt (Hrsg.) (1997). Arbeit im Multimedia-Zeitalter: die Trends der Informationsgesellschaft Hamburg .

Hauenschild, Christa, Susanne Heizmann (Hrsg.) (1999). Machine Translation and Translation Theory. Berlin: de Gruyter.

Hegarty, Michael, Anne Phelan, Lisa Kilbride (Hrsg.) (1998). Classrooms for Distance Teaching and Learning: A Blueprint. Leuven: Leuven University Press.

Heidbrink, Horst (1997). Ein virtuelles Methodenseminar an der FernUniversität. In: Bernad Batinic (Hrsg.). Internet für Psychologen. Göttingen: Hogrefe. S. 395 - 416.

Keil-Slawik, Reinhard (1999). Evaluation als evolutionäre Systemgestaltung. In: Michale Kindt (Hrsg.). Projektevaluation in der Lehre. Münster: Waxmann. S. 11 - 36.

Keil-Slawik, Reinhard, Harald Selke (1998). Der Aufbau von lernförderlichen Infrastrukturen. In: Bibliothek - Forschung und Praxis 22 (1) S. 51 - 59.

Nejdl, Wolfgang, Martin Wolpers (1998). KBS Hyperbook. A Data-Driven Information System on the Web. Hannover: Institut für rechnergestützte Wissensverarbeitung, Universität Hannover.

Schmidt, Christiane (2000). Evaluation und Begleitforschung "Lernen im Netz": Forschungsdesign und erste Ergebnisse. In: Gesellschaft für Medien und Wissenschaft (Hrsg.). Virtueller Campus 99. Heute Experiment - morgen Alltag? Münster: Waxmann.

Schulmeister, Rolf (1997). Grundlagen hypermedialer Lernsysteme: Theorie – Didaktik – Design Muenchen : Oldenbourg.

Teil VI

Perspektiven

Integration von implizitem und explizitem Kompetenzerwerb durch netzbasiertes Lernen

Franz Stuber

Universität Bremen, Institut Technik und Bildung, stuber@uni-bremen.de

Zusammenfassung Zunächst werden wissenschaftliche Begründungen über die Bedeutung impliziter Lernprozesse rekapituliert und deren Grenzen aufgezeigt. Dabei notwendig erscheinende Ergänzungen legen eine stärkere Kooperation und damit auch Integration von implizitem und explizitem Lernen nahe. Daraufhin wird ein Szenario entfaltet, das die künftigen Anforderungen an eine netzbasierte Lernumgebung aufgreift. Darin werden den Benutzern unterschiedliche Räume als 'Orte' präsentiert, in denen je spezifisch gehandelt werden kann. Auf Basis bekannter natürlicher Räume und ihrer Funktionen werden Analogien für die Orientierung in den symbolischen Räumen des Systems gezogen. Gegenstand des Szenarios ist die lernortübergreifende Kooperation in den neuen IT-Berufen. Als Aufgabenstellung steht die kooperative Gestaltung von Webseiten im Mittelpunkt.

1 Einleitung

Den neuen digitalen Medien und Netzen wird allseits ein enormes pädagogisches Potential zugesprochen. In letzter Zeit lässt sich dabei eine Akzentverschiebung in Forschung und Entwicklung feststellen: vom Interesse an multimedialer Lehr- und Informationssoftware hin zur Unterstützung von Lernprozessen durch Telekommunikationsnetze, insbesondere internetbasierte Dienste und deren Integration in multimediale Lernumgebungen. Parallel zu dieser auch technisch induzierten Akzentverschiebung geraten etablierte Trennungslinien zwischen Arbeiten, Lernen und betrieblicher Innovation in's Wanken. In verschiedenen Facetten wird die Ergänzung bis Ablösung traditioneller Lernprozesse mit Hilfe der neuen Medien und Netze propagiert und protegiert, angefangen von der beruflichen Aus- und Weiterbildung bis hin zur akademischen Ausbildung (Euler 1999, Franze et al. 1999).

Vor diesem Hintergrund konzentrieren sich die folgenden Ausführungen auf den Bereich der beruflichen Arbeit, auf die darauf bezogene Ausbildung sowie auf Unterstützungsformen durch netzbasiertes Lernen. Ausgangspunkt ist die aus verschiedenen Disziplinen gespeiste Debatte um Modi des Lernens im und für den Arbeitsprozess. In diesen Diskursen wird erfahrungsgeleitetes, informelles, situiertes etc. Wissen und Lernen (fach-) systematischem, formalem, kontextfreiem etc. Wissen und Lernen gegenübergestellt. Zusammenfassend werden wir für diesen Dualismus die Termini *implizites* und *explizites Lernen* verwenden. Implizites und explizites Lernen werden verstanden als zwei Formen des Qualifikations- und Kompetenzerwerbs, die sich aus der jeweiligen Zwecksetzung ergeben: Während es bei expliziten Lernprozessen vorrangig um das Begreifen eines Sachverhalts geht, steht bei impliziten Lernprozessen die erfolgreiche Bewältigung einer Arbeitsaufgabe im Vordergrund. Implizites Lernen kennzeichnet also Prozesse, bei denen das Lernen selbst gar nicht im Vordergrund steht, sondern die praktische Bewältigung einer Aufgabe, bei der quasi nebenbei Lerneffekte eintreten.

implizit   **explizit**
Ziel: Realisierung   Modi des Lernens   Ziel: Begreifen
einer Arbeitsaufgabe   eines Sachverhalts

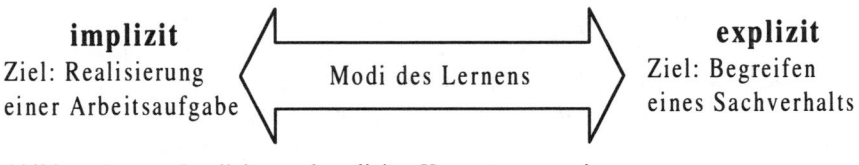

Abbildung 1:   Impliziter und expliziter Kompetenzerwerb

2 Theoretische Zugänge zum impliziten Lernen

Trotz der überall anzutreffenden Rede von der sinkenden „Halbwertszeit" beruflichen Wissens wächst in vielen Unternehmen die Sensibilität für die bei ihnen beheimateten Kompetenzen und deren Entwicklung. Kennzeichnungen wie das „lernende Unternehmen" oder „Wissensmanagement" sind Umschreibungen für diesen Sachverhalt. Ein Kernpunkt ist sicherlich das Interesse der Unternehmen, der Prozess der betrieblichen Modernisierung möge nicht ebenso beständig subventionierte Lernprozesse außerhalb der Arbeit notwendig machen. Die erforderlichen Lernprozesse sollen in stärkerem Maße privatim oder aber innerhalb der Arbeit selbst stattfinden. Lernen diffundiert damit in alle Bereiche des Unternehmens und ist nicht mehr der alleinigen Obhut einer (Aus-)bildungsabteilung unterstellt. Verschiedene Erklärungs- und Beschreibungsmodelle sind für dieses Lernen im Prozess der Arbeit in der Diskussion.

2.1 Implizites Wissen

Der Begriff geht zurück auf Polanyi (1966), der das Phänomen des „tacit knowledge" (wörtlich: stillschweigendes Wissen) anschaulich beschrieben hatte: Wir erkennen ein Gesicht in der Menge wieder und wissen nicht, warum. Wir lernen Fahrrad zu fahren und können nicht angeben, welchen Regeln wir dabei folgen. Polanyis Arbeiten lagen der sogenannten „tacit knowledge"-Debatte zugrunde, die vor allem im angelsächsischen Raum geführt wurde. Der Sachverhalt des impliziten Wissens wurde dabei als Argument gegen Annahmen der sog. ‚starken' KI-These benutzt. So etwa von Dreyfus/ Dreyfus (1986), die dem impliziten Wissen eine große Bedeutung für die Kompetenz von Experten beimaßen. Heutzutage haben sich insbesondere Forscher aus dem Bereich der Kognitionspsychologie den Phänomenen des impliziten Wissens zugewandt (Buchner 1993). Im Grunde genommen werden hier zwei Problemkreise untersucht: der eigentliche Lernprozess, also das implizite *Lernen*, und das Ergebnis dieses Lernprozeses, das implizite *Wissen*. Die Unterscheidung dieser beiden Problemkreise verhilft zu der Einsicht, dass man nicht notwendigerweise ein gegensätzliches Verhältnis zwischen explizitem und implizitem Lernen annehmen muss. Vielmehr gibt es fließende Übergänge und vielfältige Berührungspunkte, die sich in unterschiedlichen (von unbewusst bis zu bewusst kontrollierten) Denkmustern niederschlagen. Beispielsweise kann eine Sache explizit gelernt, aber im Lauf der Zeit zu implizitem Wissen routinisiert worden sein. Umstritten ist, ob implizites Wissen an einen bestimmten Handlungskontext gebunden ist oder sich auch auf neuartige Problemstellungen übertragen läßt.

2.2 Situiertes Lernen

Das Konzept des situated learning von Lave/ Wenger (1991) stellt diese lerntheoretische Annahme in Frage. Die Annahme nämlich, wonach im Lernprozess nicht nur eine Aufgabe gelöst oder ein bestimmtes Wissen erworben, sondern gleichzeitig ein persönliches Potential entwickelt würde, vergleichbare Aufgaben auch in anderen Situationen lösen und das erworbene Wissen in andere Kontexte transferieren zu können. „Kompetenz" oder „Fähigkeit" sind Termini für diese Annahme. Lave und Wenger konnten nun zeigen, dass die Aneignung und Anwendung von Wissen in starkem Maße kontextgebunden ist. Nun mag man einwenden, dass hierbei die Dialektik von Kontext und lernendem Subjekt etwas einseitig gesehen wird: Überdauernde persönliche Identitäten sowie verallgemeinerte Vorstellungen und Urteile scheinen in dem Konzept keine Rolle zu spielen. Immerhin wurde jedoch der Blick darauf gelenkt, welche besondere Art von Wissen durch Handeln in der Praxis entsteht. Verknüpft mit aus dem Konstruktivismus abgeleiteten Lerntheorien sind im Gefolge Konkretisierungen für berufliche Ausbildungsprozesse entstanden (Minnameier 1997) und das Konzept spielte in den 90er Jahren eine zentrale Rolle für die Begründung multimedialer Lernumgebungen (Mandl et al. 1995, Schulmeister 1997).

2.3 Erfahrungslernen

Bei der Frage, wie Kompetenzen im Prozess der Arbeit erworben und eingesetzt werden, wird in verschiedenen Forschungen die Bedeutung von Erfahrung hervorgehoben. Untersuchungen zum ‚Erfahrungswissen' haben insbesondere in Deutschland erheblichen Einfluss im Bereich der Arbeit-und-Technik-Forschung gewonnen (Martin 1995). Ein großer Teil dieser Aktivitäten war darauf gerichtet, auf eine erfahrungsförderliche Gestaltung im Bereich der Werkzeugmaschinenentwicklung hinzuwirken. Ein Schwerpunkt dabei war der Versuch, die im Lauf der technischen Entwicklung verlorengegangene oder verstellte Nähe des Werkers zum Fertigungsprozess wieder zu ermöglichen.[1] Das theoretische Fundament lieferten die Arbeiten von Böhle/ Milkau (1988) sowie Böhle/ Rose (1992). Herkömmlichen Auffassungen, die Arbeitshandeln als schlichte Abfolge von zweckrationalen, verallgemeinerbaren und im Prinzip objektivierbaren Handlungssequenzen betrachten, wird das Konzept des „subjektivierenden" Handelns entgegengesetzt. Böhle u. a. betonen, dass die Kompetenz professioneller Praktiker gerade in der Bewältigung unvorhergesehener Ereignisse und einzigartiger Fälle besteht. Dem Gefühl und der Erfahrung des Subjekts kommt dabei eine erkenntnisleitende Funktion zu: Als Resultat praktischer Erfahrung und darauf aufbauender Handlungen ermöglicht das Gefühl über das Erspüren und Erfühlen von Eigenschaften, Bedeutungen und Sinnzusammenhängen die Orientierung des Subjekts in der von ihm erlebten Welt.

2.4 Arbeitsprozesswissen

Ein Ansatz, nicht die Trennungs- sondern die Verbindungslinien zwischen Wissen und Erfahrung aufzuspüren, stellt das Konzept des Arbeitsprozesswissens dar. Dieser Terminus ist im Kontext der Berufsbildungsforschung entstanden. Kruse (1986) hat damit das Wissen um den Zusammenhang der Produktion ausgedrückt, das erfahrenen Fachkräften zu eigen ist. Kruse fragt nach den Grundlagen dieser Kompetenzen, denn die Untersuchungen zum Erfahrungswissen in der betrieblichen Arbeit haben sich mit ausgebildeten Fachkräften beschäftigt, mit Leuten also, die sich im Rahmen ihrer Ausbildung Fachwissen angeeignet haben. Als Ergebnis empirischer Forschung in der industriellen Facharbeit hat Fischer (1997) folgende Gesichtspunkte präzisiert:

- „Im Arbeitsprozesswissen sind theoretisches Wissen und praktische Erfahrung notwendig miteinander verschmolzen, nicht nur zufällig. Es soll also betont werden, dass hierbei ausgebildete Individuen unterstellt sind, die nicht nur die Arbeit, sondern auch Prozesse beruflicher Bildung erfahren haben.

---

[1] Beispielsweise mit Hilfe eines elektronischen Handrads, mittels Körperschallübertragung oder dadurch, dass das bei modernen CNC-Maschinen meist kühlmittelverschmierte Sichtfenster zum Fertigungsprozess sauber gehalten wird.

- Arbeitsprozesswissen bezieht sich auf den betrieblichen Gesamtprozess, enthält also nicht nur die Erfahrung repetitiver Teilarbeit, sondern auch Wissen um Zweck und Ablauf der Produktion.
- Arbeitsprozesswissen wird in Situationen akkumuliert, die Momente der Zielsetzung, Planung, Durchführung und Bewertung der eigenen Arbeit erforderlich machen." (Fischer 1997, S. 178)

Bei dieser Verknüpfung zwischen Wissen und Erfahrung werden die

- *spezifischen* Eigenschaften der im Unternehmen verwendeten Materialien, Anlagen, Werkzeuge, Geschäfts- und Arbeitsprozesse sowie
- die im *allgemeinen* Charakter der technischen, ökonomischen und sozialen Prozesse liegenden Eigenschaften

als zwei gegenüberliegende Pole aufgefaßt. Der letztgenannte Pol repräsentiert den Schwerpunkt ingenieursmäßigen und betriebswirtschaftlichen Wissens und Könnens. Der andere Pol - die Kenntnis und Berücksichtigung der spezifischen Eigenschaften der im Betrieb verwendeten Stoffe, Anlagen und Prozesse repräsentiert die Stärke facharbeiterspezifischer Kompetenz.

3 Integration von implizitem und explizitem Lernen

Ein gemeinsames Merkmal der skizzierten Ansätze zum impliziten Lernen besteht darin, nachvollziehbare Empfehlungen für die Gestaltung der Arbeitsorganisation und von Systemkonzepten für die Integration von Lern- und Arbeitsprozessen vorgeschlagen zu haben. Noch unzureichend beantwortet bleibt jedoch die Frage, in welchem Verhältnis *verallgemeinertes Wissen* über Technik und Arbeitsprozess und die Erfahrung der *besonderen Arbeitssituation* zueinander stehen und wie dieser Kompetenzerwerb unterstützt werden kann. Gerade die immer wieder hervorgehobene Fähigkeit von kompetenten Experten, sich auch in neuartigen Situationen zu helfen zu wissen, unterstellt eine Integration von Erfahrungen und verallgemeinertem Wissen, ohne die eine Übertragbarkeit von Erfahrungswissen auf neuartige Situationen nicht denkbar wäre. Die Beschäftigung mit der Bedeutung von implizitem Lernen in der Arbeit erfordert damit auch die Bestimmung seiner Grenzen. Implizites Lernen und dessen Resultat kann auch ein Moment der Bornierung enthalten. Denn *explizites* Lernen ist immer dann angesagt, wenn es darum geht, sich die Bedeutung einer Sache erst noch anzueignen. Ohne explizites Lernen wird es kaum gelingen, zu einer Beantwortung der Frage zu kommen, *warum* eine Sache so und nicht anders ist. Im impliziten Lernen wird zwar eine Bedeutung als Handlungswissen vermittelt, jedoch nicht deren Gründe oder gar Gründe für eine andere als die gegebene Praxis.

Eine Verbindung zwischen implizitem und explizitem Lernen wird zwar im letztgenannten Ansatz des Arbeitsprozesswissens ausdrücklich aufgezeigt - soweit es die besonderen Eigenschaften von Arbeitsprozessen erklärt. Darüber hinausgehendes Wissen - soweit es den allgemeinen Charakter der Arbeitsprozesse betrifft - jedoch nicht. Dieses Wissen liegt als (mehr oder weniger) systematisiertes Wissen in verschiedenen Disziplinen vor. Wenn also im Arbeitsprozesswissen „theoretisches Wissen und praktische Erfahrung notwendig miteinander verschmolzen" (Fischer) sind, müssen Anteile dieses Wissens in der Arbeitspraxis vorkommen. Damit rückt der Prozess dieser „Verschmelzung" in den Mittelpunkt. Mit anderen Worten: Die Herausforderung ist nun, durch geeignete Mittel den Prozess der Kombination von Gelegenheiten zum impliziten wie auch expliziten Kompetenzerwerb zu unterstützen. Im Arbeits- wie im Lernprozess soll die subjektive Verknüpfung von Wissen und Erfahrung erleichtert werden. Dafür muss systematisches Wissen bereitgestellt und es müssen Gelegenheiten zum Erfahrungmachen geschaffen werden.

Auf den traditionellen Bereich des expliziten Lernens - die berufliche Ausbildung - gewendet bedeutet dies nun, dass die Frage nach der Kooperation unter den Lernenden, die Kooperation mit ihren Ausbildungsbetrieben sowie die Kooperation mit den Lehrenden in den Mittelpunkt rückt. Denn die zu behandelnden Lerngegenstände müssen von allen Akteuren identifiziert, verstanden und akzeptiert werden, anfallende Aufgaben einzeln wie auch gruppenorientiert bearbeitet werden, Hilfestellungen untereinander und von den Lehrern wie auch Ausbildern gegeben werden und das jeweilige Ergebnis gemeinsam reflektiert werden. Die für diese Zusammenarbeit notwendigen Aktivitäten zu unterstützen, ist deshalb eine zentrale Herausforderung, wenn das den digitalen Medien zugesprochene pädagogische Potential entfaltet werden soll.

Das Internet als zunehmend betrieblich, schulisch und privat genutztes Medium zur technischen Kommunikation kann bei dieser Zusammenarbeit eine zentrale Rolle spielen. Die mit dem Internet gegebenen flexiblen Zeit- und Ortsbezüge können für die Integration und für den anforderungsgesteuerten Wechsel zwischen implizitem und explizitem Lernen genutzt werden. Betrachtet man die Dienste des Internet so wird zweierlei deutlich. Erstens bietet das Internet einiges für die Unterstützung kooperativer Lernprozesse, insofern Möglichkeiten zur Kommunikation eine zentrale Voraussetzung für Kooperation sind (Herrmann/ Misch 1999). Zweitens bedarf es aber auch Anstrengungen, damit diese *Kommunikationsmöglichkeiten* in *Kooperationsbeziehungen* münden. Die zur Verfügung stehenden Dienste müssen in geeignete Konzepte zur Unterstützung der Lernkooperation eingebunden werden und dies erfordert neben dem Engagement von Lehrern und Ausbildern auch die Entwicklung von Lernumgebungen. Nach welchen Grundsätzen derartige Lernumgebungen organisiert werden können, soll nun anhand eines Szenarios aufgezeigt werden.

4 Ein Szenario für die Ausbildung in den IT-Berufen

Das Szenario handelt von den Anforderungen an eine internetbasierte Lernumgebung, mit deren Hilfe das Gestalten von Webseiten erlernt werden soll. Mit IT-Berufen sind hierbei die seit 1997 neu eingeführten Berufe in der Informations- und Kommunikationstechnik gemeint, die im System der dualen Berufsbildung ausgebildet werden (Borch et al. 1999) und die auf ein Informatik-Profil neben den Hochschulinformatikern zielen (Rauner/ Stuber 1999, Stuber 2000). Die Erstellung und Pflege von Webseiten ist eine der Kernkompetenzen insbesondere im Berufsprofil des Fachinformatikers. Den engeren Kontext der Szenarios bildet die Lerneinheit „Professionelle Gestaltung von Webseiten". Diese Lerneinheit ist lernortübergreifend angelegt. Ein einführender Präsenzunterricht in der Berufsschule wird als virtueller Kurs fortgesetzt, den die Auszubildenden von ihrem betrieblichen Arbeitsplatz aus wahrnehmen.[2] Für den Netzbetrieb wird jedem Lernenden ein Internetzugang im Ausbildungsbetrieb und zu Hause zur Verfügung gestellt. An der Schule ist ein Server eingerichtet, der die serverseitigen Dienste des Systems bereitstellt. Die Betreuung des Servers und des Systems obliegt der Schuladministration.

Die folgende szenarische Betrachtung beleuchtet aus unserer Sicht wichtige ‚essentials' einer internetbasierten Lernumgebung, sie erhebt nicht den Anspruch auf Vollständigkeit. „Prinzipiell sind Szenarien als Ausschnitte zu verstehen, die Aspekte eines größeren Sachverhalts unter Abstraktion von anderen Gesichtspunkten untersuchen. ... Ein Szenario ist jedoch nicht geeignet, einen Teil einer Anwendung abgeschlossen zu modellieren: es dient vielmehr der Sammlung von Anforderungen für ein solches Modell." (Gellersen/ Mühlhäuser 1995, S. 157).

4.1 Integration von implizitem und explizitem Lernen mit Hilfe der Raummetapher

Metaphern spielen bei der Gestaltung von Softwaresystemen traditionell eine wichtige Rolle. Mit Metaphern wie etwa „der Papierkorb" werden Analogien zwischen bekannten Gegenständen (konkrete Dinge oder Sachverhalte) und Systemfunktionalitäten gezogen, um vorhandenes Wissen für den Umgang mit neuen Sachverhalten und Systemen zu nutzen. Speziell visuell-räumliche Metaphern sind umfassender Bestandteil der Computerbenutzung: Man befindet sich „in einem Programm" und weiß oft nicht, wie man wieder „hinaus" gelangen

---

[2] In diesem Kontext weist der Gegenstand des Lernprozesses bereits von sich aus auf die Internetnutzung hin. Diese Affinität gilt es zu berücksichtigen, wenn das Szenario auf Lernbereiche transferiert werden soll, bei denen das Handlungsprodukt nicht in erster Linie in elektronischer Form vorliegt.

kann. Die Benutzungsoberfläche der Lernumgebung realisiert deshalb einen möglichst weitreichenden Einsatz visuell-räumlicher Metaphern. Im Unterschied zur Kommunikationsmetapher, bei der dem Benutzer u. U. der trügerische Eindruck vermittelt wird, das Programm könne sich mit seinem Benutzer verständigen, vermitteln visuell-räumliche Metaphern die Perspektive, dass das System Objekte und Funktionen zur Verfügung stellt, die benutzt und manipuliert werden können (Dutke 1994). Der Gebrauch von Metaphern bewegt sich dabei in dem Spannungsfeld zwischen der Erleichterung der Hinführung zu einer neuen Technik ohne dabei das spezifisch Neue aus dem Blick zu verlieren. „Die Menschen eignen sich die Technik allmählich durch deren Verwendung an. Die Aneignung geschieht in einem verschlungenen Prozeß zwischen metaphorischer Vermittlung und direkter Einsicht. Allmählich entdecken die Menschen die Eigenart der neuen Technik. Von dem ersten metaphorischen So-wie schreitet das Verständnis zu einem eigenständigen So fort. Die Einführungsmetapher verliert darüber allmählich ihre bildliche Suggestivwirkung, zumindest verschwimmt und verdunkelt diese." (Nake 1998, S. 211)[3]

Der generelle Ansatz besteht nun darin, den Benutzern unterschiedliche Räume als ‚Orte' zu präsentieren, in denen je spezifisch gehandelt werden kann. Unter der Voraussetzung der Kenntnis natürlicher Räume werden Analogien für die Orientierung in den symbolischen Räumen des Systems gezogen (vgl. Schwabe et al. 1997, Alsdorf/ Bannwart 1998). Der Lernortbegriff erfährt so einen Bedeutungswandel. Und zwar nicht nur darin, dass der physische Aufenthaltsort des Lernenden und der logische Ort des Handelns auseinanderfallen. Sondern auch darin, dass sich die Lernortkooperation durch das Handeln in symbolischen Räumen auf einen dritten ‚Ort' bezieht, neben Betrieb und Schule.

Die erste Leistung der „Räume" des Systems besteht darin, sich einen Überblick verschaffen zu können, wo man sich „aufhält" und wo man überhaupt „hingehen" kann. Die Anordnung der Räume und ein „Lageplan" können eine intuitive Navigation weiter unterstützen. Visuelle Gestaltungsmaßnahmen in den Räumen (Ausstattungsgegenstände und Werkzeuge) können darüber hinaus das Erlernen sowohl der Systemhandhabung als auch der didaktischen Konzepte erleichtern.

Für die Integration von implizitem und explizitem Lernen müssen unterschiedliche Lernvoraussetzungen und Lernstrategien berücksichtigt werden. Sowohl Anfänger als auch (relative) Experten, denen es aus dem Arbeitsprozess heraus um die Klärung oder Vertiefung spezieller Fragestellungen geht, sollen angesprochen werden. Erstere wünschen sich etwa eine Orientierung im Feld, zweitere wollen vielleicht Wissen über neuere Entwicklungen und Tools oder

---

[3] Und Nake fährt fort: Wird dies nicht berücksichtigt, wird die Metapher zur „toten Metapher", die die Sachverhälte eher verschleiert denn erhellt: „War das menschliche Gehirn einst ein Bild, um zu erläutern, was ein Computer macht, so wird später das Gehirn ein Organ, dessen Funktion mit einem Computer verglichen und erklärt wird." (ebenda, S. 212)

wollen Erfahrungen austauschen. Auch muss denjenigen etwas geboten werden, die sich lieber zunächst die ‚technischen Grundlagen' aneignen wollen, bevor sie sich in Anwendungen ‚stürzen', als auch umgekehrt denen, die sich anhand einer realen oder simulierten Aufgabenstellung das dafür erforderliche Fach- und Handlungswissen erarbeiten wollen. Dasselbe gilt für den Grad dessen, wie stark einzelne Lernprozesse angeleitet werden. Gelegenheiten für tutorielles Lernen müssen ebenso geboten werden wie auch Elemente, die eine gemeinsame Ziel- und Aufgabenfindung unterstützen. Daraus folgt, dass in der Lernumgebung unterschiedliche didaktisch-methodische Konzepte angeboten werden. So erhält jeder Raum bestimmte charakteristische Eigenschaften, die ihn von anderen Räumen unterscheiden (siehe auch Wessner et al. 1999). Die folgende Übersicht zeigt die Charakterisierung symbolischer Räume mit dort anzutreffenden Konzepten.

Raumname	Charakteristisches Lernkonzept
Kursraum	Kurs: Systematisch aufgebaute, einführende Aufgabenstellungen zur Erstellung von Webseiten.
	Hilfsmittel werden bereitgestellt, aber nicht der Lösungsweg. Die Lösung wird handlungsorientiert in Einzel- oder Gruppenarbeit erarbeitet.
	Hilfsmittel sind von den Moderatoren (Lehrer, betriebliche Ausbilder) ausgewählte bzw. angepasste Werkzeuge (wie Editoren, Browser, Utilities etc.), Referenzen, Beispiele, Tips etc.
	In diesem Raum werden die Lernenden von Grund auf mit dem Lerngegenstand vertraut gemacht, indem sie einzelne in sich abgeschlossene Aufgabenstellungen bearbeiten. Arbeits- und Zwischenergebnisse können vom Moderator eingesehen und kommentiert werden, bestimmten Personen zugesandt oder auch ‚öffentlich' ausgestellt werden. Die einzelnen Aufgabenstellungen stehen in einer systematischen Reihenfolge. Beispielsweise:
	– Eine erste Webseite
	– Die Seite wird ansprechender
	– Ein Seitenverbund
	– Dynamik kommt ins Spiel
	– etc.

Raumname	Charakteristisches Lernkonzept
Werkstatt	Lernarbeitsaufgaben: Es handelt sich um Aufgabenstellungen, die typische Arbeitsprozesse bei der professionellen Erstellung von Webseiten aufgreifen. Das Anforderungsprofil wird von den Moderatoren erstellt und angepasst.[4] Auf Anforderung werden von den Moderatoren Hilfsmittel und Werkzeuge zur Verfügung gestellt und Ratschläge erteilt. Der Fortschritt in der Bearbeitung von Lernarbeitsaufgaben wird moderiert. Arbeitsergebnisse werden ausgestellt und können für betriebsspezifische Arbeiten weiterverwendet werden.
Projektraum	Projekte: Die Aufgabenfindung erfolgt durch die Lernenden selbst. Auf Anforderung werden von den Moderatoren Hilfsmittel und Werkzeuge zur Verfügung gestellt und Ratschläge erteilt. Zur Kommunikation existiert ein Anschlagbrett, an dem aktuelle Projektanfragen angeboten werden. Entwickelte Webseiten können angezeigt und von den Gruppenmitgliedern annotiert bzw. kritisiert und verändert werden. Eine Versionsverwaltung ist integriert. Es gibt einen Projektordner. In diesem können unterschiedliche Dokumente abgelegt werden. Sobald eine Ergänzung, Änderung oder Kommentierung erfolgt, werden alle anderen Gruppenmitglieder die online sind sofort davon in Kenntnis gesetzt. Darüber hinaus gibt es Mechanismen zum Projektmanagement (Aufgabenplanung etc.)
Galerie	In der Galerie werden exemplarische Webseiten betrachtet, verglichen. Insbesondere besteht die Möglichkeit, eigene Werke zu präsentieren und daraufhin ein Feedback zu erhalten. Anhand der Exponate können ‚best practice' Umsetzungen diskutiert werden. Die Exponate werden dafür mit Kommentaren versehen. Dies verstärkt den Anreiz, sich mit den verwendeten Gestaltungselementen zu beschäftigen.

---

[4] Zum Konzept von Lernarbeitsaufgaben siehe Gronwald/ Schink 1999.

Raumname	Charakteristisches Lernkonzept
Bibliothek	Selbständiges Suchen und Auswerten verschiedener Informationen.
	Die Bibliothek beinhaltet einführende Skripte und weiterführende Literatur aus dem Umfeld, Lehrbücher, Zeitschriften, Nachschlagwerke, technische Referenzen, Online Tutorials, Beispiele etc.
	Materialien können in der Bibliothek gelesen werden oder für die weitere Verwendung kopiert werden. Um „vor Ort" zu lesen, werden die Titel mittels „drag and drop" aus dem Regal entnommen. Ein Mausklick öffnet das jeweilige Objekt und es kann darin geblättert werden. Um das Material zu kopieren, kann ein Kopiergerät verwendet werden.
Forum	Das Forum ist für den Austausch fachlicher Themen vorgesehen.
	Das Forum wird nach dem Prinzip der Newsgroups eingerichtet, allerdings wird auch Chat ermöglicht. Als Lernender kann man sich verschiedenen Forumsthemen zuordnen und diese verfolgen.
	Die Aktualität der Gesprächsthemen ist jeweils erkennbar. Auch die einem Gespräch zugeordneten Dokumente sind direkt verfügbar. Um schnellen Einblick in zitierte Dokumentstellen und angegebene Quellen zu erhalten, ist es möglich, dies ohne Verlassen des Forums zu tun.
Café	Das Café dient dem sozialen Zusammenhalt der Lernenden. Zugleich ist es auch von Externen benutzbar. Im Café kann man sich mit anderen Anwesenden zu beliebigen Themen unterhalten. Außerdem liegen im Café aktuelle Zeitschriften und Spiele aus, etwa Lernspiele (aber nicht nur) zum Web-Design.

Tabelle 1: Lernkonzepte in symbolischen Räumen

Die folgende Abbildung zeigt die Raumkonzepte in ihrer relativen Nähe zum impliziten bzw. explizitem Lernen.

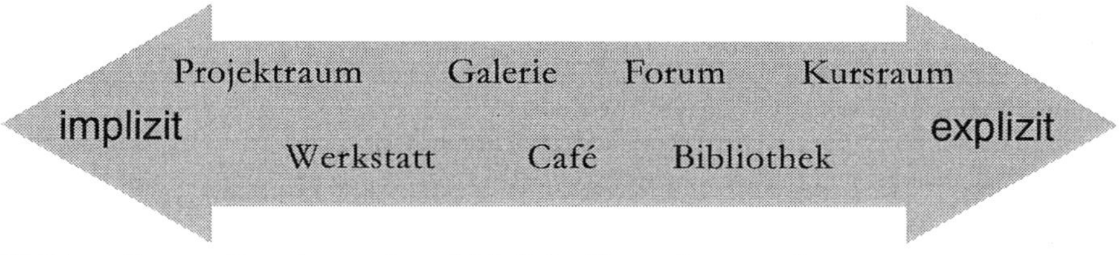

implizit ← Projektraum   Galerie   Forum   Kursraum → explizit
         Werkstatt   Café   Bibliothek

Abbildung 2: Raumkonzepte und Modi des Kompetenzerwerbs

4.2 Einige generische Funktionen für alle Räume

Navigation: Räume werden als dreidimensionale fotorealistische Grafiken dargestellt. Die Navigation wird dem visuellen Eindruck beim Durchschreiten eines bestimmten Raumes in der Realität nachempfunden (Müller/ Hinkenjann 1999). Auch ist es möglich, die Räume durch die Anwahl eines Hausquerschnitts zu erreichen. Durch Anwahl eines bestimmten Raumes im Hausquerschnitt wird der Weg dorthin in einer fotorealistischen Umgebung mittels Zeitraffertechnik überbrückt. Die Benutzer können sich durch Anwahl des entsprechen Bildschirmrandbereiches quasi um die eigene Achse drehen und so einen Rundumüberblick über den entsprechenden Raum gewinnen.

Anwesenheit von Personen: Alle sich im System befindenden – also virtuell ‚Anwesenden' - Auszubildenden, Lehrer und Ausbilder werden registriert. Außerdem wird protokolliert, in welchem Raum sich die Personen befinden. Auf Anforderung werden diese mittels einer grafischen Personen-Repräsentation angezeigt.

Kommunikation mit anwesenden Personen (Chat): Die Kommunikation mit Personen, die im System repräsentiert sind, erfolgt mittels Mausklick auf die entsprechende Personen-Repräsentation. Daraufhin erscheint eine Gesprächsbox, in der die textuelle Kommunikation synchron erfolgen kann.

Kommunikation mit abwesenden Personen (Email): Die Kommunikation mit Personen, die gerade als Lernende, Lehrer oder Ausbilder eine Rolle im System übernommen haben, aber nicht anwesend - also nicht eingeloggt - sind, erfolgt über Email. Die Gestaltung der Email-Box erfolgt nach der gängigen Gestaltung von Email-Clients.

Ordnungssystem: Es existiert ein Ordnungssystem, das es ermöglicht, Dokumente (Lernmaterialien, Anmerkungen, Notizen) nach Kriterien, wie Themenbezug, Dokumenttyp und selbst zu definierenden Kategorien zu ordnen. Eine Versionsverwaltung ist integriert. Die Datenbank des Ordnungssystems ist kontextabhängig, d. h. für einzelne Räume spezifizierbar. Bestandteil des Ordnungssystems ist ein Arbeitsplaner (To-Do-Liste), in dem zu erledigende Arbeiten und Vorhaben festgehalten werden können. Eine Ordnung des Inhalts nach Terminen und Prioritäten ist möglich.

Darstellung textueller Medien: Texte (Bücher, Zeitschriften, Arbeitsblätter etc.) werden bei der Bearbeitung in einem Fenster dargestellt. Dort können auch Annotationen gemacht oder persönliche Lesezeichen hinterlegt sowie die Anmerkungen Anderer eingesehen werden.

5 Ausblick

In das vorstehende Szenario zur Integration impliziter und expliziter Lernprozesse sind Ideen und Vorschläge von Forschenden eingeflossen, die am Institut Technik & Bildung (ITB) sowie am Technologiezentrum Informatik (TZI) der Universität Bremen arbeiten. Die weitere Umsetzung soll und kann jedoch nicht von seiten der Wissenschaft allein erfolgen. Ein sinnvoller Weg ist daher ein partizipatives Entwicklungsprojekt mit einem um Ausbildungsbetriebe, Berufsbildungseinrichtungen und innovative Softwarehersteller erweiterten Projektkonsortium, dessen Mitglieder sich auf das 'Abenteuer' einlassen wollen. Aus der Argumentation ist dabei zweierlei klar geworden: Erstens muss ein derartiges Software-Entwicklungsprojekt eingebettet sein in die gleichzeitige Neugestaltung der Kooperationsbeziehungen zwischen Betrieb und Schule. Zweitens ist mit der partizipativen Systementwicklung die Forderung verbunden, dass die künftigen Nutzer die entscheidenden Impulsgeber der einzelnen Entwicklungsschritte sind. Ohne ständigen und kritischen Dialog mit den Lernenden kann ein derartiges Vorhaben nicht gelingen. In diesem Dialog soll das vorgestellte Szenario als Medium fungieren.

Literatur

Alsdorf, C./ Bannwart, E.: Das virtuelle Unternehmen. Parallelisierung der Arbeit über Virtual Rality im Netz. In: Schwarzer, R. (Hrsg.): MultiMedia und TeleLearning. Lernen im Cyberspace. Ffm: Campus 1998.

Böhle, F./ Milkau, B.: Vom Handrad zum Bildschirm. Eine Untersuchung zur sinnlichen Erfahrung im Arbeitsprozess. Ffm: Campus 1988.

Böhle, F./ Rose, H.: Technik und Erfahrung. Arbeit in hochautomatisierten Systemen. Ffm: Campus 1992.

Borch, H./ Ehrke, M./ Müller, Kh./ Schwarz, H. (Hrsg.): IT best practice. Gestaltung der betrieblichen Ausbildung in den neuen IT-Berufen. Bielefeld: Bertelsmann 1999.

Buchner, A.: Implizites Lernen. Probleme und Perspektiven. Weinheim 1993.

Dreyfus, H. L./ Dreyfus, S. E.: Mind over Machine: The Power of Human Intuition and Expertise in the Era of the Computer. Oxford: Basil Blackwell 1986.

Dutke, S.: Mentale Modelle: Konstrukte des Wissens und Verstehens. Kognitionspsychologische Grundlagen für die Software-Ergonomie. Göttingen: Verlag für angewandte Psychologie 1994.

Euler, D.: Multimediale und telekommunikative Lernumgebungen zwischen Potentialität und Aktualität: eine Analyse aus wirtschaftpädagogischer Sicht. In: Gogolin, I./ Lenzen, D. (Hrsg.): Medien-Generation. Beiträge zum 16. Kongreß der Deutschen Gesellschaft für Erziehungswissenschaft. Opladen 1999.

Fischer, M.: Von der Arbeitserfahrung zum Arbeitsprozesswissen. Rechnergestützte Facharbeit im Kontext beruflichen Lernens. Habilitationsschrift. Bremen 1997.

Franze, K./ Neumann, O./ Schill, A.: Flexible Werkzeugunterstützung für Teleteaching/ Telelearning. In: Beiersdörfer, K./ Engels, G./ Schäfer, W. (Hrsg.): Informatik '99. Informatik überwindet Grenzen. 29. Jahrestagung der Gesellschaft für Informatik. Tagungsband. Berlin: Springer 1999.

Gellersen, H.-W./ Mühlhäuser, M.: Arbeitsplatzintegration und Medienintegration: Mensch-Computer-Interaktion in kooperativen Anwendungen. In: Böcker, H.-D. (Hrsg.): Software Ergonomie '95. Mensch-Computer-Interaktion, Anwendungsbereiche lernen voneinander. Stuttgart: Teubner 1995.

Gronwald, D./ Schink, H.: Lernarbeitsaufgaben in der gewerblich-technischen Ausbildung. Entwicklung am Arbeitsprozess orientierter Schlüsselkompetenzen. In: Die berufsbildende Schule 51 (1999) 7/8.

Herrmann, Th./ Misch, A.: Anforderungen an lehrunterstützende Kooperationssysteme aus kommunikationstheoretischer Sicht. In: Schwill 1999.

Kruse, W.: Von der Notwendigkeit des Arbeitsprozess-Wissens. In: J. Schweitzer (Hrsg.): Bildung für eine menschliche Zukunft. Weinheim/ Basel: Juventa 1986.

Lave, J./ Wenger, E.: Situated learning. Legitimate peripheral participation. Cambridge University Press 1991.

Mandl, H./ Gruber, H./ Renkl, A.: Situiertes Lernen in multimedialen Lernumgebungen. In: Issing, L./ Klimsa, P. (Hrsg.): Information und Lernen mit Multimedia. Weinheim: Beltz 1995.

Martin, H. (Hrsg.): CeA - Computergestützte erfahrungsgeleitete Arbeit. Berlin: Springer 1995.

Minnameier, G.: Die unerschlossenen Schlüsselqualifikationen und das Elend des Konstruktivismus. In: ZBW 93 (1997) 1.

Müller, H./ Hinkenjann, A.: Visualisierung, virtuelle Umgebungen und erweiterte Realität. In: Schwill 1999.

Nake, F.: Handschirm und Bildrad - Von einem zum anderen. In: Bruns, W./ Hornecker, E./ Robben, B./ Rügge, I. (Hrsg.): Vom Bildschirm zum Handrad - Computer(be)nutzung nach der Desktop-Metapher. Artec-paper 59. Bremen 1998.

Polanyi, M.: The Tacit Dimension. New York 1966.

Rauner, F./ Stuber, F. (Hrsg.): Berufsbildung für die Facharbeit in der Elektro- und Informationstechnik. Bremen 1999.

Schulmeister, R.: Grundlagen hypermedialer Lernsysteme. 2. Aufl. München: Oldenbourg 1997.

Schwabe, G./ Hertweg, D./ Krcmar, H.: Partizipation und Kontext bei der Erstellung einer Telekooperationsumgebung. Erfahrungen aus dem Projekt Cuparla. In: Jarke, M./ Pasedach, K./ Pohl, K. (Hrsg.): Informatik '97. Informatik als Innovationsfaktor. Berlin: Springer 1997.

Schwill, A. (Hrsg.): Informatik und Schule. Fachspezifische und fachübergreifende didaktische Konzepte. Berlin: Springer 1999.

Stuber, F.: Auf der Suche nach dem professionellen Kern der neuen IT- und Medienberufe. Erscheint in: Tagungsband zur 4. Forum Berufsbildungsforschung. Nürnberg 2000.

Wessner, M./ Pfister, H.-R./ Miao, Y.: Umgebungen für computerunterstütztes kooperatives Lernen in der Schule. In: Schwill 1999.

InGeL: Dynamische Informationsgewinnung für Lerneinheiten

Silke Seehusen

Fachhochschule Lübeck, Stephensonstr. 3, D-23562 Lübeck,
silke@acm.org

Zusammenfassung Es wird ein agentenbasiertes System zur dynamischen Informationsgewinnung für Lerneinheiten vorgestellt. Es dient der automatischen Aktualisierung von Literaturverweisen und Verweisen auf Arbeitsunterlagen. Desweiteren ermöglicht es die Bildung eines Gruppengedächtnisses bzw. eines Gruppenprozesses zur Bildung von Informationsressourcen in Form von themenbezogenen priorisierten Verweislisten.

1 Einführung

Seitdem das Internet durch das World Wide Web flächendeckend genutzt wird, rückt ein internetbasiertes Lehren und Lernen in Deutschland in eine auch praktisch nutzbare Nähe. Deshalb werden an vielen Hochschulen Teile von Lehr- und Lerneinheiten entwickelt, die entweder die Präsenzlehre um weiteres Material ergänzen oder einen Teil der Präsenzlehre ersetzen. Lerneinheiten, die einen Teil der Präsenzlehre ersetzen sollen, werden im folgenden auch virtuelle Lerneinheiten genannt.

An virtuelle Lerneinheiten müssen Anforderungen gestellt werden, die über die normalen Anforderungen an zusätzlichem Material, das im Internet bereitgestellt wird, deutlich hinausgehen. Wichtige Hauptklassen der Anforderungen an virtuelle Lerneinheiten sind Anforderungen zur Lernförderlichkeit und Motivationsförderlichkeit.

Eine weitere, damit zusammenhängende Anforderung bezieht sich auf die Aktualität einer Lerneinheit. Da der Aufwand zur Erstellung einer virtuellen Lerneinheit relativ hoch ist im Vergleich zur Präsenzlehre (siehe z.B. [DFN97,See98]), besteht die Gefahr, dass gerade virtuelle Lerneinheiten seltener aktualisiert werden als es in der Präsenzlehre der Fall ist.

Gerade von virtuellen Lerneinheiten wird eine höhere Aktualität gefordert. Das liegt insbesondere daran, dass eine internetbasierte Lerneinheit an den Informationen gemessen wird, die über das Internet verfügbar sind.

Ein Problem stellt die Aktualität von Literaturlisten dar. Eine Literaturliste enthält schon heute relativ viele Verweise auf Dokumente im WWW, die als URL angegeben sind und auf die direkt zugegriffen werden kann. Solche Verweise "veralten" leider sehr schnell und oft ist ein solcher Verweis schon ungültig, wenn ein Dokument veröffentlicht wird. Die eigentliche Information jedoch, auf die über eine URL verwiesen wurde, existiert meistens noch, nur aktualisiert und/oder unter einer anderen URL.

Das System InGeL, ein agentenbasiertes System zur dynamischen Informationsgewinnung für Lerneinheiten, löst das Problem der Aktualisierung von Literaturlisten und bietet darüberhinaus eine Unterstützung für Lerngruppen durch eine gruppenorientierte Zusammenstellung von aktuellen Informationsressourcen in Form von themenbezogenen priorisierten Verweislisten.

Im folgenden Abschnitt wird das Umfeld beschrieben, in dem das System InGeL eingesetzt werden soll. Danach wird das System InGeL vorgestellt und dessen Architektur beschrieben. In Abschnitt 3 werden die unterschiedlichen Angaben von Referenzen beschrieben, die von InGeL aktualisiert werden. In Abschnitt 4 wird die Profilbildung von Dokumenten dargestellt.

2 Virtuelle Lerneinheiten und die Suche im Netz

Virtuelle Lerneinheiten sollen einen Teil der Präsenzlehre für Studierende ergänzen oder ersetzen. Die Arbeiten, die in diesem Beitrag vorgestellt werden, sollen im Rahmen des Projektes Virtuelle Fachhochschule eingesetzt werden.

2.1 Virtuelle Fachhochschule

Ein Konsortium von 12 Fachhochschulen, 2 Universitäten und 5 weiteren Partnern führt das Projekt "Virtuelle Fachhochschule" unter der Projektleitung der Fachhochschule Lübeck durch ([VFH,See99]). Das Projekt ist ein Leitprojekt des BMBF zum Thema "Nutzung des weltweit verfügbaren Wissens für Aus- und Weiterbildung und Innovationsprozesse".

Das Ziel des Projektes ist die Entwicklung neuer Konzepte, Lehr- und Lernformen, Lerneinheiten, Strukturen und Techniken für einen Verbund von Hochschulen unter Nutzung von multimedialen und telematisch interaktiven Techniken. Im Projekt werden multimediale virtuelle Lerneinheiten entwickelt, die sowohl in der Virtuellen Fachhochschule eingesetzt werden als auch das Fachhochschulstudium modernisieren können. Schwerpunkte des Projektes sind:

- Integration von neuen Lehr- und Lernformen wie z.B. Telelernen und Computer Based Training mit herkömmlichen präsenzorientierten Formen,
- Entwicklung neuer Lehr- und Lernformen unter der besonderen Berücksichtigung der Anforderungen eines Fachhochschulstudiums,
- Entwicklung von Lerneinheiten für die virtuelle Fachhochschule unter Nutzung der multimedialen und telematischen Techniken,
- Gesamtkonzept einer virtuellen Fachhochschule einschließlich Ordnungsrahmen, Lehrplänen und Lerneinheiten,
- technische und technisch-wirtschaftliche Fächer als Schwerpunkt der Studienfächer, zunächst Informatik und Wirtschaftsingenieurwesen, und
- Ermöglichung von unterschiedlichen Studienformen wie Vollzeitstudium, Teilzeitstudium, Berufsbegleitendes Studium, Aufbaustudium, Berufliche Weiterbildung und Betriebliche Qualifizierung (Lebenslanges Lernen).

Für eine detaillierte Darstellung des Projektes wird auf [VFH] verwiesen.

2.2 HTML und XML

Virtuelle Lerneinheiten, die im weltweiten Netz, dem WWW, angeboten werden, sind meistens in einer Markup Language geschrieben. Im Moment wird in der Regel HTML verwendet. Es ist zu erwarten, dass, sobald alle gängigen Browser XML-Dokumente darstellen können, virtuelle Lerneinheiten in XML angeboten werden.

XML und HTML sind ASCII-basiert und bieten gute Möglichkeiten der Weiterverarbeitung, die von InGeL genutzt werden.

2.3 Suchmaschinen

Um im Internet Dokumente zu bestimmten Themen zu suchen, haben sich diverse Suchmaschinen etabliert (z.B. [yah,Alt]). Die Suche nach einfachen Begriffen oder der Verknüpfung von zwei Begriffen liefert in der Regel eine große Anzahl von Verweisen. Nur ein kleiner Teil davon ist relevant zu dem Thema, wonach der Benutzer oder die Benutzerin suchen will. Die Suchmaschinen erlauben in der Regel sehr komplexe Ausdrücke als Suchanfrage. Die Nutzerinnen und Nutzer wollen oder können in der Regel ihre Suchanfrage nicht genauer spezifizieren.

Es gilt auch hier, dass die Personen erst die Antwort wissen, wenn sie das Ergebnis gesehen haben. Dies ist ein ganz normales Vorgehen. Deshalb gibt es andere Ansätze, die Suche nach Dokumenten zu unterstützen.

2.4 Unterstützung bei der Suche im Netz

Ein Ansatz zur Unterstützung der Suche nach Dokumenten im Netz stellt z.B. die Architektur von Web Browser Intelligence [BMK97] dar. Es ist ein agentenbasiertes System, das u.a. für eine Person proaktiv eine Suche durchführen kann. Mit der Architektur sind auch Erweiterungen für sogenannte WebPlaces möglich, an denen sich Personen im Netz treffen, die die gleichen Dokumente lesen [MB99].

Ein anderer Ansatz basiert auf einer Sammlung von Dokumenten und Verweisen in einer Datenbank, die in den Lernraum GENTLE integriert ist [DGMP98].

2.5 Klassifikation und Auswahl von Dokumenten

Sollen Dokumente im Netz nach einem vorgegebenen Profil gesucht werden, so stellt sich zuerst das Problem der Klassifikation der Dokumente, insbesondere der automatischen Klassifikation, da Dokumente im Netz in der Regel nicht mit einer Systematik erfasst werden. Eine Art automatische Klassifikation stellt das Wortvektormodell dar (siehe z.B. [SB83]).

Ein System zur Unterstützung der Suche und Auswahl von Dokumenten im Netz, das auf dem Wortvektormodell basiert, wurde von Balabanovic [Bal98] entwickelt. Die Untersuchungen mit dem System sind vielversprechend hinsichtlich der Adaptivität an die Profile der einzelnen Personen, die das System nutzen.

Das hier vorgestellte System basiert auch auf dem Wortvektormodell. Es geht zusätzlich bei der Profilbildung von Vorgaben von Autorinnen und Autoren von Lerneinheiten aus und fördert die Bildung von Gruppenprozessen beim Zusammenstellen von Literaturvorschlägen.

3 InGeL

Lehren und Lernen findet in der Kommunikation zwischen mehreren beteiligten Personen statt. Die Kommunikation ist nicht immer synchron und nicht immer bidirektional. Zur Verdeutlichung dieses Sachverhaltes unterscheiden wir im folgenden zwischen verschiedenen Personen, die hier im wesentlichen durch ihre Rolle im Lehr- und Lernprozess identifiziert werden.

Im Lehr- und Lernprozess, der mit einer Lerneinheit zusammenhängt, sind beteiligt

- *Studierende*: Er oder sie lernt mit einer Lerneinheit. Studierende sind allgemein Lernende. Sie können an einer Hochschule eingeschrieben sein oder die Lerneinheit zur Weiterbildung nutzen.
- *Autor/in* der Lerneinheit: Er oder sie konzipiert und erstellt die Lerneinheit, oder überarbeitet die Lerneinheit. Der Autor oder die Autorin kann auch für eine Gruppe von Autorinnen und Autoren stehen.
- *Dozent/in*: Er oder sie führt die Betreuung während eines Zeitraums durch, in der die Lerneinheit angeboten wird.
- *Betreuer/in*: Er oder sie nimmt Aufgaben der Betreuung wahr. Im klassischen Lehrbetrieb sind dies u.a. wissenschaftliche Mitarbeiter und Mitarbeiterinnen, Tutoren und Tutorinnen.

In der Präsenzlehre ist die Autorin und der Autor auch die Dozentin bzw. der Dozent. An Fachhochschulen sind sie meistens auch Betreuer und Betreuerinnen, da für die Betreuung kaum Personal vorhanden ist. Dies wird jedoch in den verschiedenen Bundesländern unterschiedlich gehandhabt. Das bedeutet, dass in der klassischen Präsenzlehre die Rollen der Autor/in, Dozent/in und Betreuer/in kaum getrennt sind. Das bedeutet insbesondere, dass der Lehrstoff ständig aktualisiert werden kann.

Bei der virtuellen Lehre fallen diese Rollen auseinander. Desweiteren muss bei der virtuellen Lehre eine Lerneinheit in der Regel komplett erstellt sein, bevor sie den Studierenden angeboten wird. Wird eine Lerneinheit statisch festgeschrieben, so ist sie deutlich weniger aktuell als eine entsprechende Lehrveranstaltung in der Präsenzlehre.

Die Nutzung des Internets und der asynchronen Kommunikation bieten jedoch andere Möglichkeiten, eine Lerneinheit und das Lernen zu aktualisieren. Zwei wesentliche Aspekte sind

- der Zugriff auf aktuelle Dokumente im Internet und
- die virtuelle Gruppenarbeit, die teilweise mehr Möglichkeiten bietet, als die Gruppenarbeit vor Ort an einer Hochschule.

Diese beiden Aspekte werden von dem System InGeL genutzt.

3.1 Unterstützung beim Erstellen einer Lerneinheit

Neben statischen Literaturlisten in Form von reinem Text oder auch in Form von festen Hyper-Verweisen können mit InGeL auch dynamische Literaturlisten angegeben werden. Hyper-Verweise werden als URLs angegeben und sind u.a. Verweise auf

- Artikel, die online verfügbar sind,
- Handbücher,
- Beispielsammlungen,
- Beschreibungen von Institutionen und Firmen (URL der Heimatseite der Institution),
- Sammlung von Verweisen zu einem Themenbereich,
- Produktbeschreibungen und
- andere Lerneinheiten.

Diese Verweise werden als URL angegeben, damit die Leserin und der Leser bei Interesse mit geringem Aufwand (in der Regel ein Mausklick) das angegebene Dokument lesen kann.

Das System InGeL stellt der Autorin und dem Autor einer Lerneinheit eine Möglichkeit bereit, interessante Verweise nicht als URL direkt anzugeben, sondern indirekt über die Angabe von zur Zeit der Erstellung der Lerneinheit aktuellen Dokumenten. Aus diesen Dokumenten werden von dem System die wichtigen Stichworte extrahiert. Bei der Nutzung einer Lerneinheit werden die aktuellen Dokumente als URL-Listen zusammengestellt, die den angegebenen Dokumenten sehr "ähnlich" sind (siehe unten).

Desweiteren erlaubt InGeL, dass sich Lerngruppen von Studierenden, die im gleichen Kurszeitraum (z.B. im gleichen Semester) an der Lerneinheit arbeiten, eine Art Gruppenliteraturliste zusammenstellen. Zu dieser Gruppenliteraturliste leistet jede Person einen Beitrag, die aktiv die Lerneinheit bearbeitet.

Es gibt die Möglichkeit der Einzelreferenz und der Literaturgruppenreferenz.

Einzelreferenz In der Erstellungsphase der Lerneinheit wird bei einer Einzelreferenz, die normalerweise einer einzelnen Literaturangabe entspricht, das Dokument als URL angegeben. Dieses Dokument wird entweder im Quelltext hinterlegt oder nur der entsprechende charakteristische Wortvektor als Profil (siehe unten).

Literaturgruppenreferenz Die Literaturgruppenreferenz dient der Angabe einer Menge von Dokumenten, die für den jeweiligen Teil der Lerneinheit von Interesse ist, sei es zum Nachschlagen oder zur Vertiefung. Statt der expliziten Angabe eines Dokumentes kann hier von der Autorin und dem Autor eine Menge von Dokumenten angegeben werden, aus denen dann ein charakteristischer Wortvektor generiert wird.

Die Dokumentliste der Lerneinheit, die den Studierenden präsentiert wird, wird in regelmäßigen Abständen vom System neu berechnet bzw. aktualisiert, gemäß den Vorgaben der Autorin und des Autors.

Dynamische Literaturgruppenreferenz Bei der dynamischen Literaturgruppenreferenz gehen in die Dokumentliste auch die Dokumente ein, die von den Studierenden als zum Thema gehörig eingestuft werden.

Bei der dynamischen Literaturgruppenreferenz gibt es die Varianten:

– Die Literaturgruppenreferenz startet bei jedem Kursdurchlauf neu, entsprechend den Angaben der Autorin oder des Autors. Dies hat den Vorteil, dass alle Kursdurchläufe aus dem Initialzustand starten, der bei der Erstellung der Lerneinheit vorgegeben wird. Diese Art der Literaturgruppenreferenz nennen wir auch Semesterliteraturreferenz.
– Die Literaturgruppenreferenz wird über alle Kursdurchläufe weitergeschrieben. Dies hat den Vorteil, dass es eine Art lernende Referenz über die Studierendensemester hinweg ist.

Die jeweilige Variante wird bei der Erstellung der Lerneinheit festgelegt. Sie kann jedoch jederzeit von der Dozentin, dem Dozenten oder den Betreuerinnen und Betreuern geändert werden.

Zur Literaturgruppenreferenz muß auch jeweils die Gruppe angegeben werden, die an der Gruppenreferenz beteiligt ist. Dies sind in der Regel die Teilnehmer und Teilnehmerinnen eines Kursdurchlaufes.

Die Unterscheidung der beiden Varianten der Literaturgruppenreferenzen wird mit dem unterschiedlichen Einsatz begründet. Für den normalen Einsatz von Literaturlisten ist die allgemeine Literaturgruppenreferenz sinnvoll, da hier über die Kursdurchläufe und Semester hinweg sich die Literaturliste weiterentwickeln kann und sollte.

Die Semesterliteraturreferenz ist dann vorzusehen, wenn in einem Kursdurchlauf spezifische Akzente nur für diesen Durchlauf gesetzt werden sollen oder wenn die Semesterliteraturreferenz zur Gruppenarbeit einer begleitenden Aufgabe gehört.

4 Dokumentenprofile für Lerneinheiten, Personen und Gruppen

Das System InGeL bildet sowohl die statische Spezifikation von Dokumenten als auch das dynamisch sich ändernde Profil von Gruppen und Personen in Bezug auf die sie interessierenden Dokumente auf Wortvektoren ab. Auch jedes Dokument wird auf solch einen Wortvektor reduziert.

Eine Übersicht über die Einbettung von InGeL in die Benutzung von Lerneinheiten und über die verschieden Profile ist in Abbildung 1 dargestellt.

Sei im folgenden die Menge der Dokumente, die betrachtet werden, Korpus genannt. Die Dokumente sind in der Regel Dokumente in einem ASCII-basierten Format wie HTML, XML und TeX.

Der **Wortvektor** D eines Dokumentes d ist der normalisierte Vektor der Gewichte d_{t_i} der m häufigsten relevanten Worte des Dokumentes [SB83]:

$$d_{t_i} = \left(0.5 + 0.5 \frac{tf_i}{tf_{max}}\right)\left(log \frac{n}{df_i}\right) \quad (1)$$

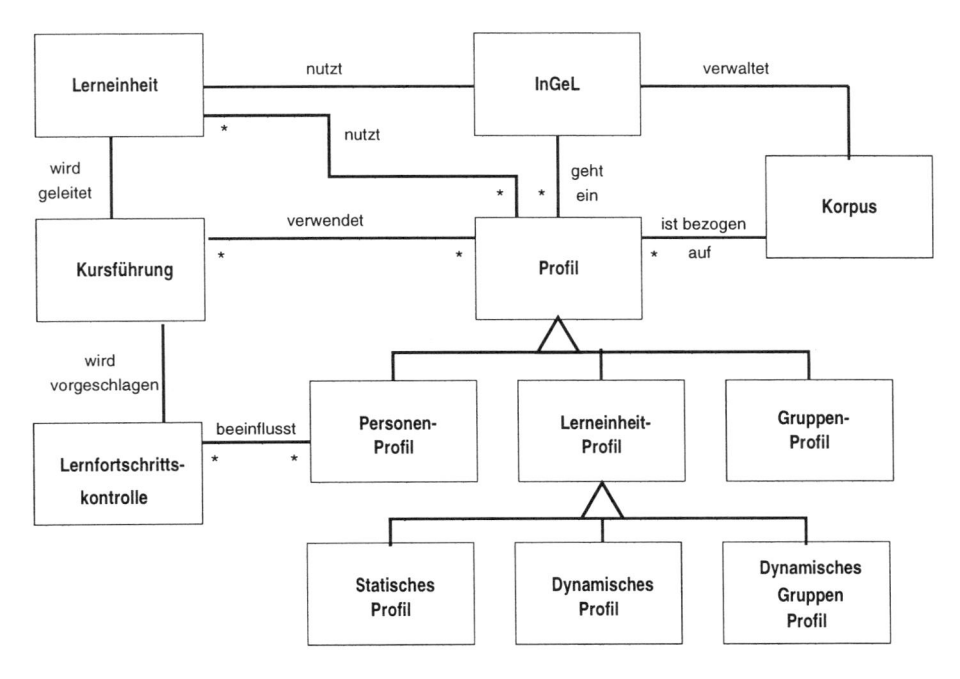

Abbildung1. Profile in InGeL

mit tf_i Anzahl des Vorkommens des Wortes t_i in Dokument d (Termhäufigkeit), df_i Anzahl der Dokumente, die t_i enthalten (Dokumenthäufigkeit), n Dokumentanzahl und tf_{max} maximale Termhäufigkeit über alle Worte in Dokument d.

Ein Wort gilt zunächst als relevant, wenn es nicht in einer sogenannten Stoppwortliste vorkommt, die z.B. für die deutsche Sprache Worte wie "und", "oder", "ein" und "der" enthält.

Zur Klassifizierung eines Dokumentes reichen nach Erfahrungswerten $m = 10$ bis 100 der häufigsten Worte eines Dokumentes [Bal98].

Der Wortvektor eines Dokumentes wird in Abhängigkeit von dem Korpus gebildet. Der Korpus ist die Menge der Dokumente, die untersucht worden sind und aus denen auch das Korpuswortverzeichnis erstellt worden ist, das auch kurz Wortverzeichnis genannt wird. Das Wortverzeichnis enthält alle in den Wortvektoren der Dokumente vorkommenden Worte und deren maximale Termhäufigkeit im Korpus. Dieses Wortverzeichnis wird in regelmäßigen Abständen oder laufend fortgeschrieben.

Die Ähnlichkeit SIM von zwei Dokumenten wird definiert als das skalare Produkt der Wortvektoren: $SIM(d_1, d_2) = d_1 d_2$, wobei die Wortvektoren die Gewichte der gleichen Worte enthalten. Dies wird durch Expansion der jeweiligen Wortvektoren um die fehlenden Worte erreicht.

Für die englische Sprache hat sich für die Erkennung von Worten als Verfahren der Wortstammreduktion das Verfahren von Porter [Por80] als geeignet erwiesen. Für die deutsche Sprache muss mit einem Thesaurus für die Wortstammreduktion gearbeitet werden. Das Verfahren ist deutlich aufwendiger hinsichtlich Speicherplatz und Laufzeit.

Für die Erkennung der Sprache wird ein Verfahren der kleinen Worte eingesetzt [Ing76], da die einzelnen Worte des Dokumentes ohnehin erkannt werden müssen.

4.1 Automatisch aktualisierte Referenzen

Die Angabe einer dynamischen Referenz wird systemintern auf einen entsprechenden Wortvektor abgebildet und gespeichert. Ein Wortvektor ist für die Nutzer und Nutzerinnen des Systems in der Regel nicht sichtbar.

Der Wortvektor einer Einzelreferenz wird aus dem Dokument extrahiert, das die Autorin oder der Autor bei der Erstellung der Lerneinheit über eine URL angibt.

Bei einer Literaturgruppenreferenz kann die Autorin und der Autor zusätzlich jedes Dokument bewerten. Als Bewertungsschema ist nur eine einfache Bewertung des Gesamtdokumentes als ausgezeichnet, sehr gut, gut, neutral, schlecht, sehr schlecht oder schrecklich vorgesehen, um die Bewertung für die Autorinnen, Autoren und auch Studierenden möglichst einfach zu gestalten. Die Gewichte der Worte des Wortvektors werden aufgrund dieser Bewertung modifiziert. Die Gruppenreferenz wird im System als ein Wortvektor abgelegt.

Die Initialisierung der dynamischen Literaturgruppenreferenz wird wie bei der Literaturgruppenreferenz von der Autorin oder dem Autor vorgenommen. Danach wird jedoch der beschreibende Wortvektor der Literaturgruppenreferenz vom System fortgeschrieben. Studierende, die Dokumente aus der Literaturgruppenreferenz lesen, werden aufgefordert, diese auch zu bewerten. Die Bewertung geschieht wie bei der Bewertung von Dokumenten durch Autorinnen und Autoren. Bei jeder Bewertung wird der Wortvektor fortgeschrieben.

Die explizite Bewertung kann durch eine Aufzeichnung der Nutzung der Dokumente ersetzt werden, wenn diese aus einer Lerneinheit heraus betrachtet werden. Die Aufzeichnung wird dann von einem Interface-Agenten durchgeführt.

Die dynamischen Literaturreferenzen werden von InGeL in regelmäßigen Abständen aktualisiert. Dazu wird der Kopus z.B. außerhalb der normalen Arbeitszeiten im wöchentlichen Turnus von dem Agentensystem überarbeitet. Die Aktualität hängt dann von der verfügbaren Netzbandbreite und der Rechenkapazität ab.

Die Studierenden greifen bei der Nutzung einer Lerneinheit direkt auf aktualisierte Referenzen zu, so dass die Nutzung genau so schnell wie bei statischen Literaturlisten ist.

4.2 Referenzen und Metadaten

In HTML- und XML-Dokumenten gibt es die Möglichkeit der Angabe von Metadaten. Diese Möglichkeit wird in strukturierten und insbesondere wissenschaftlichen Texten zunehmend genutzt. Insbesondere können die Metadaten Angaben zu Autorinnen und Autoren und zu Schlagwörtern enthalten. Diese Angaben sollen bei Einzelreferenzen zur zusätzlichen Spezifikation genutzt werden können.

Gerade für Lerneinheiten gibt es Vorschläge für eine zusätzliche Norm zur Beschreibung von Metadaten für eine Lerneinheit, z.B. Learning Object Metadata [LTS98]. Die Angaben, die gemäß diesem Standard für eine Lerneinheit angegeben werden, können genutzt werden, um eine Referenz auf eine andere Lerneinheit zu spezifizieren, die bestimmte Angaben in den Metadaten enthält und zusätzlich einem Themenkreis entspricht, der über einen Wortvektor angeben ist. Dieser Wortvektor wird wie bei einer Einzelreferenz durch eine Menge von Dokumenten vorgegeben, die von der Autorin oder dem Autor bewertet werden.

5 Status der Arbeiten

Der Kern des Systems, der die Verwaltung des Korpus, die Erzeugung von Wortvektoren aus HTML-Dokumenten und die Suche nach Dokumenten entsprechend einem Wortvektor umfaßt, ist in Java als Agentensystem implementiert [Kab99].. Zur Zeit wird das System um die Angaben der Referenzen in Lerneinheiten ergänzt.

Eine virtuelle Lerneinheit, in der systematisch die dynamischen Referenzen eingesetzt werden, ist konzipiert und wird im Projekt Virtuelle Fachhochschule entwickelt. Eine systematische Auswertung des Einsatzes und der Nutzung ist im Rahmen der Evaluationsphase geplant. Vorab wird das System in Beispielanwendungen getestet und geeignet parametrisiert.

Das System wird zur Zeit um die Komponenten zur Bearbeitung von XML-Dokumenten und der Nutzung eines Thesaurus für Deutsch ergänzt.

6 Zusammenfassung

Das System InGeL, ein agentenbasiertes System zur dynamischen Informationsgewinnung für Lerneinheiten, löst das Problem der Aktualisierung von Literaturlisten und bietet darüberhinaus eine Unterstützung des Gruppenprozesses zur Bildung von aktuellen Informationsressourcen in Form von themenbezogenen priorisierten Verweislisten.

Die Autorin oder der Autor einer Lerneinheit spezifiziert dynamische Referenzen, indem Verweise auf Dokumente angeben werden, die zur Zeit der Erstellung der Lerneinheit existieren. Aus diesen Dokumenten wird ein Wortvektor extrahiert, der für den späteren Zugriff auf passende Dokumente mit zur Lerneinheit gehört.

In der Nutzungsphase der Lerneinheit werden in regelmäßigen Abständen nach diesen Wortvektoren aktuelle Verweislisten vom Agentensystem InGeL zusammengestellt.

Durch die weitere Nutzung und eventuell Bewertung der so zusammengestellten Dokumente wird der entsprechende beschreibende Wortvektor aktualisiert und verändert. Dadurch wird auch ein Teil des Gruppenprozesses modelliert, der in der Präsenzlehre zur Empfehlung und zum Austausch von Literaturreferenzen führt.

Danksagung Teile dieser Arbeiten wurden mit Mitteln des Bundesministeriums für Bildung und Forschung unter dem Förderkennzeichen 21B8184 gefördert. Die Verantwortung für den Inhalt dieser Veröffentlichung liegt bei der Autorin.

Literatur

[Alt] Altavista. http://www.altavista.com.

[Bal98] Marko Balabanovic. *Learning to Surf: Multiagent Systems for Adaptive Web Page Recommendation*. PhD thesis, Stanford University, Department of Computer Science, March 1998.

[BMK97] R. Barrett, P. P. Maglio, and D. C. Kellem. How to personalize the web. In *Proceedings of the ACM Conference on Human Factors in Computing Systems (CHI '97)*, 1997.

[DFN97] DFN, editor. *Verteiltes Lehren und Lernen, Klausurtagung*. Ralf Paffrath, Protokoll, 21.7-22.7. 1997.

[DGMP98] Thomas Dietinger, Ch. Gütl, Hermann Maurer, and Maja Pivec. Intelligent knowledge gathering and management as new ways of an improved learning process. In *Proc. of WebNet98*, Orlando, Florida, 1998.

[Ing76] N.C. Ingle. A language identification table. *The Incrporated Linguist*, 15(4):98–101, 1976.

[Kab99] Cay Kaben. Ping collection-agent und central-repository. Studienarbeit, FH Lübeck, Informatik, 1999.

[LTS98] Learning Object Metadata (LOM), draft document v2.2. IEEE Learning Technology Standards Committee (LTSC), http://www.manta.ieee.org/P1484/ltscdocs/index.html, 1998.

[MB99] P. P. Maglio and R. Barrett. WebPlaces: Adding people to the web. In *Poster Proceedings of the Eighth International World Wide Web Conference*, 1999.

[Por80] M. F. Porter. An algorithm for suffix stripping. *Program*, 14(3):130–137, 1980.

[SB83] Gerard Salton and Chris Buckley. *An Introduction to Modern Information Retrieval*. McGraw-Hill, 1983.

[See98] Silke Seehusen. Virtuelle Hochschule - Konsequenzen. In *3. Norddeutsches Kolloquium über Informatik an Fachhochschulen*, Bielefeld, 1998.

[See99] Silke Seehusen. Lehr- und Lernformen in der Virtuellen Fachochschule. In Joachim Wedekind, editor, *Virtueller Campus '99. heute Experiment - morgen Alltag?*, Münster, 1999. Waxmann Verlag.

[VFH] VFH. Virtuelle Fachhochschule für Technik, Informatik und Wirtschaft. http://www.vfh.de.

[yah] yahoo. http://www.yahoo.com.

An Open Learning Environment for the Virtual University Upper-Rhine: How to Avoid Re-Inventing the Wheel

Matthias O. Will (will@informatik.uni-freiburg.de)

Institut für Informatik, Fakultät für Angewandte Wissenschaften

Universitätsgelände Flugplatz, 79085 Freiburg i. Br.

We describe an open educational environment aiming at courseware management, re-usability and use within the Virtual University Upper-Rhine (VIROR). A simple model which allows local institutions to remain fully responsible concerning their pedagogical contributions is presented. Long-term usability is guaranteed by enabling authors to use flexible document formats and modalities while integrating pedagogical metadata standards. The well-known effort in courseware authoring is divided between content providers who use their well-known authoring tools, and course managers, who are supported by appropriate course management systems. This is achieved by modularization and re-usability of pedagogically suitable content. In order to ensure uniform system- and language-independent reusability, the most crucial issue is the semantic indexing process which is described in detail by proposing a workflow aiming at integrating the individual participants' tasks which are necessary to contribute, control and validate educational content.

Introduction

As the world grows more technical, the needs to acquire and use task-specific skills become more important than ever. This leads to the necessity to continually keep up to date with administering, tailoring and using new technologies and standards to optimize economic processes and improve competitivity. Consequently, lifelong learning beyond primary academic formation as well as learning-on-demand become a fundamental issue. In particular, the universities' role changes from preparing for an academic career to reflect the needs of today's industry. As the so-called soft skills are the basis for successful teamwork, communicative and cooperative abilities of tomorrow's employees need to be promoted.

In order to meet specific requirements, many companies have established so-called corporate universities to adequately train their future employees. With the ongoing cooperation between multinational companies to benefit from possible synergies, their employees are often distributed around the globe. In this situation, distance learning tools and technologies are essential to create a common virtual learning space which can prevent the learner from being isolated and promote team awareness. As software companies sense a dramatic need for suitable information and knowledge management infrastructures, for course management, communication and collaboration, many learning platforms and architectures are being developed, promoted and used. Large companies, such as Microsoft or IBM, try to enter the academic market not only as providers of technically suitable tools, but also as content suppliers.

This puts academic institutions in a new position of competition, as they frequently are not adequately prepared to meet the needs of their prospective students, who often cannot affort to dedicate several years to studying exclusively. In order to promote a modern learning infrastructure allowing for flexible and tailored studying, the project VIROR[1] was started as an interdisciplinary cooperation between four German universities along with industrial partners. Its aim is to establish a regular curriculum for distance learning, providing not only teaching and learning materials, but also communicative and cooperative support. Many questions are addressed, such as the economization of courseware production, the use and integration of suitable technology-based tools, didactical concepts for media-supported courses, and the harmonization of curricula at the different partner sites[2]. Here, we limit ourselves to presenting and discussing an application-oriented technological framework of tools which enables us to establish distance teaching and learning as a service on a regular, long-term basis. More specifically, we limit ourselves to the problem of courseware production, management and use in the distributed learning community of the Virtual University.

We first mention some of the most prevalent problems in media-based education before proposing a means of economically supporting quality teaching with digital media by re-using modular content. Here, three functions need to be addressed: the authoring process, which includes providing meaningful standardized content descriptions, the migration of submitted content into a transnational knowledge pool as well as the ability to efficiently retrieve it, and the local management of material for a given course, including its re-contextualization. We conclude by mentioning some of the issues that remain to be addressed.

---

[1] Virtual University Upper Rhine, http://www.viror.de
[2] Universities of Karlsruhe, Freiburg, Heidelberg and Mannheim

Some problems in education with new media

In this section, we intentionally avoid using terms such as telematic-based training and instead assume education with new media to include any form of technically supported teaching and learning[3].

The popularization of television and radio, as well as cassette tape and video recorders led many content providers to not only produce didactical programs and broadcast them into everyone's homes, but also to record and distribute their material. Many hopes, such as self-paced learning independent of time and location, originated in this period, but none of them could be fulfilled. In fact, we have been presented the same promises for the last decades: the available tools have changed, but we still seem to face the same problems in education. Thus, the primary issue is not what kind of technology is used, but first of all to revert to didactical issues and then ask how to incorporate technology to address specific issues. After all, failure of acceptance of technology often is not a sign of using the wrong tools, but instead indicates that we do not use them properly as an extension of our didactical concepts. In this context, the term media competence has been popularized, which refers to the following abilities [1]:

- Media criticism, i. e. the ability to reflect on the development of media in order to be able to critically use them for one's own purposes
- Media knowledge, i. e. the ability to use specific media tools such as the use of computer software or video recorders, as well as the knowledge about media systems and means to adequately use them
- Media use, which refers to the ability to effectively use a media-based content or program, as well as the ability to interactively use media-based services
- Media development, i. e. the ability to create, modify, improve and design media-based content.

Second, we have to realize that many telematics-based tools developed by computer scientists are cumbersome to use by non-experts. This relates both to the lack of problem-oriented user interfaces as well as to the reliability and stability of the applications and the underlying infrastructure or the costs required for using them. As an example, we mention point-to-point videoconferencing, where the costs for individual users are hardly affordable, or the transmission of audio and video via package-based protocols such as with the MBONE tools [2], where it is difficult to obtain a stable reception of continuous data streams. However, the

---

[3] Note that this is opposed to technology-driven education, as we understand new media to take a supportive role for a given didactical context. We do not deny that the way we learn is influenced by the technology at our disposal, but the focal question rests on how these tools can enhance the way we teach and learn, and not how to use the technology per se.

notion of a virtual university implies that technolgy-based tools must be affordable and widely usable by the average, non-expert or occasional user. These tools should at least be adaptable (i. e. easily configurable to the user's needs), if not adaptive (i. e. tool-driven self-adjustment according to usage behavior).

Third, innovative courseware is expensive to produce because, unlike in writing a book or a journal article, it requires an interdisciplinary team of developers (content providers, software engineers, designers). Thus, many publishers are extremely reluctant in engaging in the field of computer-supported educational materials because the required expenses are by far superior to the estimated revenues. A possible alternative may be a modular production of courseware, which, in analogy to object-oriented software development, allows re-use and incorporation of existing and available content and ist customization to meet specific educational needs. However, on the part of the developers, this requires to some extent a de-contextualization to be reusable in multiple and variable settings and scenarios. As far as instructors are concerned, re-packaging available courseware content for educational purposes would, in this sense, not only require to collect suitable material, but also to supply the missing context. This divides the problem of content provision between developers, which use sophisticated and established authoring tools to produce small, re-usable media segments (authoring-in-the-small) and course instructors, who need course management tools and facilities to support the creation of contextual units and links for specific curricular activities (authoring-in-the-large) [3].

Fourth, in order to encourage the exchange and reuse of courseware material to compensate for media development costs, a suitable infrastructure to search and retrieve modular content on a trans-national level is required. As anyone linked to Internet-based services can also be a content provider, this has to include some sort of quality control in order to ensure that the contribution of modules is directly related to adhering to a minimum set of standards agreed upon. Furthermore, in order to be able to effectively retrieve and reuse existing course modules, these have to be appropriately archived together with a minimal set of bibliographical, technical and pedagogical parameters.

Fifth, while recognizing the fact that personal meetings cannot be fully made obsolete because of factors such as non-verbal communication which is hard to transmit through technical means, or written exams, which require the physical presence of participating students, synchronous and asynchronous communication as well as groupware tools are mandatory to turn a read-only (or retrieve-only) learning environment into an actively used virtual educational environment augmented with a shared set of tools supporting teaching and learning concepts.

Standards and tools for educational content management and use within VIROR

In order to tackle the issues mentioned in the previous section, we propose a teaching and learning framework consisting of three basic components:

- an archive for long-term (if not permanent) storage of re-usable pedagogical modules[4]
- a local course management toolset
- tools for content production and adaptation

Our aim is to provide an open and flexible environment for all of the involved institutions and persons, namely authors, content designers, developers and editors, lecturers, students, course administrators and repository managers. Thus, it is crucial to acknowledge the fact that on the authoring side, a diversity of tools according to the user's knowledge, ability and needs is employed, which means that it would be futile to try to enforce specific tools for certain media types. Rather, we do recommend the adherence to web-compatible standards, whenever possible, i. e. formats that are supported by appropriate plug-ins and preferably usable on multiple platforms. This also means that both the local course management toolset and the archive for permanent storage have to be open for any document and media type.

As far as the archival of courseware intended for an academic audience is concerned, the storage of pedagogically oriented metadata together with a given didactical module is crucial. Here, it would be of little use to come up with yet another customized metadata scheme which addresses personal needs at the expense of being compatible with other systems, if re-usability in the large is desired. Here, it seems rather surprising that commercial developers of educational course management tools do not seem to consider this a serious issue[5]. Sometimes,

---

[4] Such an archive can be regarded as a type of digital library, with a strong focus on archiving media. This task includes a permanent renewal (refreshing, migration and/or emulation) of digitized media in order to ensure the longevity and usability of didactical material. It is a serious problem in the light of fast-changing technologies and media carriers, which should be addressed as a cooperation of libraries as content providers and computing centers as hardware and software service centers.

[5] On one hand, forcing the users to depend on a specific standard or format also means that they need to purchase specific tools to generate data compliant to that standard. On the other hand, if being able to use a specific format requires substantial costs, it may well be that it will not be accepted by the general public. This is why many companies give away viewing tools for free, as opposed to the necessary authoring or editing tools, which are in general not free of charge. The reason why commercial producers of authoring systems do not stress the necessity of standardized descriptive metadata may well be that they wish to avoid the possibility of data and document

compatibility to the Dublin Core standard is claimed, but as this is a purely academical development which is not supported by industry and is missing syntactical and semantical clarity as well as pedagogical orientation, we do not consider it suitable for our purposes. As far as educational context is concerned, the work of the Learning Objects Metadata (LOM) consortium, consisting of members from the industrial and academic sector, seems to be more suitable for our needs[6]. This consortium is working on a standard which is backwards-compatible to Dublin Core and achieves interoperability between heterogeneous systems, which is crucial for internet-based applications.

In parallel, tools for the generation of the so-called pedagogical headers, as well as an European infrastructure for archiving courseware modules, have been established within the EU-funded ARIADNE project [5][6], which in turn has substantially influenced the LOM standardization process. The project seeks to promote content exchange between participating institutions and plans to continue the services and tools in a self-supporting, non-commercial manner in the long term.

The infrastructure consists of a central knowledge pool (CKP) linked to several (arbitrarily many) local knowledge pools (LKP), where available content is mirrored[7] to all participating pools to avoid inconsistency between distributed learning materials. In order to generate pedagogical headers, a header generator can be used, which outputs a logical, LOM-conformant descriptor file in a SGML-like format. This file is then transferred to the nearest knowledge pool, followed by the corresponding learning content, which is packaged according to given specifications, but is unconstrained as far as format and media types are concerned.

Before a learning module is actually made available to potential users, it has to be validated, i. e. the completeness and correctness as well as the proper semantics of the metadata fields are checked, followed by a prototype installation according to the technical installation instructions which form part of the metadata fields. The application as validator is coupled to a field of expertise to be specified which corresponds to a discipline as part of a document's semantics (e. g. Informatics / Information Science). When using the metadata generator tool in the role of a validator, the documents for the specified domain which have not yet been

---

exchange to tie the developers to their tools. It is an open question whether this strategy is likely to succeed in the long run.

[6] The standardization process in the context of Learning Objects Metadata has also been reflected in the work of IMS (formerly known as Instructional Metadata System).

[7] In fact, the mirroring process to a LKP is optional because allowing mirroring of arbitrary content may result in the need to permanently upgrade the local storage space. On the other hand, the benefit of having all didactical content mirrored to one's own storage is its easier usability. In any case, the describing metadata is mirrored to all participating sites.

validated can be displayed and the corresponding header may be downloaded and validated. Only if this step has been successfully completed is the pedagogical document made available to the general public.

In order to retrieve educational objects, a query interface is supplied as a standalone application written in Java[8]. Here, any of the fields, as specified in the format adapted from the Learning Objects Metadata, can be specified to effectively find matching and suitable didactical material for re-use.

From the application-oriented perspective, a LOM-compatible content repository, such as developed in ARIADNE serves instructors as a means to gather suitable material related to a given course as well as storing their own material, if deemed suitable for other interested parties. However, the system may in principle also be beneficial to the student, which may use the system as a background library or for content retrieval.

For curricular activities, where learning materials are often created in close relation to a specific course and modified frequently to meet the needs as expressed by a curriculum and according to technological changes and/or scientific progress, a read-only access to structured material is not enough, thus leading to the need of a local course management system to address the following issues:

- collecting course-related modules and combining them with own material such as exercises, but also documents which establish the contexts and links as required by the course;
- basic informational features such as a course syllabus, descriptive documents such as a course overview, or a (customizable) calendar
- document exchange, such as electronic submission of exercises and graded solutions
- multimodal annotation of course material currently worked on in various granularities and for multiple media formats
- asynchronous communication facilities for individual exchange (mail), group communication (newsgroups) and project teams (mailing lists)
- groupware tools, such as a shared whiteboard for synchronous collaboration

While many commercial applications meeting some of these requirements exist on the market, they are either very general and require substantial customization effort to meet local needs, or they are specifically tailored for personal training and lifelong learning, rather than being flexible enough for academic institutions.

---

[8] In the long run, it is planned to offer a WWW-based form interface which acts as a direct service interfacing with a Local Knowledge Pool. In particular, this would avoid having to install and upgrade the query tool on every user's machine.

Many of the available systems are not based on open standards, but require additional and expensive commercial solutions, which are out of reach for the average academic institution. While some kind of sponsoring can be imagined in order to meet existing costs, one should be cautious not to become dependent on economic aims and policies. Therefore, we decided to use the GENTLE General Training and Learning Environment [7], an academic product, which is in fact an application based on HyperWave, a second-generation information and knowledge management system. While supporting course and content management, it also separates content, design and functionality, thus being tailorable to specific needs. We are currently using this system to support a course on Algorithm Theory, where the audience (and thus, potential users of the learning platform) is distributed between the four participating universities in the Upper Rhine Valley. Early observations show that the platform is mostly used as a read-only medium. On the other hand, the communicative and cooperative functions are seldom used, which may be an indication that the need for collaborative studying is rather low. As it is too early to draw conclusions, a separate study will summarize and analyze the results of having used this learning platform for the duration of one semester.

Problems with directly contributing to a transnational document repository

All participating users directly interact with a given LKP as authors, readers, validators or users. Each of these roles is assigned to specific rights related to retrieving and storing metadata records and associated pedagogical modules. At first sight, the proposed workflow's simplicity looks suitable for a potentially open network of contributing authors, but if looked at closely, several problems arise as far as responsability for the contributions is concerned:

- Every potential author has to register separately at the assigned LKP to be able to submit indexed pedagogical documents, which requires substantial coordination efforts between administrators of the knowledge pool and users. When taking into account that several institutions may share a single knowledge pool, the administrative effort is significant. In order to avoid this, it may be possible to assign a group password for each role, but then, it is not possible to distinguish contributing authors, e. g. if a validator notices inconsistencies in a submitted metadata record. On the other hand, an author cannot decide on the person to validate his pedagogical document, which means that validators first have to ask at the author's institution to be able to contact him.

- If several persons register as validators for the same discipline, it is not clear who will be responsible to actually carry out the validation of a given record. On the other hand, there may be some disciplines for which there are no validators at all, i. e. contributed documents in that area will never be checked. As distributed responsability may face the problem of nobody being responsible at the and, we favor an approach where one person is responsible for the overall validation process, with a board of experts on specific scientific disciplines which may be contacted in case of uncertainties. As will be specified later, it is useful for each team of an institution to assign one validator and a representative who are responsible to carry out the validation process within a fixed period.

- control over contributions is only loosely coupled to the contributor#s institution. However, just like authors of printed publications are contracted to specific publishing houses that assume the responsability for published content, scientific institutions should be responsible for their contributing researchers. This means that the validation process has to be carried out before a document actually becomes part of the set of documents inserted in a document repository, which may be shared among several institutions, since the validating role relates to a (given) set of disciplines and not to the set of participating institutions.

- Coordination between participants is significantly improved if carried out locally, thus leading to a quicker availability of pedagogical documents. This can be achieved by avoiding to have to contact the local knowledge pool which is accessed by using interfacing tools unfamiliar to the occasional author. Instead, contributing and accessing didactical modules should be carried out as an extension of the institution's teaching and learning environment which should be familiar to all partners.

- in order to be able to use pedagogical documents it is a prerequisite to have registered with the nearest LKP as Annotator, as it is only possible to view pedagogical headers when logged in as reader. In particular, this means that the possibility for students to use a LKP as a background library is ruled out since they are in general not registered. Therefore, it is desirable to first store didactical materials in the local educational environment where it can be made available to students and interesting faculty at least until the validation process is completed and the document is available for general users. Furthermore, access can be regulated according to local constraints without depending on the permanent document repository.

Many of these problems could at first sight be overcome by assigning a specific document storage system (LKP) for every participating institution, but as the number of instances grows, so does the network traffic to regularly mirror the contributed material. Another relevant issue in this context is scalability: while mirroring static content (text and graphics) only requires transmission of relatively small packages[9], dynamic and interactive learning applications are often very storage-intensive, which means that the probability of a single LKP having to constantly upgrade their storage capabilities rises with the number of participating knowledge pools[10]. While distributed document storage without replication would help to tackle this problem, it would come at the expense of having to permanently relate to documents whose physical storage location may vary in the long term[11] [9].

Local Responsability for Globally Contributed Learning Material: Approach

For a virtual university with a long-term perspective, administration, management and access of learning materials is a key issue. Therefore, we base our approach upon the following premises:

- **Long-term institutionalization of media storage**: A document storage system for didactical material has to be operational independent of specific projects, i. e. for a period of several decades, so it can be used actively (by contributing and managing new material) and passively (by being able to use its content as teachers, authors, students and other interested parties). Therefore, it should be administered by an institution's computing center taking care of the technical issues in cooperation with scientific libraries for the content indexing and management. An appropriate cooperation model is essential to achieve this goal.

- **Maximum independence of technical constraints**: As the trans-institutional document archiving system is the foundation for storage and use of didactical media and minimizes technical constraints, it is also the central component regarding the availability of pedagogical documents. The pedagogical header tool needed to generate the metadata record as well as the query tool which serves to access didactical documents are suitable for interfacing the LKP, but may also be substituted by custom tools if needed.

---

[9] Scanned documents may be an exception, as every pixel is coded separately. However, compression mechanisms such as Lempel-Ziv, which can be used in formats such as PDF, can significantly reduce required file size.

[10] This can be avoided if submitted content to other document repositories is not mirrored to one's own LKP. On the other hand, this means that accessing third-party content becomes more difficult.

[11] For document storage systems which are not database-driven, addressing schemes change with every reorganization of the document tree, as opposed to hypermedia systems such as the aforementioned HyperWave platform where addressing documents is independent of the document repository's structural organization.

- **Integration of learning environment and document store**: As the usefulness of available content management tools is highly dependent on an institution's organization, the adaptation of suitable user interfaces has to be carried out locally. The aim is to prevent the users to leave their custom working environment and infrastructure in order allow effective interaction regarding content production and supply. While it can be assumed that the underlying database technology remains relatively stable, local learning environments may undergo frequent changes. In the first case, compatibility to previous software versions is usually guaranteed by the developer of the storage system, whereas in the second case, the usability of the local environment has to be guaranteed by the team(s) using it.
- **Coordination between media developers**: By bundling the cooperative tasks over the central server of a given institution, the coordination in the process of producing and supplying didactical media is significantly enhanced. Familiarity with the local systems is assumed and facilitates smooth and efficient task achievement.

Before describing the workflow, it is important to realize that our focus lies on coordinating the necessary tasks for media contribution among distributed cooperation partners and not on how to implement the corresponding procedures. This also allows other interested parties to adapt their own tools and interfaces according to specific needs. Furthermore, by uncoupling the submission and validation process from the actual document storage, we wish to avoid storing incomplete, inconsistent or unvalidated[12] learning modules in the LKP:

1. The author of a learning module stores its components according to the generic specifications imposed to all participating partner institutions. This is a prerequisite for media interoperability and ensures that the usage of third-party learning modules is independent of the participating group.

2. Authors generate the required set of metadata using a special graphical interface where they may fill out required and optional fields as required by the implemented metadata standard. Provided that the output format is conforming to LOM, a custom tool may also be used. Metadata fields are separated into general, semantic, pedagogical and technical categories, the latter being influenced by the packaging of the media components, as mentioned in the previous step. The result is an SGML-conformant data file which is temporarily stored in the local file system and then uploaded via a form interface into the virtual university's central server by additionally supplying the document's title as well as the full name and email address of the person to contact by the validator in case of questions regarding the indexing of the pedagogical document to be submitted. In a second step, the actual pedagogical document is submitted by uploading the corresponding file from

---

[12] This includes documents which have not been properly validated

the local file system. Optionally, the name and email address of the contact person can be altered if required. Thus, by looking at these attributes, a validator can easily determine the correct person to ask without the need for additional administrative effort. Alternatively, submission of the corresponding pedagogical document may be postponed. If the time period between inserting the metadata reaches 7 days, the responsible person is automatically notified per e-mail and asked to submit the pedagogical module as well.

3. An overview of submitted, validated and available pedagogical documents is automatically generated every week and sent to the coordinator of the validation process via e-mail. Additionally, this overview is added to the list of previous records as an online document on the institution's central WWW server so it can be accessed by any member of the validation team. In order to enhance group awareness, the responsible author is shown next to each entry along with the validating person. Finally, the list of contributions to be validated, submitted and approved by the LKP are regularly updated in separate collections. In order to facilitate the coordination between authors and validators, we propose the following scheme:

- For each team wishing to participate in the submission of didactical materials, one person from a different team is responsible for that group's contributions, i. e. every group with at least one contracted author also has to supply a validator. In practice, an single person may act both as author as well as validator for a different team. We highly recommend that every assigned validator also nominates a representative so the validation process is not stopped because auf temporary absence.

- As soon as the validating persons are known to the coordinator, he assigns a validator for each participating institution of a given domain[13] and stores it as a resource file. A validator leaving a team has to find a successor taking over his role so the coordinator can update the correlation between institutions and validators. Also, if a new team decides to join or a former team resigns from participating, the coordinator adjusts this correlation. This assumes that he is notified early enough (e. g. two weeks in advance) in order to avoid unvalidated documents[14]. By resorting to this resource

---

[13] Validators should not be assigned to teams of a significantly different domain in order to ensure the domain-specific expertise which is necessary for a meaningful validation of a pedagogical document.

[14] In order to simplify updating the correlation between validators and participating institutions, we propose so-called validation circles, i. e. given a specific domain d (which may informally be agreed upon), the participating teams are ordered in a circular list, where the k-th member d_k validates its successor d_{k+1} (with $d_n = d_1$ assuming that n is the total number of domain-specific teams). If a team quits, only two modifications to the assignment have to be made, likewise if a new team decides to join. In the case where there is only one single team related to a given domain, it is

file, the generated overview of the validation state can also be sent to the validators of the other participating groups.

- The role of the coordinator is always taken by one of the nominated validators and regularly shifts to a different institution. This helps to guarantee that the workload between institutions is shared and that the responsability regarding the validation workflow is regularly transferred to become long-term corporate knowledge. It is the coordinator's duty to find a replacement among the known validators if he should leave his team.

- The coordinator's task is to observe the validation progress and to guarantee a smooth workflow among participating members. Upon notification, he marks pedagogical documents as validated so they can automatically be transferred to the LKP via a special form interfacing the temporary media storage. Here, the constraint applies that metadata records have to be marked as validated before the actual learning modules. As a consequence, this inserts the selected documents into the list of submittable items. After having been successfully transferred, items are tested for general availability via a LKP and depending on the result, the list of available content from the author's institution is updated.

In order to be able to not only incorporate material received from the ARIADNE system, but also locally contributed learning modules while preserving indexing and searchability, we provide an import filter, which translates a pedagogical header into a set of server-related object attributes. Thus, each locally stored educational content may be retrieved through the local server's search function. This also requires a modification of the basic search interface, as provided by the local course management system.

As soon as a piece of educational content has been approved by the LKP, it can also be retrieved through the ARIADNE Query Tool. All educational material which has been inserted into the virtual university's central server will by default remain there unless explicitly deleted so reusing own material does not require connecting to the LKP again. Thus, we have a constantly growing set of fully searchable and reusable material which is available locally, as each module retrieved from the LKP for the first time is automatically indexed according to the describing metadata file. As no validated content inserted into the LKP is ever modified, consistency between the local copy of a learning module and its stored versionon the LKP server is assured. Furthermore, since the local course management system is an application of the central server, using a module in a given course only requires symbolically linking it from its original location to the appropriate collection of current course materials. In particular, this means that any module will only be inserted into the local server once.

---

inserted into the validation circle of the most appropriate existing domain and marked for deletion so it can join with a future team of the same domain.

Indexing Is Not Enough: Securing Long-Term Media Usability

The workflow described in the previous section facilitates the contribution to a transnational document repository and ensures local responsability for didactical material. Its technical implementation aims at reducing the system's complexity to a minimum for both authors and validators. However, it does not offer any means to support long.term usability of the contributed media. This largely depends on te ability to search and retrieve a document repository, i. e. a consistent archivig process according to long-term standards in accordance with library schemes must be supported.

In order to preserve maximum flexbility, the ARIADNE approach does not include any specific guidelines related to semantic indexing. It does, however, provide means to specify classification according to keywords (also called concepts), as well as a simple cataloguing scheme which, in the prototype implementation, is limited to associating an item with a discipline pair selected from a fixed list. Concepts are chosen from a list of regularly updated terms, which, however, do not relate to a constrained vocabulary. We mention some of the most prominent disadvantages:

- **scalability**: As the number of contributing authors increases, so does, at least potentially, the list of chosen words, i. e. with every new term that was specified because no suitable terms were found. Consequently, it becomes more difficult to overview, which may result in authors simply adding a new concept without browsing the list at first. However, an unordered list of keywords without regular editing is effectively useless as a reference.

- **redundancy**: As the contribution's language differs according to the author's nationality, so does the semantic indexing. Therefore, synonyms, i. e. different terms describing the same concept in multiple languages, are to be expected. Another issue relates to homonyms, i. e. one specific term which describes semantically different issues, depending on the author's scientific field and, possibly, context, where no secure means are readily available to semantically narrow a term's meaning[15].

- **normalization**: As the list of given concepts is not reviewed, terms are not reduced to their basic (noun or verb) form or corrected in case of orthgraphic errors or variations (whether intended or not). Also, terms are not mapped to more suitable alternatives. For areas with relatively few contributions, the

---

[15] As it is possible to optionally specify a synonym for a given concept when indexing a pedagogical content, the exact semantics of a concept is not necessarily unclear when retrieving a metadata record. However, an indexer may omit this field or use it for different purposes (e. g. to specify a corresponding term in a different language), and the semantics of given homonyms are not reflected in the (unordered) list of concepts or via a thesaurus.

probability for a small or empty search result is relatively high, whereas the search result for very general terms or those that have frequently been used by indexers may be too large.

The means for semantic indexing do not in any way reflect common bibliographical procedures. In particular the list of subject disciplines which come in pairs is neither adaptable nor scalable and does not relate to any known cataloguing scheme. Also, the difference between a primary and a secondary (or additional) concept is not clear because there is no indication whether the role of concept synonyms is linguistic or semantical. As the value for the main concept field is unary, this may pose problems if several subject areas of identical importance are considered in a given pedagogical application.

In order to face these problems in semantic indexing, we assume that the necessary procedures are strongly related to a library's everyday task of archiving publications and do not depend on the type of media[16]. The consequence of using homegrown indexing schemes would be a likely incopatibility to standard indexing procedures; this would prevent a consistent search over different library catalogues. Thus, it is advisory to use both universally valid cataloguing schemes, such as the Dewey Classification Scheme (DDC), as well as consistent keyword vocabularies, which may be translated in multiple languages, thus offering the possibility of multilingual search.

The required knowledge to use these bibliographical techniques is not straightforward, and authors cannot (and should not) be required to learn them. Thus, the need to cooperate with library experts for a consistent indexing result is clear. We propose the following model by first describing the author's task, followed by the guidelines for the semantic indexator, which is located at a library or similar institution at the contributing author's institution and supervises the semantic indexation process, which is carried out by a domain-dependent indexator as an extension of his regular task of indexing publications in that field of expertise.:

- Authors can choose between 5 and 9 terms[17] from a controlled vocabulary supplied by the library based on their keywording scheme[18]. As such, it is likely to relate to all potential or major areas of research. This word list should be available as a fulltext-searchable thesaurus or vocabulary. Besides

---

[16] From an indexing point of view, the procedure to obtain an appropriate description varies, e. g. from a textual document a list of potential terms may be found by fulltext indexing, whereas for a video, finding appropiate semantic terms is a process which is difficult to automate.

[17] The average, i. e. seven, corresponds to the number of objects within a group which can be grasped at once without further refinement.

[18] In Germany, this would most likely be the Normed Keyword File (SWD, or Schlagwort-Norm-Datei).

searching, this list should also be accessible by browsing through basic categories in order to facilitate the selection of appropriate keywords. At most three of the terms to be submitted may be arbitrarily chosen if no suitable keyword can be found among the given terms. All supplied keywords are to be understood as primary since a distinction of primary and secondary concepts is inappropriate.

- .The classification hierarchy, which may be visualized as a tree, is abstracted to at most two levels (e. g. basic classes as well as subclasses, with a maximum distance of two edges from the classification tree's root node). As an example, when using DDC, where every class has at most ten subclasses (i. e. the maximum branching factor of each non-leaf node is 10), the total number of possible options is 100. As most of the basic classes can be ruled out given a specific pedagogical document, its author can find the most appropriate subclass with relative ease.

- In addition, a maximum of three textual descriotions may be provided, such as an abstract, an excerpt or a review. These are to be specified with an appropriate URL whose validity is guaranteed for four weeks, since the complete validation process should not exceed this timespan. These URLs are to be specfied in the Sources field of the General Attributes metadata section, with the text string to supply as description should be "Description for semantic validator". All the entries in the Contents field with this comment have to be deleted by the assigned validator **before** submitting the metadata record to the LKP.

After having submitted the basic metadata to te institution's central server, it is the validator's task to contact the appropriate semantic indexator. As the author's institution is known as well as the basic category of the learning module, the process to find out the appropriate library staff can be partially automated. By looking at the specified keywords, the category chosen by the author is refined according to the classification scheme. By applying the rules of the employed keyword scheme on the submitted keywords and free terms, appropriate keywords and keyword chains are derived. If the resulting set of terms is not sufficient, the optionally submitted textual descriptions may be used for further refinement. When this task is completed, the metadata is sent back to the validator. The semantic indexing fields, which are substituted by the validator according to the modifications proposed by the library staff, can then be assumed to be correct. As for the other fields, the validator may propose suitable changes to the author which he then sends back according with the semantically updated metadata record. Sending back and forth metadata and pedagogical modules between validator and author and applying necessary changes is a circular process which is repeated until the validator is satisfied. In this case, no notification is sent to the author, but instead the submitted items are replaced in the temporary store and marked as validated. Consequently, they will automatically be submitted to the LKP.

This approach easily integrates into the proposed semantic indexing scheme proposed within the LOM standard. As far as technical and pedagogical parameters and constraints are concerned, additional responsabilities for verifying the correctnes and suitability of the related fields may be defined in workflow extensions, if necessary. For the additional validating persons, the contact person should always be the assigned validator in order to keep matters as simple as possible. As these fields represent an extension of a library's indexing scheme, they do not interfere with the semantic indexing process described above.

Implementation issues

As the main goal in proposing a workflow for the contribution to a transnational object store was long-term usability, little has been said about its implementation. There are basically two options that come to mind:

- extend the database scheme of the object store to include the additional required fields such as contact persons and validators addresses, relations between authors and validators depending on team membership. This has the advantage of other participating institutions being able to use the proposed extensions, but as varying preconditions may lead to different requirements, uncoordinated ad-hoc extensions may result in non-compatible database schemes, and thus, metadata records. As a consequence, document exchange and re-usability, which is one of the major goals of a transnational document archive, is severely hampered. In addition, database scheme modifications require access to the LKP, which may not be permitted to participating institutions. Last, the necessary additions do not relate to a document's description, but address mostly the coordination and cooperation between participating actors, i. e. it does not logically make sense to include them into document-related metadata records[19]. Also, since responsabilities may frequently change, and are not related to the long-term storage of pedagogical documents, administering the user database is more efficently done by the institution's validation coordinator, who most likely has no access to the underlying database, and whose knowledge of the DBMS interface may be restricted.
- implement the workflow into the institution's temporary document storage system and uncouple the contribution and validation process from submission to the LKP. The advantages of this alternative have already been mentioned in

---

[19] In fact, the indexing metadata is not related to documents per se, but is a means to trace back basic responsabilities related to document management. In theory, this indexing metadata could be extended to reflect the complex relationship between the actors in the workflow, but it would stand against the goal of simplicity.

order to justify this approach. However, the drawbacks should not be overlooked. First, the implementation is closely coupled to the properties of the local storage system and needs to be adapted as platforms are changed. Our working prototype is implemented as a combination of HyperWave's native PLACE language to build the user interface to the server, and a few regularly executed scripts in Perl to manage the local storage of documents contributed by authors as well as their automatic submission to the LKP. As local modifications are more likely than extending the database scheme, it has to be ensured that the administration of the temporary storage along with the customly implemented software is institutionalized in order to guarantee long-term stability. Non-standard working prototypes as in our case always face the danger of being discontinued if the original developer is no longer available. In this case, if an adaptation is not possible, the tools to support the workflow need to be re-implemented. In other words, the possibility to adequately map the chosen workflow is both an advantage as well as a disadvantage depending on one's viewpoint.

Nevertheless, we claim that the necessary implementation efforts are straightforward and the adaptation to changing technology or modifications in the workflow is fairly easy provided that the fundamentals on which our approach is based are well understood. It can be sub-divided into the following tasks:

- Submission and temporary management of learning modules within the participating institution. As it is unclear whether form-based upload of large multimedia documents into a WWW server is technologically feasible or whether a ftp server is more appropriate for temporary storage. In this case, the organizationally motivated attributes to map a document's state within the workflow would require an extra attribute file for each pedagogical module.

- Submission of validated objects to the LKP. As it is possible to interface the LKP via a telnet-based connection on a reserved port (9000), four steps are necessary:

    1. Login as creator and request a new label for a metadata record to be submitted

    2. Submit the metadata record followed by the corresponding learning module

    3. Connect as a validator and check the availability of the metadata record as well as the learning module. Mark metadata as validated (this implies the usability of the pedagogical document).

    4. Retrieve the validated metadata record and the pedagogical document from the LKP and check their identity with the locally stored copies. If positive, the validation process terminates and the locally stored objects are marked as approved by the LKP.

- (optional): Integration of the query tool into the institution's educational environment by linking to the LKP's form-based interface. Alternatively, add a search interface to the local environment capable of connecting to the LKP.

The second task, i. e. the submission of validated items from the local infrastructure to the LKP only marginally depends on the temporary object store and the specific workflow, as only the retrieval of the local pedagogical documents needs to be adapted. Otherwise, it is completely independent from the local document management and thus can easily be adapted by other institutions interested in participating. If the locally contributed tools should temporarily be unavailable, it is always possible to revert to the workflow originally proposed within ARIADNE, i. e.by directly interfacing with the LKP.

Conclusion and future work

We have described an open learning framework for the management, retrieval and reuse of educational material within the Virtual University Upper Rhine (VIROR), with a focus on the contribution of learning modules to a long-term document storage. A simple model where local institutions are assumed to take over responsability for the content submitted by their contracted authors was described. In most cases, these are university professors, and researchers supporting the teaching tasks of an educational institution, and the institutions' role regarding the dissemination of scientific activities is seen in analogy to the field of publishing, where a publisher's role also includes intellectual content quality control. As we adhere to flexible document formats and modalities, as far as the authoring process of course content is concerned, and metadata standards for pedagogical objects with regards to storage and retrieval, a long-term usability, which is crucial in the context of sharing didactical content, is guaranteed. Modular contribution and re-use of pedagogically suitable material divides the effort between content providers, who use suitable authoring tools, and course providers, who can be supported through the use of appropriate course management systems, which are able to import learning objects from a permanent document repository, thus serving as a digital background library. In order to allow consistent, system- and language-independent retrieval facilities, the most virulent issue seems to be the semantic indexation process. Therefore, a workflow which easily integrates into bibliographic indexation procedures as performed by traditional libraries, was described in detail.

In order to facilitate the generation of pedagogical headers, we plan to provide support within our own authoring tools [10] to automatically generate a subset of the metadata standard used by the document storage network. Another open issue is the question of how to package a given course content to make it fully re-usable, as the document format, as seen by the user, is often not the format, as needed by the reusing author or course manager (e. g. when re-using slides, whose content needs to be adapted). Third, the issue of quality control beyond usability of educational content and complete indexing is still an open question. Concerning this issue, an interdisciplinary team within the project works on establishing a set of standards which need to be fullfilled by the content providers, in addition to supplying the metadata record correctly and completely.

In sum, we were able to show that, by relying on existing tools and infrastructures as well as being open towards relevant standards, it is feasible to focus on the economic production of competitive educational content, which seems to be one of the most crucial issues nowadays.

References

[1] D. Baacke: *Medienpädagogik*. M. Niemeyer Verlag, 1997.

[2] H. Eriksson: *The Multicast Backbone*. Communications of the ACM, 37:54-60, 8/1994.

[3] E. Duval: *An Open Infrastructure for Learning – the ARIADNE project*, 1999.

[4] S. Weibel: *The State of the Dublin Core Metadata Initiative*. D-Lib Magazine, Vol. 5, No. 4, 1999.

[5] E. Forte, M. Wentland-Forte, E. Duval: *The ARIADNE project (pt. 1) – Knowledge Pools for Computer-Based and Telematics-Supported Classical, Open and Distance Education*. European Journal on Engineering Education, Vol. 22, No. 1, March 1997.

[6] E. Forte, M. Wentland-Forte, E. Duval: *The ARIADNE project (pt. 2) – Knowledge Pools for Computer-Based and Telematics-Supported Classical, Open and Distance Education*. European Journal on Engineering Education, Vol. 22, No. 2, June 1997.

[7] T. Dietinger, H. Maurer: GENTLE *General Networked Training and Learning Environment*. Proceedings ED-MEDIA '98, Freiburg i. Br., Germany, June 1998.

[8] F. Kappe: *HyperWave Information Server 5.0*. Technical White Paper, June 1999.

[9] N. Paskin: *DOI – Current Status and Outlook*. D-Lib Magazine, Vol. 5, No. 5, May 1999

[10] R. Müller, Th. Ottmann: *The Authoring on the Fly System for Automated Recording and Replay of (Tele)presentations*. Special Issue on Multimedia Authoring and Presentation Techniques. ACM/Springer Multimedia Systems Journal, to appear in 2000.

Teil VII

Posterbeiträge

It is Time to Fly a KITE[1]

Bernd Simon, Rainer Baier, Wirtschaftsuniversität Wien
E-Mail: {Bernd.Simon, Rainer.Baier}@wu-wien.ac.at

KITE steht für „**K**undenorientiert **I**nformations**T**echnologie **E**rklären" und bezeichnet ein internet-basiertes Informationssystem, das in einem ersten Anwendungsfall in der EDV-Grundausbildung eingesetzt wird. Das Projekt gliedert sich in zwei Teilprojekte:

- KITE-WDB - die **internet-basierte Wissensdatenbank**, die das kooperative Erstellen und Verwalten von Lehrmaterialien ermöglicht sowie
- KITE-LIS - das **internet-basierte Lerninformationssystem**, das Lernenden ein effizientes Erreichen ihrer Lernziele ermöglicht.

Die von wissenschaftlichen Mitarbeiter/inne/n erstellten Lehrmaterialien werden in strukturierter Form in KITE-WDB abgelegt. Dadurch soll das in einer Abteilung angesammelte Wissen transparenter gemacht werden und Ineffizienzen bei der Erstellung von Lehrmaterialien reduziert werden. Besonders bei Massenlehrveranstaltungen kann ein solches Werkzeug den Dienstleistungsprozess optimieren, da mit Hilfe von KITE-WDB auf gemeinsame Ressourcen zugegriffen werden kann und diese im Team weiterentwickelt werden können.

KITE-WDB ermöglicht eine Trennung von Erstellung und Distribution von Lehrmaterialien, was eine *Spezialisierung* der Teilprozesse ermöglicht. Eine/r aus dem wissenschaftlichen Personal rekrutierte/r Produktmanager/in kann damit zur *Qualitätssicherung* der Lehre beitragen. Er/Sie steuert die Inhalte und die strategische Ausrichtung der Lehrveranstaltungen über das System. KITE-WDB trägt damit auch zum *Knowledge Management* an Universitäten bei.

Aufgabe von KITE-LIS ist es, die Lernenden zu unterstützen und den Lernprozess möglichst effizient zu gestalten sowie die Vortragenden von sich wiederholenden Aufgaben zu entlasten. KITE-LIS vermittelt Basiswissen und überprüft dieses Wissen anhand von Aufgaben. Das Einreichen von Aufgabenlösungen via WWW wird unterstützt. Dabei haben die Lernenden die Möglichkeit, sofort ein erstes, automatisches Feedback zur Aufgabenlösung zu erhalten.

Die begrenzten Handlungsspielräume vieler Unternehmen erfordern Weiterbildungskonzepte, die darauf ausgerichtet sind, *neues Wissen effektiv und effizient zu vermitteln*. KITE-LIS unterstützt das Erreichen dieser Zielvorgaben.

---

[1] Englisch für: „Es ist Zeit, einen Versuchsdrachen steigen zu lassen".

Grundkonzept der IT-Fortbildung im BMI

Pia Karger

Pia Karger

BMI (O 1, KBSt)

Email: pia.karger@bmi.bund400.de

Das Konzept wird im Auftrag des Bundesministeriums des Innern (BMI)[1] in Zusammenarbeit mit dem Bundesamt für Sicherheit in der Informationstechnik (BSI)[2] von der albit GmbH[3] erarbeitet und im BMI erprobt. Die einzelnen Module sind in Ansätzen evaluiert und werden mit unterschiedlichen methodisch-didaktischen Konzepten umgesetzt:

PC-Grundlagen: Inhalte werkzeugbezogen, integriert sind Komponenten zu IT-Grundlagen und zu Potentialen der IT; Präsenzschulung: Ansatz der Instruktion und der Seminarform des entdeckenden Lernens.

IT-Methoden- und IT-Kontext-Wissen: Inhalt persönliche und gruppenbezogene Arbeitsorganisation (Leitbild Arbeitsplatzbezogenheit). Vermittelt wird die Herangehensweise an die Lösung von IT-Einsätzen, nicht die Lösung selbst. Arbeitsgruppenworkshop: moderierter Workshop, ergänzt durch Coaching am Arbeitsplatz und kontextbezogene Informationshilfen. Wichtig: Eine vollständige Arbeitseinheit nimmt teil.

Situationsbedingte Spezialkenntnisse: Vertiefendes Aufbaustudium in Form eines begleiteten Selbststudiums als betreutes Selbstlernen (z.B. im Selbstlernzentrum), autonomes Selbstlernen (z.B. am Arbeitsplatz über CBTs, Hand- oder Fachbücher) oder arbeitsplatzintegriert (z.B. durch Nutzung von kontextbezogenen Informationshilfen).

Für die Führungskräfte: Überblick über Leistungsspektrum der IT, über Möglichkeiten der Organisation und Koordination des IT-Einsatzes sowie Erfahrungsaustausch zur Führung mit IT; moderierter Workshop mit wissensvermittelnden Elementen.

Basiselement des neuen IT-Fortbildungskonzeptes für das BMI ist der Workshop zu IT-Methoden- und Kontext-Wissen innerhalb einer Arbeitseinheit, in dem grundsätzliche, werkzeugunabhängige Fähigkeiten erworben werden. Dies ist zum

---

[1] Bundesministerium des Innern, Referat Z 2a, Alt Moabit 101 D, 10559 Berlin
[2] Bundesamt für Sicherheit in der Informationstechnik, Referat Technikfolgen-Abschätzung und IT-Fortbildung, Godesberger Allee 183, 53133 Bonn
[3] albit GmbH, Alexanderstr. 60, 45472 Mülheim

einen Voraussetzung für wirklich effizienten IT-Einsatz, zum anderen Vorbedingung für sinnvolles, eigenverantwortliches Selbstlernen von speziellen IT-Inhalten. Leitziel dieses Konzeptes ist es, nicht auf Vorrat zu lernen, sondern das zu Lernende zu bevorraten. Spezielles IT-Werkzeugwissen wird nur bei Bedarf erworben. Unabdingbare Voraussetzung für diesen Ansatz ist natürlich, dass jede/r weiß, wann sie/er nach welchen IT-Komponenten suchen muss, um zum Ziel einer IT-Lösung zu gelagen. Sie/Er muss gelernt haben, in IT-Strukturen zu denken – wie es in der IT-Methoden- und Kontextschulung vermittelt wird.

Munics - Eine multimediale Lernumgebung zum kooperativen Lernen im Studiengang Informatik

Pamela Tröndle[1], Heinz Mandl[1], Frank Fischer[1], Jürgen Hartmut Koch[2], Johann Schlichter[2], Gunnar Teege[2]

[1]Ludwig-Maximilians-Universität, D-80802 München
[2]Technische Universität München, D-80290 München

Im Rahmen der Hochschulausbildung wird häufig "träges Wissen" erworben, Wissen, das die Studierenden zwar theoretisch beherrschen, das sie aber nicht dazu nutzen können, komplexe, reale Probleme zu lösen. Die Web-basierte Lernumgebung Munics wurde entwickelt mit dem Ziel, den Erwerb von praktisch anwendbarem Wissen in der Informatik zu fördern.

Munics liegt eine problemorientierte Konzeption zugrunde, deren zentrales Element kooperatives Lernen in Kleingruppen ist. Die Lernumgebung präsentiert den Studierenden ein authentisches Fallbeispiel, zu dem Aufgaben zu bearbeiten sind, deren Bearbeitung die praktische Anwendung theoretischen Wissens erfordert.

Um das Fallbeispiel so authentisch wie möglich präsentieren zu können, wurde die Problembeschreibung multimedial gestaltet. Neben rechnererzeugten Animationen finden vor allem Videos Verwendung. Im Sinne des problemorientierten Lernens muß der Lernende sich zunächst *aktiv* über das Fallbeispiel informieren. Daher wurde die Problembeschreibung für interaktive Nutzung angelegt.

Während der Bearbeitung der Aufgaben unterstützt Munics die kognitiven Aktivitäten der Lernenden durch die Bereitstellung von kognitiven Tools. Mit diesen können die Studenten gemeinsam die Aufgaben bearbeiten (Application Sharing). Zur weiteren Unterstützung der kooperativen Aufgabenbearbeitung und zur Kommunikation mit Tutoren stellt Munics ein integriertes *Chat-Tool*, ein *Schwarzes Brett* (ähnlich Usenet-News) sowie eine *Dokumentenverwaltung* bereit. Um räumlich verteilte Kooperation zu erleichtern, erhalten die Studenten Informationen darüber, wer momentan auch an den Aufgaben arbeitet (Awareness).

Durch die Bereitstellung der verschiedenen Kommunikationswerkzeuge und die konsequente Nutzung von Application Sharing wird die gemeinsame, verteilte Bearbeitung der Aufgaben sowie die Kommunikation zwischen den Studierenden unterstützt. Durch diesen kooperativen Lernprozeß wird die gemeinsame Wissenskonstruktion gefördert und somit der Kompetenzerwerb erleichtert. Die Ergebnisse einer ersten Evaluationsstudie unterstützen diese Aussage. So kann eine entscheidende Verbesserung der Qualität der Hochschulausbildung erreicht werden.

Workshop-Seminare mit CSCW-Unterstützung

Johannes Busse, Detlev Krause

Wilhelm-Schickard-Institut, Sand 13, Universität Tübingen, 72072 Tübingen
busse@informatik.uni-tuebingen.de, krause@informatik.uni-tuebingen.de

Inhalt: Beschreibung einer CSCW-gestützten Fernlehre für Präsenzstudierende im Fach Informatik und Gesellschaft; Kritik und Bewertung des Medien-Einsatzes; Ausblick auf Veränderung der Hochschullehre

Zu lösende Aufgabe: didaktische Unterstützung von „Fern"-Lehraufträgen (Lehrende reisen zu weit entfernten Bildungseinrichtungen) im tertiären und quartären Bereich; hoher Teilnehmerbezug, erwachsenenpädagogische Methoden;

Realisierung: *Grundsatz:* Durchführung der Präsenzveranstaltungen als zielorientierte Workshops; *Lernen:* Medieneinsatz soll Lernen lediglich mittelbar unterstützen, um vielfältige Lernanliegen und Lernwege der Adressaten bedienen zu können; Praxis-Arbeitsform als Lernform und Lerninhalt; *Tool:* BSCW (bscw.gmd.de) zur Unterstützung von asynchroner Kommunikation in und zwischen den Arbeitsgruppen; *Ausnutzung spezifischer BSCW-Eigenschaften:* Unterstützung der inhaltlichen Strukturierung der Lehrveranstaltung durch die Lernenden selbst mit Hilfe eines Transparenz unterstützenden Tools;

Ablauf: *Startworkshop*, 1 Tag Präsenz: Teilnehmer und ihre Anliegen kennen lernen, soziale Gruppe der Lernenden bilden, Themen auf Interessen fokussieren und Kleinarbeitsgruppen zuordnen. Anschließend *6-12 Wochen "Studienphase"* in Face-to-Face-Teams (Campus-Studierende) oder in virtuellen Teams; Betreuung und Kooperation durch Dokumentenaustausch und Groupware-Support; Ziel der Teamarbeit: Gemeinsame Vorbereitung und Durchführung einer 4-stündigen Zeitscheibe in einem *nachfolgenden Blockseminar* als Workshop.

Unsere subjektive Erfahrung: *Chance der neuen Medien:* Unterstützung neuer Lernformen; *Bedenken:* werden Medien zur Mimikry bestehender Lehrformen eingesetzt, wirken sie „reaktionär" und stabilisieren Bestehendes; *Nebenfolgen unseres Konzepts:* neue Lehre verändert für Lehrende z. T. weitgehend die Reputationsgrundlagen in der gewachsenen Hochschulstruktur. Wie erwirbt man die neuen methodischen Skills? Wie verändern sich die impliziten Wertvorstellungen und Bildungsanliegen von Lehrenden und Lernenden?

Langform dieses Textes, Poster und mehr: Dieser Text ist ein „Einstiegs-Link" auf ein Informationsangebot im Web. Er deutet damit auch methodisch neue Möglichkeiten und Funktionen von Texten in einem Diskurs an. Mehr dazu unter *http://www-pu.informatik.uni-tuebingen.de/users/busse/texte/dcscl/*

Bezahlen in der Virtuellen Universität

Firoz Kaderali, Biljana Cubaleska, Oda Sans, Dagmar Sommer

Fachgebiet Kommunikationssysteme, FernUniversität Hagen
{firoz.kaderali, biljana.cubaleska, oda.sans, dagmar.sommer}@fernuni-hagen.de

Das Internet wird an der FernUniversität in Hagen seit 1996 intensiv für effektives und flexibles Lernen genutzt. Das Projekt „Virtuelle Universität" bildet alle Funktionen einer Universität im Netz ab (http://virtuelle-uni.fernuni-hagen.de). Der Prototyp eines elektronischen Shops für gebührenpflichtige Materialien ist realisiert, der speziell für das Internet konzipierte Zahlungssysteme einsetzt.

Den Studierenden der FernUniversität Hagen stehen vielfältige digitale Produkte und Dienstleistungen im Internet zur Verfügung. Bisher werden die Lehrmaterialien zu einem Kurs dem Studierenden online zur Verfügung gestellt, nachdem er den Kurs belegt und die dazugehörige Gebühr auf konventionelle Art (Überweisung) bezahlt hat. Der Einsatz elektronischer Zahlungssysteme ermöglicht eine flexiblere Gestaltung dieses Vorgangs: Der Studierende kann auf die Lehrmaterialien jederzeit zugreifen und sie herunterladen, nachdem er für sie online bezahlt hat. Dabei kann es auch um Kleinstbeträge gehen, für die bei konventioneller Vertriebsart der administrative Aufwand seitens der Universität nicht wirtschaftlich ist (z. B. Verkauf einer Animation für 1 DM).

Die Zahlungssysteme im Internet können in vier Gruppen eingeteilt werden: Kreditkartensysteme, elektronische Schecks, elektronisches Geld und Micropaymentsysteme. Im Online-Shop der *Virtuellen Universität* wird ein System mit elektronischem Geld, das *Ecash*-System von der Deutschen Bank, eingesetzt, da es den Funktionalitäten realen Bargelds am nächsten kommt (Anonymität des Kunden, sofortige Quittierung, Zahlung von kleinen Beträgen). Die Studierenden benötigen lediglich eine frei erhältliche Software, die elektronische Geldbörse, die die Zahlungen vom heimischen PC aus übernimmt.

Innerhalb der *Virtuellen Universität* gibt es viele Bereiche, die bisher nur teilweise online durchgeführt werden können, da sie mit Zahlungen verbunden sind, die z. B. Überweisungen erfordern. Der Einsatz von elektronischen Zahlungssystemen ermöglicht diese Bereiche komplett online anzubieten und die Abläufe für Studierende und FernUniversität effizienter und flexibler zu gestalten. Beispiele dafür sind: Rückmeldung, Einschreibung zu Kursen, Abruf von Kurseinheiten oder multimedialen Lernelementen, Bibliotheksgebühren. Im Bereich der Weiterbildung bieten elektronische Zahlungssysteme die Möglichkeit, Angebote zu flexibilisieren und Nachfragen direkt "on demand" zu befriedigen.

Telelernen:
Eine österreichische Bestandsaufnahme

Edeltraud Hanappi-Egger, Sybille Reidl, Arzu Wernhart
Institut für Gestaltungs- und Wirkungsforschung, TU Wien
Argentinierstr. 8/187, 1040 Wien
Tel.: +43 1 58801/18713, Email: eegger@pop.tuwien.ac.at

Zusammenfassung:

Die vom österreichischen Bundesministerium für Wissenschaft und Forschung und vom österreichischen Bundesministerium für Arbeit, Gesundheit und Soziales finanzierte und hier vorgestellte Studie „Internet als Qualifizierungsmedium" widmet sich der Frage, welche Bedeutung das Internet im Bereich der Aus- und Weiterbildung in Österreich hat bzw. haben wird. Im Vordergrund steht dabei die Sicht der KonsumentInnen, also jener Personen, die eine Nachfrage an Kursen, die über Internet zugänglich sind, haben.

Dabei wird insbesondere untersucht, a) welche Qualifizierungsungsbedürfnisse von Lernenden bestehen, b) welche Besonderheiten von Telelern-Kursen diese attraktiv erscheinen lassen, und c) wie sich Aspekte des Lernens durch die Einbeziehung einer technologischen Ebene aus der Sicht von Lernenden verändern.

Insbesondere werden diese Studien anhand einer konkreten Anwendergruppe evaluiert, nämlich anhand arbeitsloser Jugendlicher. Dabei wird der Frage nachgegangen, **welche** Tele-Kurse entwickelt und **wie** sie didaktisch gestaltet werden müßten, um für dieser Zielgruppe interessant zu sein. Eng damit verknüpft wird untersucht, ob sich eine gewisse Basisqualifizierung im Technikbereich (wie z.B. Umgang mit Internet, Anwendungswissen im Bereich Textverarbeitung, Datenbanken etc.) identifizieren läßt und falls, wie dieses Basiswissen arbeitslosen Jugendlichen vermittelt werden kann. Ein wichtiger Punkt in dieser Angelegenheit ist die Frage des ORTES: Wo sollten/könnten z.B. Internetzugänge installiert werden, und wie wird dieser Zugang geregelt, um arbeitslosen Jugendlichen die Möglichkeit zu bieten, an den neuen Aus- und Weiterbildungswegen zu partizipieren?

Dieser Teil der Studie ist dem gestaltungsorientierten Ansatz zuzuordnen, der von der Analyse der Zielgruppe ausgeht und zu Designrichtlinien für die medientechnische Umsetzung führt.

MPEG-4 - der neue Austauschstandard für Autorensysteme in der Fernlehre der Virtuellen Universität?

Michael Stepping[1], Thomas Bonse[2], Firoz Kaderali[3]

FernUniversität Hagen, Feithstr., D-58084 Hagen, Tel. +49 2331 987 4110

Um den neuen Anforderungen an die Bildungssysteme gerecht zu werden, wurde an der FernUniversität Hagen das Projekt „Virtuelle Universität - ET-Online" initiiert. Seit dem Wintersemester 1995/96 wird umfangreiche Lehre über das Internet mit inzwischen mehr als 5000 Studierenden erfolgreich abgewickelt. Dieses Konzept beinhaltet Vorlesungen, Übungen, Praktika aber auch Seminare und Kommunikation mit den Dozenten und unter den Studierenden im Netz. Das Lernsystem, das auf einer Datenbank basiert, ist dabei für den universitätsweiten Einsatz geeignet. Der zentrale Vorteil der Virtuellen Universität besteht im flexiblen, orts- und zeitunabhängigem, niveauangepaßtem, bedarfsorientiertem Lernen. Simulationen, Animationen und Videokommunikation sind zentrale Bestandteile.

Die Moving Pictures Experts Group (MPEG) der ISO hat 1998 den Multimediastandard MPEG-4 verabschiedet. Dieser liefert eine einheitliche Beschreibung für interaktive und objektbasierte Multimediaanwendungen. Neben der erhöhten Kompressionseffizienz gegenüber MPEG-1 und MPEG-2 ist der wesentliche Fortschritt bei MPEG-4 im wahlfreien Anwenderzugriff auf einzelne multimediale Elemente/Objekte zu sehen. Diese multimedialen Objekte und deren Arrangement durch die Szenenbeschreibung (VRML) sind zentraler Gegenstand von MPEG-4.

Die einzelnen Objekte können mit verschiedenen Kodierverfahren erstellt worden sein (Stillbild als JPEG, Video mit *H.261 / H.263*, Audio mit *G.723, AC-3*, etc.) Die Flexibilität von MPEG-4 erlaubt die Integration von zahlreichen interaktiven Elementen, die heutzutage auch in Autorenwerkzeugen mit proprietären Lösungen zu finden sind. Daraus resultiert das Prinzip, einzelne Multimedia-Elemente als Multimedia-Objekte zu behandeln, was durch den beschriebenen Einsatz von multimedial angereicherten Vorlesungen aus der Virtuellen Universität hinlänglich bekannt ist. Das neue an MPEG-4 ist das international festgelegte Verhalten von Elementen und die Repräsentation in einer einheitlichen Beschreibungsform und damit die Unabhängigkeit von Herstellern/Betriebssystemen. Auf der betriebswirtschaftlichen Seite ergibt sich dadurch der Vorteil der hohen Investitionssicherheit.

---

[1] Dipl.-Ing. M. Stepping, Fachgebiet Kommunikationssysteme
[2] Dr.-Ing. T. Bonse, Forschungsinstitut für Telekommunikation
[3] Prof. Dr.-Ing. Firoz Kaderali, Fachgebiet Kommunikationssysteme

Modulare Aufbereitung von multimedialen Lerninhalten für eine heterogene Lernumgebung

Khaldoun Ateyeh, Jutta A. Mülle, Peter C. Lockemann

Universität Karlsruhe, Inst. Für Programmstrukturen und Datenorganisation (IPD), 76128 Karlsruhe, Germany, E-Mail ateyeh@ira.uka.de, muelle@ira.uka.de

Der Einsatz multimedialer Lerninhalte ist durch die vielfältig vorhandenen und sich ständig verbessernden technischen Möglichkeiten ein aktuell weit verbreitetes Thema. Ihre Erstellung gestaltet sich allerdings äußerst aufwendig. Daher beschäftigen wir uns im Rahmen des Forschungsvorhabens ViKar [http://vikar.ira.uka.de/] mit der kooperativen Entwicklung von multimedialen Lehr-/Lerninhalten, die von verschiedenen Autoren in unterschiedlichen Kontexten für verschiedene Zielgruppen eingesetzt werden können.

Unser Ansatz basiert auf dem Modularisierungskonzept zur Unterstützung der Wiederverwendbarkeit von Lernmaterialien. Im Vergleich zu der Wiederverwendbarkeit multimedialer Bausteine, wie Animationen, Simulationen, etc., beruht unser Konzept auf der Wiederverwendbarkeit von größeren Einheiten, sog. Lernmodulen. Um solche "universellen" Lernmodule zu entwickeln, die sowohl die Bedürfnisse verschiedener Zielgruppen als auch verschiedener Autoren erfüllen, werden mehrere Modularisierungsebenen (s. Abb) eingeführt und die Erzeugung verschiedener Modulsichten ermöglicht.

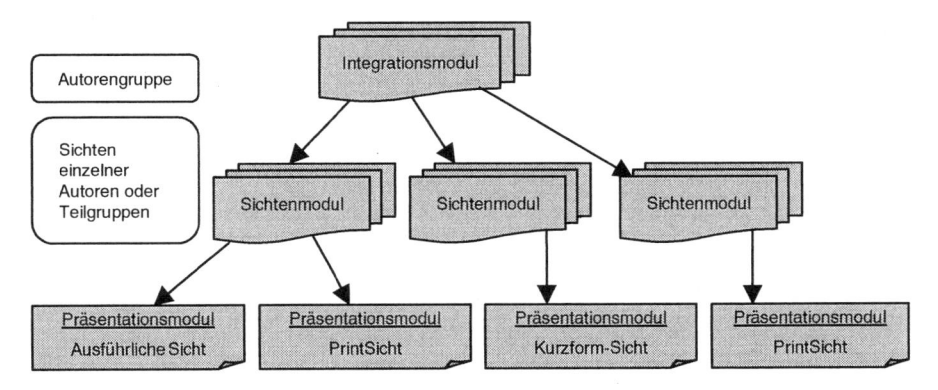

Auf der ersten Ebene sind die Module (sog. Integrationsmodule) Didaktik-frei, sie beinhalten keine Informationen über die Lernform, die Positionierung der Inhalte oder ihre Gestaltung und Präsentation. Integrationsmodule stellen eine Art gemeinsames Framework für die Autoren dar. Sie beinhalten alle gemeinsamen

Informationen, die von den Autoren für die Erstellung der Lernmodule benötigt werden. Auf der zweiten Ebene werden die Module im Hinblick auf ihre Nutzung strukturiert. Dabei stehen Aspekte wie Lernform, Zielgruppen oder Autorenbedürfnisse im Mittelpunkt. Schließlich werden auf der dritten Ebene die Präsentationsformen der Sichtenmodule erstellt.

Als Szenario für die Evaluierung dienen Lernmodule aus dem Bereich der Datenbanktechnik. Zur Evaluierung anhand einer umfassenden Fallstudie ist es für die Akzeptanz durch die Nutzer erforderlich, dass Teile der Entwicklungsumgebung für wiederverwendbare Lernmodule und deren Einsatz verfügbar sind. Hierzu wird eine prototypische Realisierung eines solchen Frameworks erstellt.

Initialisierung und Unterstützung virtueller Gruppen durch ICQ

Werner Beuschel, Joachim Bickenbach, Birgit Gaiser

FH Brandenburg

Magdeburger Str. 50

D-14770 Brandenburg

<beuschel|bickenbach|gaiser>@fh-brandenburg.de

Die Forschungsaktivitäten der Arbeitsgruppe *Neue Lehr- und Lernformen* sind derzeit u. a. auf die Untersuchung *virtueller Gemeinschaften* am Beispiel des verbreiteten Kommunikationstools ICQ gerichtet. Systematische Untersuchungen zu Generierung, Charakterisierung und zur Analyse virtueller Gemeinschaften existieren zur Zeit höchstens in fragmentarischen Ansätzen. Sicher ist, daß sich diese aufgrund der Nutzung des gleichen Mediums medial konstituieren und daß für ihre Herausbildung ein gemeinsames Interesse vorhanden sein muß.

Unser Ziel ist, die gewonnenen Kenntnisse für die Unterstützung *telematischer Lernformen* zu nutzen. Damit soll insbesondere ein Rahmen für die Unterstützung sozialer Interaktionen von Studierenden geschaffen und damit einem Defizit traditioneller Ansätze computergestützter Fernlehre begegnet werden. Wir haben dazu zwei Erhebungen im WS 98/99 und im WS 99/00 an der FH Brandenburg durchgeführt. Hierbei wurden u. a. folgende Fragestellungen thematisiert:

- Trennen Studierende, die ICQ privat für informelle Zwecke verwenden, dies explizit von Tätigkeiten, die in Bezug zu ihrem Studium stehen?
- Kann beim Einsatz von ICQ im Rahmen computerunterstützten Lernens mit hoher Akzeptanz und Motivation der Studierenden gerechnet werden?
- Eignet sich ICQ grundsätzlich als Instrument zur Unterstützung kooperativer studentischer Lernaktivitäten?
- Wird ICQ für den Dokumentenaustausch eingesetzt oder wird auf andere Tools zurückgegriffen?
- Spielt die Länge der Verbindungszeiten eine Rolle beim Onlineverhalten der Studierenden und sind diese bereit, die dafür anfallenden Kosten zu tragen?

Beuschel, Bickenbach, Gaiser, Initialisierung und Unterstützung virtueller Gruppen durch ICQ - Einige experimentell-analytische Befunde, discussion paper NLL, Feb 2000

IMIPPP - International Medical Internet Project of Problem-Based Pain Management

Peter Langkafel, Ulrike Arnold, L. Peppel, B. Eisenreich, S. Ghani

BBEO/ Geburtsmedizin

Virchow- Klinikum der Charité

Augustenburger Platz 1

13353 Berlin

Email. Peter.Langkafel@charite.de

Tel. 030 – 450 64199

Zusammenfassung: IMIPPP ist ein internationaler online-Kurs für europäische Medizinstudenten/ innen und Doktoren/innnen. Schmerzdiagnostik und -therapie wird mittels Internet über synchrone und asychrome Tools in englischer Sprache problemorientiert angeboten. Synchrones Expert-Turoring durch Fachärzte aus der Klinik sowie Non-Expert Tutoring durch online-Studierende via Chat. Am Pilotprojekt Juni/Julo 1999 nahmen 20 Mediziner/innen aus 9 Ländern in vier Lerngruppen teil. Der Schwerpunkt liegt auf dem kollaborativen synchronen Online - Lernen und Lehren mittels realer, anomysierter Patientenfälle aus der Universitätsklinik. Entwicklungsstand: Bei dem Projekt Imippp handelt es sich um ein funktionierendes Piltoprojekt. Evaluation: Das Projekt wurde dreizeitig mittels online-Fragbögen sowie qualitativer Interviews (Benutzerprofile) evaluiert. Teilnahmevoraussetzungen: grundlegende Medizinkenntnisse gute Englischkenntnisse (besonders der Schriftform) grundlegende EDV-Kenntnisse (Betriebssystem, Textverarbeitung) Zugang zum Internet IBM-kompatiblen PC (Prozessortyp: 486 oder höher) Microsoft WINDOWS 95. Adresse: http://193.175.72.12/index.html

Schlüsselworte: Internet, Medizin, Problemorientiertes Lernen, (Collaborative Learning), Schmerdiagnostik, - therapie, Interdisziplinarität, Internationalisierung

Teil VIII

Programmkomitee

Programmkomitee

Vorsitz

St. Uellner	T-Nova Deutsche Telekom Innovationsgesellschaft mbH, Technologiezentrum, Darmstadt
V. Wulf	Universität Bonn, Institut für Informatik III

Mitglieder

A. Böhm	T-Nova Deutsche Telekom Innovationsgesellschaft mbH, Technologiezentrum, Darmstadt
A. B. Cremers	Universität Bonn, Institut für Informatik III
Ch. Floyd	Universität Hamburg, Informatik
J. Friedrich	Universität Bremen, Fb Mathematik, Informatik
T. Fox	entec, St. Augustin
P. Fuchs-Frohnhofen	MA+T, Aachen, Geschäftsführer
J. Haake	GMD-IPSI, Concert
E. A. Hartmann	RWTH Aachen, HDZ / IMA
M. Herczeg	Universität Lübeck, Institut für Multimediale und Interaktive Systeme
T. Herrmann	Universität Dortmund, FB 04
E. Ihm	Deutsche Telekom AG, Darmstadt
F. Kaderali	FU Hagen, Kommunikationssysteme
R. Keil-Slawik	Universität Paderborn, Mathematik und Informatik
H. Krcmar	Universität Hohenheim, Institut für BWL
B. Lemken	Universität Bonn, Institut für Informatik III
P. Mambrey	GMD-FIT
H. Mandl	LMU München, Institut für Pädagogische Psychologie und Empirische Pädagogik
K. Meissner	TU Dresden, Institut Softwaretechnik II
G. Müller	Universität Freiburg, Institut für Informatik und Gesellschaft

T. Ottmann	Universität Freiburg, Institut für Informatik
R. Paffrath	DFN, WWW-Administration
V. Pipek	Universität Bonn, Institut für Informatik III
L. Plümer	Universität Bonn, Institut für Kartographie und Geoinformation
W. Prinz	GMD-FIT, Institut for Applied Information
M. Rohde	AGENDA Consult, Bonn,
R. Reichwald	TU München, Allgemeine und Industrielle Betriebswirtschaftslehre
L. Reif	Deutsche Telekom AG, Business Unit Multimedia
A. W. Scheer	Universität Saarbrücken, Wirtschaftsinformatik
A. Schill	TU Dresden, Fakultät Informatik
B. Schinzel	Universität Freiburg, Institut für Informatik und Gesellschaft
G. Schlageter	FU Hagen, Praktische Informatik I, Informatikzentrum
J. Schlichter	TU München, Institut für Informatik
P. Schmidt	Universität Bonn, Institut für Informatik
S. Schubert	Universität Dortmund, Informatik XII
R. Schulmeister	Universität Hamburg
N. Streitz	GMD-IPSI, Ambiente
L. Suhl	Universität Paderborn, Wirtschaftsinformatik
W. Uhr	TU Dresden, Wirtschaftsinformatik
R. Unland	GH Essen
B. Velichkowski	TU Dresden, Mathematik und Naturwissenschaften
W. von Berg	Synergie, Bonn
M. Will	BMBF und Universität Freiburg, Institut für Informatik
M. Won	Universität Bonn, Institut für Informatik

Druck: Strauss Offsetdruck, Mörlenbach
Verarbeitung: Schäffer, Grünstadt